PLAUFL 解放军外国语学院
PUBLICATION FUND 出版基金

日本军事转型评介

An Introduction to Japan's Military Transformations

栗 硕・著

时事出版社

图书在版编目（CIP）数据

日本军事转型评介/栗硕著. —北京：时事出版社，2016. 11

ISBN 978-7-5195-0027-6

Ⅰ. ①日… Ⅱ. ①栗… Ⅲ. ①军事—概况—日本—现代 Ⅳ. ①E313

中国版本图书馆 CIP 数据核字（2016）第 239554 号

出版发行：时事出版社
地　　址：北京市海淀区万寿寺甲 2 号
邮　　编：100081
发行热线：（010）88547590　88547591
读者服务部：（010）88547595
传　　真：（010）88547592
电子邮箱：shishichubanshe@ sina. com
网　　址：www. shishishe. com
印　　刷：北京市昌平百善印刷厂

开本：787×1092　1/16　印张：13. 75　字数：178 千字
2016 年 11 月第 1 版　2016 年 11 月第 1 次印刷
定价：60. 00 元
（如有印装质量问题，请与本社发行部联系调换）

目　录

前　言

近年来，尤其是安倍晋三于2012年底第二次组阁以来，日本军事战略及其实践内涵发生了重大转型。日本做出的修改“武器出口三原则”、通过“解禁集体自卫权”相关内阁决议、修订《日美防卫合作指针》、通过“安保法案”、解除民间参与军事科研的限制、成立防卫装备厅、推动自卫队体制编制调整、升级武器装备、强化西南防御等等举动，构成了其军事转型的主要内容，与日本自二战后长期坚持的“专守防卫”政策大相径庭，对《日本国宪法》的和平主义造成了巨大冲击，并将对日本国家安全战略走向、中国周边安全形势及亚太地区安全格局产生深远影响。有鉴于此，本书致力于对日本近年来的军事转型进行系统、全面的观察、梳理与评介，以期正确把握日本近年来军事转型在其二战结束以来国家发展过程中的历史定位，并在此基础上对日本今后的战略取向及其对中国和平崛起所产生的消极影响进行研判。

日本近年来的军事转型举措，既触及到了国家安全战略顶层设计的层面，也细化到了具体部队的战术战法革新及编制体制调整等层面，可谓“范围极广、内涵极深”。本书结合日本军事转型的特点，在传统研究方法的基础上略有创新，从“军力探察”“文件解读”“时事评论”“战略分析”等四个角度进行评介，并呈现出以下特点。

第一，本书由30节内容构成，以日本军事转型过程中的具体事件为牵引，着重分析了事件背后的战略意义，基本囊括了日本军事转型的所有方面。日本军事转型正处于发展、演变的过程，但其基本方向已经明晰，日本今后一段时间内的相关军事举措，均能从本书中找到对应的框架。

第二，本书以实证研究为主，每节内容均大量引用了日本官方公布的原始资料；在写作过程中，尽量避免了主观性的判断与建言以及不辅以事实依据的揣测与评估。本书力求真实、具体、全面地对日本军事转型过程中的热点问题进行评介，并为读者留有一定的空间进行思考与评判。

第三，本书在注重学理性的同时，也兼顾了语言的通俗性，书中个别小标题的拟定略显“活泼”。希望本书在作为专业用书的同时，也能为对日本军事及亚太安全问题感兴趣的人士提供参考并带来阅读的乐趣。

在日常生活与教学中，经常会被朋友或学生询问“中日之间是否会发生战争”等问题，我想这大概是因为他们在看了一些媒体对当前日本军事热点问题的报道后而产生的疑虑吧。关于这类问题，我无法断言，只能通过自己的专业知识，尽量真实、具体地将日本军事情况呈现出来。当然，会否发生战争也不仅仅取决于军事因素。最后，希望读者能从本书中获得些许有用的知识，并能够利用本书对日本今后的军事转型举措进行更加深入的了解与观察。由于个人研究水平及能力有限，书中难免错误、纰漏之处，还望广大读者、学界同仁批评指导。

第一章　军力探察篇

第一节　探察日本联合机动防卫力量建设

2013年12月17日，日本安倍内阁决议通过了《国家安全保障战略》《防卫计划大纲》《中期防卫力量整备计划》等三份文件。其中，《防卫计划大纲》作为“规定日本安全政策基本方针和防卫力量建设目标等中长期防卫政策”的纲领性文件，明确提出并阐述了构筑联合机动防卫力量的军事战略设想，指出“以安全保障环境的变化为基础，并在追求能力最适化的同时，通过联合运用军事力量，机动、灵活、有效地执行多样化任务。为此，需要确保更加广泛的后方支援基础，并以尖端的技术及强力的情报指挥通信能力为保障，在软件建设与硬件建设两个方面，构筑兼具应急性、持续性、强韧性、紧密性的联合机动防卫力量。”① “联合机动防卫力量”构想作为日本未来一段时间内军事力量建设的基本方针，涵盖了理论背景、机制保障、战略目标、军力结构、作战模式、兵力部署、武器革新等多个方面，是日本自二战结束以来国家军事战略的一次重大转型。“联合机动防卫力量”构想的提出，将对日本安全形势及亚太安全格局产生深远影响。

一、联合机动防卫力量建设的意图

作为日本应对当今世界及相关地区安全环境变化的重要手段，

---

①　防衛省．『平成26年度以降に係る防衛計画の大綱について』．2013年12月17日。http：//www. mod. go. jp/j/approach/agenda/guideline/2014/pdf/20131217. pdf。

联合机动防卫力量建设以应对日本所谓的“外部威胁”及“国内问题”为战略目标。在此基础上，日本还充分利用美国战略重心东移的契机，适时推动其“国家正常化”的进程，以期实现建立包括政治、经济、军事在内的综合实力大国的目标。

首先，强化自身军事实力。伴随着世界安全形势的发展，日本政府对其军事力量建设提出了更多的要求。日本近年来公布的安全战略相关文件，多次强调了当前世界安全形势的复杂性和紧迫性。2013 年版《防卫计划大纲》指出：“当前发生大规模武力冲突的可能性仍然较低，但各种安全问题和不稳定因素日益凸显，自 2010 年版大纲制定以来，日本所处的安全环境日益严峻。这些安全问题和不稳定因素多种多样，涉及范围极广，仅凭一个国家难以应对。”[①] 此外，新大纲还列举了国际恐怖主义、武器扩散、海盗威胁、朝鲜核武研发、国内自然灾害等诸多安全问题，并对中国的正当海洋行动进行了毫无根据的指责。在此基础上，日本提出了建设综合防卫体制、强化自卫队应对各类安全问题的能力等设想，而其解决途径便是“构筑联合机动防卫力量”。

其次，配合美国“亚太再平衡”战略。美国为维持全球的领导地位、增强在亚太地区的话语权，推出了“亚太再平衡”战略，其主要内容便是将战略重心逐步转向亚太地区，并在亚太地区建立以美国为主导的地区秩序。2012 年 6 月 2 日，时任美国防长帕内塔在第 11 届香格里拉对话会上表示，到 2020 年以前，美国海军将把总兵力的 60% 部署在西太平洋，其中包括 6 艘航母以及部分驱逐舰和潜艇等。[②] 与此同时，美国为了更切实地占据亚太地区军事优势，向日本等盟国提出了更高的支援要求。另一方面，日本将美国的亚太战略视为其推动军事转型、冲破战后束缚的重要契机，并在美国的

① 盛欣、徐莉莉：《日本新版〈防卫计划大纲〉评析》，载《亚非纵横》2014 年第 1 期，第 41 页。

② 凤凰网：“第 11 届香格里拉对话闭幕”，2012 年 6 月 4 日。http：//news. ifeng. com/mil/special/xianggeliladuihua2012/content - 3/detail_ 2012_ 06/04/15025711_ 0. shtml。

支持下，大张旗鼓地推动军事力量的建设。新大纲提出的“联合机动防卫力量”构想明确强调了深化日美同盟等内容。

最后，遏制中国战略崛起。近年来，日本已公开将中国视为战略对手，并在各种场合、通过各种方式大肆宣传“中国威胁论”，对中国在东海、南海的正当行动进行了歪曲宣传和虚妄指责。此外，为了遏制中国战略崛起，日本针对中国开展的一系列军事行动愈加强硬，并时常以中国为假想敌，模拟演练两栖登陆、岛屿夺还等战术战法。新大纲提出建设联合机动防卫力量，在强化西南防御、调整自卫队编制体制、更新武器装备方面明显带有针对中国的色彩。

二、联合机动防卫力量建设的特点

“联合机动防卫力量”构想是日本安倍内阁根据国际、国内安全形势提出的战略理念与军事建设方针，既是日本国家安全战略转型的重要内涵，也是其调整自卫队体制编制、更新武器装备等防卫改革举措的重要依据。总的来看，日本联合机动防卫力量建设可以从“联合”与“机动”两个方面进行解读。

一方面，“联合”既包含了陆海空各自卫队间作战模式的联合，也包括自卫队与美军、澳军等他国军队间的合作。新大纲指出，“整合陆海空各自卫队的防卫资源，不断增强军队的一体化、规范化和高效化建设，在充分确保军事防卫能力高质量建设的同时，提高对各类安全问题的防御与应对能力。”① 日本在构筑联合机动防卫力量的过程中，既注重陆海空自卫队主体作战力量间的相互联合，也强化了用以辅助具体军事行动的通信、指挥、情报以及后勤力量之间的联合，从而最终致力于形成一个完整的作战体系，确保在“离岛夺还”、海上作战等具体实战中准确、高效地完成作战任务。通过对比新大纲前后的预算概要可以清楚地发现，日本军事力量建设在

① 防衛省.『平成26年度以降に係る防衛計画の大綱について』.2013年12月17日。http：//www.mod.go.jp/j/approach/agenda/guideline/2014/pdf/20131217.pdf。

“联合机动防卫力量”构想的指导下，开始跨越军种框架，在整体上纳入统一的军事战略规范之中。① 此外，与他国作战力量的联合同样是日本联合机动防卫力量建设中的重要一环。近年来，日美军事一体化程度日益加深，在情报共享、作战指挥、网络空间安全、太空安全等各领域均开展了极为深入的合作。在此基础上，日本的结盟战略呈现出了以日美同盟为核心、辐射澳菲韩印等国的“日美+1”军事合作模式。由此，日本自卫队与他国军队间的合作也变得愈加紧密。

另一方面，“机动”更加强调了日本军事力量的快反性、灵活性、高效性及联结性。“联合机动防卫力量”构想是在继承2010年版《防卫计划大纲》中“动态防卫”理念的基础上发展而来，更加注重对自卫队的“机动”运用。联合机动防卫力量建设的意义在于使自卫队随时处于一种可被调动的状态，并确保能够对相关事态的变化做出灵活应对，即最大限度地避免事态扩大化，将相关不可控因素扼杀在萌芽状态。此外，联合机动防卫力量建设更加强调对平时、战时以及处于两者之间的“灰色事态”的无缝应对。

三、联合机动防卫力量建设的内涵

日本新大纲中提出的“联合机动防卫力量”构想是日本未来一个时期内，军事力量建设的总体纲领与指导方针，对自卫队的体制调整、部队部署、作战模式、职能拓展等均会产生重要影响。

首先，“联合机动防卫力量”构想注重机动运用部队的建设。2013年版《防卫计划大纲》规定，至2024年度，陆上自卫队中的机动运用部队将由当前的1个中央应急集团和1个机甲师团增至3个机动师团、4个机动旅团、1个机甲师团、1个空挺团、1个水陆机动团、1个直升机团；而原有的常规配备部队则将由8个师团和6

① 张人龙、薛飞：《日本自卫队联合作战体制特点》，载《外国军事学术》2015年第11期，第8页。

个旅团减至5个师团和2个旅团。[①] 可见，新大纲更加注重对机动运用部队的建设，强调构筑动态防卫体制，以确保自卫队在应对各种事态时的机动性和灵活性。

其次，“联合机动防卫力量”构想将进一步推进日本军事力量部署重点转向西南诸岛。在日本，西南诸岛是指从九州岛南端到与那国岛之间、呈弧状分布的岛群。该岛群临近中国大陆、逼近台湾，分布海域为中国面向太平洋的主要通道。[②] 近年来，日本逐步推动其军事力量部署重点由东北转向西南，并企图在与中国进行海洋权益争夺时占据优势。根据2013年版《防卫计划大纲》及《中期防卫力量整备计划》的安排，自卫队将进一步强化在西南诸岛的兵力部署，并将通过新设沿岸监视部队、更新武器装备、扩充部队容量等来提升在该地区的警戒监视能力、情报搜集能力、事态应对能力以及快速反应能力。[③]

再次，“联合机动防卫力量”构想将强化日本在岛屿作战方面的举措。新大纲多处强调日本作为岛国、四面环海的地缘特点，并提出了强化建设专门应对岛屿作战的军事力量，指出“为了应对岛屿作战，在根据安全环境而部署部队的基础上，还应机动性地运用其他部队，确保海上及航空优势，并准确应对可能出现的导弹攻击。”[④] 岛屿作战是考验一国部队联合作战体制建设的关键领域，基本会涉及到军事力量的各个方面。日本结合其岛屿众多、岛争问题频现的特点，专门强调了应对岛屿作战的重要性，并对部队部署、作战模式革新、武器更新换代等进行了详细的安排。

---

① 防衛省.『平成26年度以降に係る防衛計画の大綱について』.2013年12月17日。http://www.mod.go.jp/j/approach/agenda/guideline/2014/pdf/20131217.pdf。

② 徐万胜、栗硕：《论日本“西南防御”与中日关系》，载《东北亚论坛》2012年第6期，第48页。

③ 陆伟：《“联合机动防卫力量”：日本新军事战略的构建和影响》，载《外交评论》2014年第5期，第49页。

④ 防衛省.『平成26年度以降に係る防衛計画の大綱について』.2013年12月17日。http://www.mod.go.jp/j/approach/agenda/guideline/2014/pdf/20131217.pdf。

最后，“联合机动防卫力量”构想注重军事力量在新兴战略领域的运用。新大纲认为网络空间、太空等新兴战略领域对一国安全将产生重要的影响，并提出强化自卫队在网络空间及太空等领域的运用，指出“有效利用人工卫星，强化自卫队的情报收集能力、指挥统制能力以及情报通信能力，并对宇宙态势进行监控；确保网络安全人才的培育及网络安全技术的提升，激活自卫队在网络空间领域的行动。”①

总之，日本联合机动防卫力量建设，是安倍内阁在新的安全形势下推动军事转型的指导方针与核心举措，重点强化日本自卫队应对各种事态的机能与效率，明显摒弃了“专守防卫”的原则，“进攻性”色彩日益浓厚。此外，日本联合机动防卫力量建设，在强化自卫队作战实力的同时，也将在一定程度上冲击了“和平宪法”的束缚，使得日本国内政治生态更具“右倾化”的趋势。另一方面，日本联合机动防卫力量建设将推动日美军事一体化的进程，进一步增加亚太地区安全形势的复杂性，并对中国周边安全造成一定的消极影响。

第二节　探察日本“离岛夺还”的作战能力

2014 年 5 月 10 日至 27 日，日本自卫队在奄美群岛江仁屋离岛首次举行了国内专门性大规模“离岛夺还”作战演练。期间，大约 500 名陆上自卫队员、820 名海上自卫队员以及 10 名航空自卫队员参加了登陆作战演习。此次演习以外国军队占领日本离岛为想定背景，陆上自卫队员经海上自卫队“下北”号运输舰抵达指定海域后，分乘冲锋艇登陆离岛并展开夺岛作战；与此同时，海上自卫队“鞍马”号护卫舰、“足柄”号宙斯盾驱逐舰以及“丰后”号扫雷舰在

---

① 防衛省.『平成 26 年度以降に係る防衛計画の大綱について』.2013 年 12 月 17 日。http://www.mod.go.jp/j/approach/agenda/guideline/2014/pdf/20131217.pdf。

周边海域进行警戒。此外，航空自卫队也出动了2架F-2战机。[①]日本此举明显针对中日之间日趋激烈的钓鱼岛争端，进一步加剧了中日关系的恶化。近年来，日本逐步强化了“离岛夺还”作战能力建设，在战术战法演练、部队体制调整、武器装备革新等方面动作频频。

一、“离岛夺还”与战术战法演练

日本作为岛屿国家，与中国、俄罗斯、韩国等存在着岛屿争端，一直以来十分重视岛屿相关作战能力的建设。2013年版《防卫计划大纲》、2015年版《日美防卫合作指针》、近年来《防卫白皮书》等文件均明确指明了强化“离岛夺还”作战能力的建设。与此同时，日本防卫省模拟了各种岛屿作战的情景，并多次进行军事演习，对“离岛夺还”相关战术战法进行演练。

2013年版《防卫计划大纲》将自卫队的“离岛夺还”作战能力作为了核心机能加以建设，指出“为了应对针对岛屿的攻击，需在确保海上优势及空中优势的基础上，强化对战机、舰艇、导弹的防御能力。在应对岛屿攻击时，应确保自卫队在登陆、夺回、占领等各个环节的战斗力，进一步整备自卫队水陆两栖作战能力。”[②] 2015年版《日美防卫合作指针》也明确指出“自卫队与美军在日本岛屿遭受攻击时进行共同应对。必要的情况下，自卫队实施岛屿夺还作战，在阻止敌军进行登陆的同时，全面展开水陆两栖部队及机动部队的应对；美军对自卫队的离岛夺还作战进行支援与补充。”[③] 日本自卫队始终认为，与一般作战指挥样式相比，渡海登陆战是一项系

---

① 日本経済新聞.『奄美で3自衛隊合同の離島奪還訓練 報道陣に公開』.2014年5月22日。http://www.nikkei.com/article/DGXNASFS2202R_S4A520C1PP8000。

② 防衛省.『平成26年度以降に係る防衛計画の大綱について』.2013年12月17日。http://www.mod.go.jp/j/approach/agenda/guideline/2014/pdf/20131217.pdf。

③ 防衛省.『日米防衛協力のための指針』.2015年4月27日。http://www.mod.go.jp/j/approach/anpo/shishin/shishin_20150427j.html。

统工程，其组织指挥更加复杂、控制难度更大、时效性要求更高，需采取多种措施，才能有效实施。[①] 日本想定的“离岛夺还”作战模式，一般以水陆两栖部队为先遣部队及主要战力，海上自卫队则负责应对来自敌军舰船、潜艇、导弹、鱼雷的攻击；航空自卫队则负责补充兵力及确保空中优势。“离岛夺还”作战是考验一国部队联合指挥机能、沿岸登陆机能、远洋投送机能、导弹防御机能、制海制空机能等综合作战实力的战争模式，日本多次对自卫队的“离岛夺还”战术战法进行了演练。

2015 年 7 月，日本陆上自卫队赴澳大利亚参加了美澳“护身军刀”联合军演。期间，西部方面队普通科连队作为日本“离岛夺还”作战的专业部队进行了登陆作战演习。[②] 2015 年 8 月，日本陆上自卫队进行了最大规模的实弹射击演习“富士综合火力演习”，同样对“离岛夺还”作战进行了演练。[③] 2015 年 9 月，日本自卫队在美国加州彭德尔顿营附近海域，与美军举行了代号为“黎明闪电战”的“离岛夺还”作战演习。[④] 2016 年 1 月，拥有自卫队唯一降落伞部队的陆上自卫队第一空挺团在习志野演练场进行了“离岛夺还”作战中的兵力投送演练。[⑤] 2016 年 1 月 18 日至 3 月 7 日，西部方面队普通科连队与美国海军陆战队进行了“铁拳 2016”年度合同演习，该演习自 2005 年开始每年举行一次，主要对“离岛夺还”战术战法进行演练。

---

① 华丹：《日本自卫队渡海登陆战能力分析》，载《外国军事学术》2015 年第 10 期，第 34 页。

② 時事通信．『中国にらみ日米豪連携強化』. 2015 年 7 月 11 日。http：//www. jiji. com/jc/c？g = pol_ date2&k = 2015071100187。

③ 産経新聞．『自衛隊、離島奪還想定し統合作戦を公開　富士総合火力演習』. 2015 年 8 月 23 日。http：//www. sankei. com/politics/news/150823/plt1508230008 – n1. html。

④ 共同网：《日美举行“黎明闪电战”联合离岛防卫训练》，2015 年 9 月 5 日。http：//china. kyodonews. jp/news/2015/09/104767. html。

⑤ 共同网：《日防卫相视察自卫队训练　表示坚决保卫领土》，2016 年 1 月 11 日。http：//china. kyodonews. jp/news/2016/01/112507. html。

二、“离岛夺还”与部队体制调整

当前，日本自卫队正根据2013年版《防卫计划大纲》的部署，着手成立水陆两栖机动团。该机动团编制规模约3000人，预计2018年正式完成组建并全面投入使用。水陆两栖机动团的主要任务便是应对“离岛夺还”作战，实施抢滩登陆、火力支援等。按计划，该机动团将由团本部、3个水陆机动连队、水陆两栖战车部队、特科部队、侦察部队、装备科部队、通信科部队、后方支援部队、教育部队等构成。其中，第1连队由西部方面队普通科连队改组而成，编制约660人；第2、3连队编制约700人至900人。西部方面队普通科连队于2002年3月成立之初便作为离岛作战应急部队进行了多项演习，当前是自卫队唯一的水陆两栖部队，驻扎在长崎县佐世保市，机能类似于美军海军陆战队。

与此同时，日本正筹备废除中央应急集团，并将中央应急集团下辖的第1空挺团、第1直升机团、中央应急连队等划归预定成立的陆上总队管辖。届时，水陆两栖机动团也将成为陆上总队的直辖部队。由于第1空挺团、中央应急连队等也与“离岛夺还”作战紧密相关，且在此之前均和西部方面队普通科连队共同举行过登陆作战演习，因此，成立后的陆上总队将能够促进日本自卫队“离岛夺还”作战的一体化运用。①

另一方面，日本也在积极推进沿岸监视部队及“离岛夺还”作战中充当机动先遣部队的警备力量部署在冲绳县部分岛屿。2015年5月10日，日本防卫省决定于2018年度前在冲绳县宫古岛部署约600人的沿岸警备部队，并建成相应后勤设施及导弹装备。② 2015年11月24日，日本《读卖新闻》报道，防卫省将在冲绳县石垣岛部

---

① 朝日新聞.『陸上総隊司令部、朝霞駐屯地に新設へ　離島攻撃に対応』.2015年5月15日。http://www.asahi.com/articles/ASH5H5VT7H5HUTFK00W.html。

② 産経新聞.『陸自警備部隊 宮古島2ヵ所に配備』.2015年5月11月。http://www.sankei.com/politics/news/150511/plt1505110005-n1.html。

署500人左右规模的警备部队。[1] 2016年3月28日，日本陆上自卫队正式在冲绳县与那国岛部署了大约160人的沿岸监视部队，主要对在周边海空域活动的飞机及舰船进行监视。[2] 此外，海上自卫队、航空自卫队为了配合水陆两栖部队开展“离岛夺还”作战，也对部队编制体制进行了调整，大力强化了部队的机动能力与快速反应能力，以确保“离岛夺还”作战过程中的海上优势及空中优势。[3]

三、“离岛夺还”与武器装备革新

为了强化“离岛夺还”作战能力，日本自卫队也积极推动了与此相关的武器装备革新。由于“离岛夺还”作战涉及到陆海空各自卫队间的联合模式，且依赖于各领域各环节的通力配合；因此日本在全面提升自卫队武器装备实力的同时，还重点对两栖登陆、兵力投送、火力支援等颇具“离岛夺还”作战特色的武器装备进行了强化。

首先，日本自卫队大量引进AAV7水陆两栖战车。日本《2014年度至2018年度中期防卫力量整备计划》规划引进52辆AAV7水陆两栖战车，其中，2015年防卫预算共拨付203亿日元计划引进30辆；2016年度防卫预算共拨付78亿日元，计划引进11辆。水陆两栖战车是“离岛夺还”作战中的核心装备，当前主要配备于驻扎在大分县玖珠郡的第4战车大队。据悉，第4战车大队将与第8战车大队合并，最终改建为直属水陆两栖机动团的战车部队。

其次，日本自卫队积极引进V22“鱼鹰”运输机及C2运输机。日本《2014年度至2018年度中期防卫力量整备计划》规划引进17

---

① 読売新聞.『石垣配備の陸自、500－600人』.2015年11月27日。http：//headlines. yahoo. co. jp/hl？ a＝20151126－00050222－yom－pol。

② 産経新聞.『与那国島で陸自部隊発足　中国にらみ南西防衛強化』.2016年3月28日。http：//www. sankei. com/politics/news/160328/plt1603280019－n1. html。

③ 沈军：《日本自卫队“钓鱼岛作战构想”分析》，载《外国军事学术》2015年第5期，第47页。

架 V22“鱼鹰”运输机及 10 架 C2 运输机，主要用于提升自卫队“离岛夺还”作战中的兵力投送能力。据悉，“鱼鹰”运输机将部署于陆上自卫队，而 C2 运输机则部署于航空自卫队。届时，日本自卫队的空中输送能力将取得明显提升。[①]

再次，日本自卫队持续升级 3 艘“大隅”级登陆舰。当前，日本海上自卫队共有“大隅”号、“下北”号、“国东”号等三艘“大隅”级登陆舰，主要应用于搭载兵力、战车、直升机等，能在“离岛夺还”作战中发挥重要的运输作用。2014 年 4 月，时任防卫省防卫政策局长的德地秀士在国会解释称，“要升级改造‘大隅’级登陆舰，使其能够搭载 AAV7 水陆两栖战车，并应用于未来的‘离岛夺还’作战中”。[②] 随后，日本 2015 年度及 2016 年度防卫预算均拨付了相关升级改造的经费。

最后，日本自卫队大力改进伞兵伞。2014 年 11 月，作为陆上自卫队唯一的空降部队，第 1 空挺团开始配备日本最新研发的“13 式”伞兵伞，与之前的“696MI”伞兵伞相比，性能有了显著提升。第 1 空挺团将作为水陆两栖机动团的空降部队，在未来“离岛夺还”作战中发挥空中投入兵力的机能，而其使用的伞兵伞则是空降时的关键装备。

此外，自卫队为了确保“离岛夺还”作战中的海上优势及空中优势，还在扫雷舰艇、“宙斯盾”导弹驱逐舰、潜艇、各类战机、直升机、战车、地面雷达、地对空与地对舰导弹等方面进行了强化。

---

① 産経新聞.『防衛最前線（47）空自新輸送機 C2 積載量も航続距離もC1の3 倍超 離島防衛やPKOでの活躍に期待』.2015 年 11 月 18 日。http：//www. sankei. com/politics/news/151118/plt1511180002 – n1. html。

② 産経新聞.『防衛最前線（24）「おおすみ」型輸送艦 PKO 部隊派遣、東日本大震災で活躍 水陸両用作戦にも投入』.2015 年 4 月 10 日。http：//www. sankei. com/politics/news/150410/plt1504100002 – n1. html。

第三节　探察日本防空反导作战能力

2016年2月2日，国际海事组织透露，朝鲜通告称将在2月8日至25日之间发射地球观测卫星。[①] 随后，日本分析认为朝鲜事实上将发射的是远程弹道导弹，日本首相安倍晋三也在国家安全保障会议上指示称“要加强情报搜集及警戒监视态势，为确保国民的安全与安心做到万无一失”。[②] 2月3日，日本防卫省公布了防卫相中谷元向自卫队下达的“摧毁措施命令”，宣称“要防备朝鲜导弹及其脱离物坠落日本境内”。2月7日，朝鲜中央通讯社报道称，朝鲜当天上午利用运载火箭成功发射了最新研制的对地观测卫星“光明星4号”，并将卫星顺利送入轨道。对于朝鲜利用弹道导弹技术发射卫星的举动，中国外交部表示了遗憾；日美韩则在安理会通过决议之前公布了单边制裁措施。

一、日本防卫相下达“摧毁”命令

2016年1月6日，朝鲜中央媒体宣布成功进行了首次氢弹试验，并声称“已确认小型氢弹的威力”，主张朝鲜“跻身核保有国队伍”。[③] 针对于此，联合国安理会发表媒体声明，对朝鲜实施核试验表示“强烈谴责”。中国外交部也发表声明指出“朝鲜不顾国际社会普遍反对，再次进行核试验，中国政府对此表示坚决反对。实现

---

① 日经中文网：《朝鲜通告8—25日发射“卫星”》，2016年2月3日。http：//cn. nikkei. com/politicsaeconomy/politicsasociety/18129－20160203. html。

② 共同网：《日本加强警戒以防朝鲜射弹 日美确认紧密合作》，2016年2月3日。http：//china. kyodonews. jp/news/2016/02/114113. html。

③ 日经中文网：《朝鲜宣布进行了首次氢弹试验》，2016年1月6日。http：//cn. nikkei. com/politicsaeconomy/politicsasociety/17689－20160106. html。

半岛无核化、防止核扩散、维护东北亚和平稳定，是中方的坚定立场。”[①] 日本则随即召开了国家安全保障会议，确定了“彻底进行情报搜集、强化应对举措”的方针。同日，日本外相岸田文雄向媒体表示将不得不采取独自的应对措施，暗示将向朝鲜实施单边经济制裁。据日本媒体分析，朝鲜此前多在同一时期联合实施核弹试验与导弹发射技术的检验。在此之前，朝鲜于2009年5月实施了第2次核试验，而同年4月，朝鲜声称发射了卫星，并被怀疑是弹道导弹；2013年2月，朝鲜进行了第3次核试验，并于2012年12月声称发射了卫星。因此，日本猜想朝鲜在完成首次氢弹试验之后，可能将启动作为核弹头携带手段的导弹的相关发射试验。[②]

早在2014年12月29日，日美韩三国便就朝鲜核武器与导弹问题签署了共享相关军事情报的协定。朝鲜此次氢弹试验之后，日美韩三国强化了对朝鲜相关动向的情报搜集、分析与共享。2016年1月28日，日本防卫相中谷元向自卫队下达了“针对弹道导弹等实施摧毁措施的行动命令”。后来由于朝鲜于2月2日向国际组织通报了发射卫星的举动，日本防卫省才于2月3日公开了防卫相下达的“摧毁”命令。[③] 命令内容具体如下：

1. 2016年2月2日，朝鲜向国际海事组织通告，由于要发射“人工卫星”，于8日至25日之间每日的7时30分至12时30分，将黄海、东海以及菲律宾以东太平洋区域划定为危险区域。有鉴于此，判断朝鲜近日将可能发射被称为“人工卫星”的导弹。为此，自卫队将在日美双方紧密合作的基础上，根据《自卫队法》第82条第3款第3项的规定，在事态发生紧急变化、有弹道导弹等物体向我国飞来的情况下，为了防止国民生命及财产受到伤害，将针对确认向

① 外交部：《2016年1月6日外交部发言人华春莹主持例行记者会》。http：//www. fmprc. gov. cn/web/fyrbt_ 673021/jzhsl_ 673025/t1329896. shtml。

② 日经中文网：《“氢弹”之后是导弹?》，2016年1月8日。http：//cn. nikkei. com/politicsaeconomy/politicsasociety/17717 – 20160108. html。

③ 防衛省.『弾道ミサイル等に対する破壊措置等の実施に関する自衛隊行動命令について』. 2016年2月3日。http：//www. mod. go. jp/j/press/news/2016/02/03b_ 1. html。

我国领域落下的弹道导弹等物体实施摧毁等必要举措。

2. 航空总队司令官在针对弹道导弹等实施摧毁举措时，指挥所属部队及由自卫舰队司令官派遣而来的部队，按照如下要点，对确认向我国领域落下的弹道导弹等物体实施摧毁（该期间，接受航空总队司令官指挥的部队称为“BMD 统合任务部队”，航空总队司令官称为“BMD 统合任务部队指挥官”。)：（1）部队规模：标准·导弹 SM－3（以下称为 SM－3）搭载护卫舰、配备有爱国者·导弹 PAC－3（以下称为 PAC－3）的高射部队、航空警戒管制部队及其他所需部队；（2）命令起止时间：如无特殊命令，到2016 年2 月25 日终结；（3）摧毁对象：被认为是由朝鲜发射而来的弹道导弹等物体，并且由我国弹道导弹防御系统确认将落入我国领域；（4）摧毁方法：发射 SM－3 及 PAC－3，在我国领域上空及我国周边公海上空进行摧毁；（5）行动范围：我国领域与我国周边公海及其上空，SM－3 搭载护卫舰部署在日本海及东海等能够防卫我国领域的位置，PAC－3 部队在陆上自卫队朝霞训练场、陆上自卫队习志野演习场、航空自卫队市谷基地、航空自卫队习志野基地、航空自卫队那霸基地、航空自卫队知念基地等进行拦截准备。

3. 自卫舰队司令官向航空总队司令官派出所需部队，令其接受针对弹道导弹进行摧毁举措的相关指挥。

4. 航空总队司令官根据调整情况，对 PAC－3 部队向冲绳地区的展开部署等进行准备。

5. 航空系统通信队司令根据调整情况，对拥有移动通信队设备的部队向冲绳地区的展开部署进行准备。

6. 东部方面总监，在假如弹道导弹已经落入的情况下，为了尽量减小受害范围，要采取必要措施，并做好派遣联络员等方面的准备。

7. 西部方面总监及中央应急集团司令官，在假如导弹已经落入西南地区的情况下，为了尽量减小受害范围，要采取必要措施，并做好派遣联络员、向冲绳地区派遣部队等方面的准备。

8. 东部方面总监、西部方面总监、中央应急集团司令官、佐世保地方总监及航空总队司令官要与北关东防卫局长及冲绳防卫局长进行合作，统合幕僚监部成立统合联络协调中心，对部队的运用进行灵活性处理，并与相关地方公共团体进行协调。

9. 各方面总监、中央应急集团司令官、中央管制气象队长、通信团长、警务队长、陆上自卫队中央会计队长、陆上自卫队中央输送业务队长、陆上自卫队中央业务支援队长、陆上自卫队航空学校长、陆上自卫队化学学校长、陆上自卫队补给统制本部长、自卫舰队司令官、各地方总监、系统通信队群司令、海上自卫队警务队司令、海上自卫队补给本部长、航空总队司令官、航空支援集团司令官、航空开发实验集团司令官、航空系统通信队司令、航空警务队司令、航空中央业务队司令、航空自卫队补给本部长、自卫队情报保全队司令及自卫队指挥通信系统队司令，对该命令的实施提供所有必要支援。

10. 各方面总监、中央应急集团司令官、自卫舰队司令官、各地方总监、教育航空集团司令官及航空总队司令官，在确保能够迅速应对弹道导弹落入危害的同时，一旦确认朝鲜发射导弹，应迅速搜集情报以确认我国领域及周边公海是否遭受侵害。

11. 中央应急集团司令官，在西部方面总监实施前项任务时，向其派遣所需部队，并命令部队接受西部方面总监的指挥。

12. 航空支援集团司令官，确立能够迅速应对弹道导弹落入危害的态势。

13. 关于该命令的具体实施，必要详细事项接受统合幕僚长的指令。

2 月 5 日，防卫省对上述命令进行了补充，指出：预计部署在冲绳的 PAC－3 部队，要部署在石垣市和宫古岛市。在此之前，日本为了强化对中国的遏制态势，稳步推进了将陆上自卫队派遣至与那国岛和宫古岛进行常驻的工作，而近期石垣岛则出现了反对动向。有分析指出，日本将 PAC－3 部队临时部署在宫古岛的举动，从技术角度来看，显然对拦截朝鲜导弹无济于事。日本防卫省此次部署安排的主要目的在于向当地居民彰显自卫队的存在感，从而为推动自卫队常驻冲绳诸岛、强化西南防御态势创造条件。[①] 2月8日，鉴于朝鲜已于7日发射了卫星，日本防卫相再次下达命令对上述自卫队行动进行了终结。

二、日本导弹防御实力不容小觑

通过上述命令可以发现，日本防卫省为了应对朝鲜发射卫星之举，几乎动员了陆海空自卫队全部能量，并趁机对全国的导弹防御力量进行了演练与提升。正如日本军事评论家前田哲男所述："如果朝鲜按预定轨道发射导弹的话，在宫古岛等地部署的PAC－3部队将无法达到目标，政府此举为主张强化西南防御的正当性而对朝鲜进行政治利用的因素较强。"[②] 近年来，日本以应对朝鲜核与导弹问题为借口，对其反导实力及西南防御力量进行了大肆强化，并对中国的安全利益造成了巨大侵害。结合分析日本防卫相下达的"摧毁"命令，可以得知日本当前的导弹防御实力已不容小觑，并具备如下特点。

第一，具有完备的反导作战指挥体制。一方面，日本反导作战指挥体制具有明确的法律依据。根据《自卫队法》第22条的规定，防卫大臣可下达命令成立统合任务部队，并指示陆海空自卫队向统合任务部队派遣所需兵力，同时在统合幕僚监部之下设置单一的司令部；统合任务部队可在防卫出动、治安出动、应对海盗、海上警备、抗震救灾、针对弹道导弹进行摧毁等情况下成立。另外，《自卫队法》第82条第3款规定，防卫大臣在确定有弹道导弹落入本国危险的情况下，在得到首相许可后，可对自卫队下达摧毁导弹的命令。

---

① 日本新华侨报网：《日本抢搭"萨德"战车恐事与愿违》，2016年2月19日。http：//www.jnocnews.jp/news/show.aspx？id＝84703。

② 共同网：《日政府欲借在冲绳诸岛部署PAC－3推动自卫队常驻》，2016年2月14日。http：//china.kyodonews.jp/news/2016/02/114743.html。

可见，上述条款确保了日本自卫队在联合作战中的一贯性与有效性。在此之前，日本已于2009年3月、2012年3月、2012年12月成立过“BMD统合任务部队”，并分别在事态结束后进行了解散。针对朝鲜此次发射卫星的行动，日本防卫相再次根据《自卫队法》的相关规定，命令成立“BMD统合任务部队”，并指派航空总队司令官担任“BMD统合任务部队指挥官”。另一方面，日本反导作战指挥体制系统全面。从防卫相下达的“摧毁”命令可以看出，日本在应对导弹的过程中，从反导预警、拦截打击，到最后假设导弹已经坠落，日本防卫省已然调动了陆海空自卫队的所有能量，任务内涵也具有覆盖全面、详细具体的特点。

第二，拦截打击力量以海基宙斯盾系统与陆基爱国者系统为核心。2003年12月19日，日本内阁决议正式决定引进并部署导弹防御系统。[①] 日本反导系统中，远程防御主要由海上自卫队宙斯盾驱逐舰中的“标准－3”（SM－3）系统在大气层外进行中段拦截；近程防御主要由航空自卫队地空导弹部队中的“爱国者－3”（PAC－3）系统在大气层内进行末段拦截。2007年12月，日本“金刚”号宙斯盾舰首次试射SM－3并成功实施拦截。截至目前，日本已在四艘“金刚”级（“金刚”号、“鸟海”号、“妙高”号、“雾岛”号）宙斯盾舰配备了SM－3系统；并开始将两艘“爱宕”级（“爱宕”号、“足柄”号）宙斯盾舰的反导系统改装为SM－3系统。另据报道，日本打算新建两艘配备有SM－3系统的“爱宕”级宙斯盾舰。另一方面，2007年3月，日本首次在航空自卫队入间基地配备完成第1套地对空拦截导弹PAC－3系统；截止至2015年10月29日，日本宣布在航空自卫队千岁基地部署2套PAC－3系统从而完成全境部署计划。日本当前已在北至北海道、南至冲绳的6个高射群、高射教

① 閣議決定.『弾道ミサイル防衛システム整備等について』.2003年12月19日。http：//www. kantei. go. jp/jp/kakugikettei/2003/1219seibi. html。

导队、第2术科学校等15处基地部署完成了24套PAC－3系统。[①]

第三，反导预警能力已日趋独立。日本最初引进导弹防御系统之时，其预警能力较多依赖美国。如今，日本已初步建成了覆盖陆海空天的立体预警网，基本独立具备了对高、中、低空及海上目标的不间断监视能力。首先，部署在青森县车力基地的X波段相控阵雷达、装备有J/FPS－3、J/FPS－5、J/FPS－7型雷达的28个固定雷达站及12个机动式雷达分队构成了日本覆盖全面的陆基预警系统；其次，四艘“金刚”级驱逐舰的AN/SPY－1D型相控阵雷达与两艘“爱宕”级驱逐舰的AN/SPY－1D（V）型相控阵雷达构成了日本海基预警系统的核心；再次，13架E－2C预警机及4架E－767预警机则使得日本空中预警系统独冠亚洲地区；最后，日本不断扩大军事用途的光学成像卫星及合成孔径雷达卫星构成了其天基预警系统。[②]

三、美日韩导弹防御网络正悄然成形

朝鲜于2016年2月7日以弹道导弹技术发射卫星之后，联合国安理会当日举行了紧急闭门磋商，并发表媒体声明强烈谴责朝鲜从事的发射活动，表示要迅速通过包含重要举措的新决议。对此，中国外交部发言人指出：“中方认为，朝方本应有和平利用太空的权利，但目前朝方这一权利受到联合国安理会决议的限制。中方对朝方不顾国际社会普遍反对，执意以弹道导弹技术实施发射表示遗憾。中方希望有关各方冷静对待、慎重行事，不要采取可能导致半岛形势进一步紧张升级的行动，共同维护本地区和平稳定。”[③] 然而，中

① 新華網日本語版.『日本がパトリオットミサイルを配備、防衛に備える』.2015年11月14日。http：//japanese. china. org. cn/jp/txt/2015－11/14/content_ 37062203. htm。

② 郑玉军、田康生：《日本导弹防御系统发展现状及趋势》，载《飞航导弹》2015年第3期，第34页。

③ 外交部：《2016年2月7日外交部发言人华春莹就朝鲜发射卫星答记者问》。http：//www. fmprc. gov. cn/web/fyrbt_ 673021/dhdw_ 673027/t1339395. shtml。

国希望朝鲜半岛和平稳定的愿望并没有得到美日韩等国家的响应。

2016年2月7日，韩国国防部表示，韩美决定将正式讨论在韩国部署“萨德”反导系统。“萨德”系统全名为末段高空区域防御系统（THAAD），是目前唯一能在大气层内和大气层外拦截弹道导弹的陆基高空远程反导系统。有分析指出：韩国并不能够通过引入“萨德”系统而解除来自朝鲜的安全威胁，如果部署一旦成行，美军便可以通过导弹预警情报网络有效监视中俄弹道导弹的活动情况，并能够针对中国部署在东部沿海地区的导弹发挥拦截作用。[①] 此外，日本国内也出现了期望引入“萨德”系统、并最终形成三段式空中防御体系的声音。可见，美日韩三国在亚太地区悄然成形的导弹防御网络将严重破坏地区和平与稳定，并对中国的安全利益造成巨大侵害。

此外，美日韩三国在朝鲜发射卫星之后，还通过各种形式举行了多层次的三边对话，就共享涉朝军事情报、强化对朝制裁等进行了紧密磋商。2016年2月9日，美国国防部亚太安全事务助理部长希尔、日本防卫省防卫政策局长前田哲、韩国国防部国防政策室室长柳济升等三国的防务官员就朝鲜发射卫星一事召开了视频会议，三方在对朝鲜表示强烈谴责的同时，还就各自对此次事态的分析情况和应对措施共享了信息。同日，日本首相安倍晋三相继与美国总统奥巴马及韩国总统朴槿惠举行了电话会谈，就联合国安理会应迅速通过对朝实施强有力制裁的决议达成了一致。安倍表示“将为全面解决核武器、绑架和导弹问题采取单边措施，支持美军在韩国部署最尖端陆基反导系统THAAD”。[②] 2月11日，美军参谋长联席会议主席邓福德与日本防卫省统合幕僚长在夏威夷会晤，并同韩军联合参谋本部议长李淳镇举行视频会议，三方针对朝鲜射星之举，确

---

① 凤凰网：《“萨德”，美国谋求“东方不败”的阳谋与阴谋》，2016年2月20日。http://news.ifeng.com/a/20160220/47511423_0.shtml。

② 共同网：《安倍与美韩总统通电话就强力制裁朝鲜达成一致》，2016年2月9日。http://china.kyodonews.jp/news/2016/02/114472.html。

认将进行紧密的情报交换，并采取坚决措施。另一方面，2月16日，韩国总统朴槿惠宣称将对朝鲜实施更多“有力”制裁；2月18日，美国总统奥巴马签署了参众两院通过的美国单边对朝制裁法案；2月19日，日本政府举行临时内阁会议，决定对朝鲜加强单边制裁措施，主要内容为限制朝鲜籍船舶的往来以及原则上禁止对朝汇款。

伴随着朝鲜核试验与射星之举，日本以此为借口强力提升了自身的反导实力；以美国为主导的美日韩导弹防御网络也开始在亚太地区悄然成形。据悉，美日韩在反导方面的军事一体化程度将逐步深化，三国在情报搜集、反导预警、拦截打击等方面的合作能力将进一步得到加强，从而对亚太地区的安全形势造成巨大威胁。

第四节　探察日本太空军事力量建设

2015年12月8日，由日本首相作为部长的宇宙开发战略本部召开了第11次会议。会议主要审定了《宇宙基本计划工程表》，决定今后将当前的4颗情报侦察卫星增加至10颗。会上，防卫大臣中谷元指出：“关于《宇宙基本计划工程表》，防卫省将围绕以下三点采取行动：第一，自2016年度开始，着手设计宇宙监视系统，强化与美国的合作，积极推进对太空的安全利用；第二，2016年度，为了强化自卫队的指挥统制与情报通信能力，预计发射X波段防卫通信卫星1号机和2号机，并做好3号机的发射准备工作；第三，伴随着朝鲜弹道导弹威胁的不断加剧，由防卫省研发的双波长红外线感应器将于2019年度搭载先进光学卫星发射升空，并在太空进行实证研究。”[①] 可见，日本的军事力量早已深度介入了太空领域，并仍在奋力谋划，企图在未来的新兴战略领域占据优势。

---

① 宇宙開発戦略本部.『第11回宇宙開発戦略本部議事概要』.2015年12月8日。http://www.kantei.go.jp/jp/singi/utyuu/honbu/dai11/gijiyoushi.pdf。

一、太空军事利用从无到有

自20世纪60年代起，美苏太空争霸日益激烈，日本国内经济发展保持持续高增长态势。在此背景下，日本政府开始加强对航天事业的关注。1969年5月9日，在日本第61届通常国会上，众议院通过了《宇宙开发与利用基本决议》，指出“关于卫星与火箭等宇宙方面的开发与利用，仅限于和平目的，致力于学术的进步、国民生活的提高以及人类社会的福祉，并以促进产业技术发展及国际合作为目的。”① 可见，日本最初对太空的利用限定在“非军事性”的范围内。随后，日本通过与欧美国家进行太空合作，大力发展科学卫星及民事卫星，并在“非军事化”的掩盖下，逐步壮大太空科技实力。1970年，日本继苏、美、法之后，抢在中国之前发射了人造卫星，成为世界上第四个跻身太空俱乐部的国家。

太空技术本来就具有军民两用的特征，日本在“和平利用、益在国民”的口号下，逐步发展起了海洋卫星、导航卫星、通信卫星、对地观察卫星等皆可应用于军事行动的太空技术。1985年2月，中曾根内阁在众议院发表了关于“自卫队可以利用民事领域卫星或其他具有相同功能卫星”的政府统一见解，指出“1969年国会决议所谓的‘和平目的’，是指禁止自卫队将卫星作为杀伤力及破坏力进行利用；而普通卫星及具有普通功能的其他卫星可以被自卫队利用其民间通用的机能。”② 如此一来，日本首次打开了军事利用太空的突破口。随后，日本海上自卫队在赴美演习时，专门购置了美国海事卫星接收设备，并在军事训练中利用美国的卫星进行了通信等行动。

1998年朝鲜发射“大浦洞－Ⅰ”弹道导弹，并飞越日本上空。日本以此为契机，决定独立研发情报侦察卫星，并在2003年发射了

---

① 国会会議録．『第061回国会本会議第35号』．1969年5月9日。http：//kokkai.ndl.go.jp/SENTAKU/syugiin/061/0001/06105090001035c.html。

② 政府見解．『国会決議の「平和の目的」と自衛隊による衛星利用について』．1985年2月6日。http：//www.clearing.mod.go.jp/hakusho_ data/1987/w1987_ 9123.html。

雷达和光学情报侦察卫星。为了绕开非军事化原则，日本将情报侦察卫星定义为“以确保国家安全、应对大规模灾害为目的的图像情报收集卫星”，并由文部科学省、经济产业省、总务省等部门联合开发，由内阁情报调查室下属的卫星情报中心进行控制和管理，表面上不和军事“挂钩”。[①] 然而，日本此种迂回战术使得1969年确定的非军事化原则彻底沦为一纸空文，日本对太空的军事利用也由此迈出了实质性一步。此外，日本在美国“9·11”事件发生后，决定加入美国主导的弹道导弹防御网络系统，并开始参与相关的研发工作。2007年，日本成功利用标准-3系统在太空摧毁了一枚弹道导弹，完成了标准-3的部署实验。如今，日本拥有的海基标准-3大气层反导系统，完全有能力作为一种反卫星武器在今后的战争中投入使用。[②] 可见，日本对太空的军事利用愈加具有“攻击性”的特征。

二、太空军事实力逐步增强

近年来，日本军事力量在太空领域的动作愈加频繁。2008年5月，日本通过了旨在允许日本自卫队利用太空的《宇宙基本法》。此举彻底打破了日本在太空领域近40年的立法限制，为日本大规模开展军事航天应用研究解除了禁锢。在太空军事化政策的引导下，日本不断强化体制机制建设，并积极构筑了国家层面的航天管理机构。二战结束后，日本相继成立了宇航科学研究所、国家宇航实验室、宇宙开发事业团等三大民用航天技术研发机构。2003年，日本文部科学省将这上述三个机构合并组建了“航空航天研究局”，从而统一了日本太空开发的组织架构。2012年，日本通过了《内阁设置法》修正案，决定在内阁府设立“宇宙政策委员会”，负责向日本首相和相关阁僚提供太空相关的政策建议，用以加强日本对太空研发的战

① 陈宏达：《日本发射侦察卫星暗藏深机》，载《解放军报》2015年2月17日。

② 何奇松：《日本太空政策的转变：从“和平利用”到“军事利用”》，载《社会科学》2016年第3期，第5页。

略规划。[①]

日本军事力量对卫星的运用主要集中在通信与侦查两个方面。卫星通信能够将各地的部队联系起来，从而确保情报共享，并缩短作战行动的时间。日本自卫队主要使用三种由民间生产的 X 波段卫星通信系统，即“超鸟”B2 号、“超鸟”C2 号和“超鸟”D 号。X 波段通信卫星具有受气象影响小、可靠性高的特点。当前，日本自卫队正打造军事专用的新 X 波段通信卫星系统。新型卫星将能够处理自卫队大幅增加的通信量，确保各自卫队在任何时间同任何对象进行联系。届时，日本自卫队在执行海外派兵、大规模灾害救助、军事演习等任务时，将能够更加高效地进行通信与沟通。

另一方面，为了进行情报搜集与侦查，日本自卫队当前正使用着两颗专用的光学卫星和两颗专用的雷达卫星。2014 年 8 月 29 日，日本防卫省修改了于 2009 年出台、已经执行了 5 年的《宇宙开发利用基本方针》，明确提出日本将成立专门的宇宙监视组织——“宇宙空间部队”。这支力量将以雷达和大型光学望远镜为主要手段，对宇宙卫星和太空垃圾运行的动态进行跟踪和分析。同时，利用人造卫星对弹道导弹的发射进行早期的监控与分析。这是日本近年来改变防卫政策、强化太空军事力量建设的一次集中体现。

光学成像卫星，装有望远数码相机，负责昼间侦察；雷达成像卫星，装有合成孔径雷达，负责夜间或能见度差的情况下侦察。每组侦察卫星由一颗光学成像卫星加一颗雷达成像卫星组成，这样日本的太空“眼线”便可不分昼夜地工作。日本侦察卫星的特点主要体现在以下三个方面：第一，侦察能力强。评价卫星侦察能力有几项硬指标：分辨率、拍摄角度、拍摄时间。光学侦察卫星由于安装了多光谱遥感传感器，既可拍摄黑白照片，也可拍摄彩照，分辨率高达 41 厘米。雷达侦察卫星虽稍显逊色，分辨率也达到了 1 米。两种卫星均装有相控阵天线，姿态控制能力很强，调整拍摄角度非常

---

① 王鹏：《日本将建立首支专业化太空军事力量》，载《中国青年报》2014 年 9 月 5 日。

便利，而且采用了先进的近红外线发射器技术，实现了长时间连续拍摄。第二，通信技术优。卫星通信技术如果出现短板，则其他技术上的努力将付诸东流。为防止失泄密，日本的侦察卫星与地面站点之间采用密码通信，更为尖端的量子密码通信技术已逐步进入实用化阶段。此外，由于目前各侦察卫星与地面站实行直接通讯，在信息处理上非常不便，而且电磁信号容易遭受他国发动的卫星干扰，日本打算开发光学数据中继卫星，并拟于2019年发射。这样既可以汇总各侦察卫星的数据，也增强了抗干扰性。第三，运行寿命长。卫星运行寿命的决定因素是电池。日本已发射的侦察卫星中，有些便因电池故障而提前报废。新一代侦察卫星对太阳能电池进行了改造，解决了之前的电源问题，还实现了轻量化和小型化，延长了卫星的运行寿命。

三、太空军事政策影响恶劣

2015年1月9日，日本负责空间政策制定的最高机构——宇宙发展战略本部出台新版《宇宙基本计划》，内容包括前言、有关围绕日本宇宙政策环境的认识、日本宇宙空间政策的目标、日本在推进宇宙空间政策方面的基本态度、有关日本宇宙空间政策的具体建议等五个部分，对日本航天发展的目标、原则、策略和具体措施进行了系统阐述。文件再次强调了军事力量在太空领域的存在与作用，指出“不利用宇宙系统，就无法获得现代化的安全保障。在今后10年里，日本最多将发射45颗卫星，并将其直接应用于外交与安保政策以及自卫队的部队部署。”① 另外，2015年4月公布的新版《日美防卫合作指针》也明确强调了日美两国强化太空军事合作及反导合作的内容。

日本认为，侦察卫星是未来太空战的主战装备，是夺取外层空

① 日本经济新闻中文网：《日本确定新宇宙基本计划 强调安保应用》，2015年1月9日。http：//cn. nikkei. com/politicsaeconomy/politicsasociety/12659 - 20150109. html。

间控制权的关键。除了情报搜集、成像侦察、电子侦察外，日本的卫星还能发挥许多其他装备不可替代的作用。首先，具有海洋监视的作用。《宇宙基本计划》明确指出要“积极进入太空领域”，获得“现代化的安全保障”，扩充和强化用于监视海上船舶和地面设施的侦察卫星的功能。目前日本的卫星体制不仅覆盖海域广，而且可昼夜监视多个活动目标。其次，具有导弹预警的作用。要想监视和发现敌方战略弹道导弹并及时发出警报，就需要建立卫星预警网。日本侦察卫星上的红外探测器和摄像机可探测导弹在飞出大气层后的红外辐射，并进行跟踪。所以，只需两组侦察卫星，便可实现全时导弹预警。再次，具有清理太空垃圾的作用。太空垃圾是名副其实的“太空杀手”，目前有两大难题亟待解决：一是数量庞大，数以亿计；二是相对速度大，一般为每秒几千米至几万米。由于高度、方向、速度不同，加之大气密度高度复杂等情况，太空垃圾的运行轨道和具体坠毁地点都难以准确预测，必须通过侦察卫星对其进行实时监测。目前清理太空垃圾的技术手段有机械手捕捉、激光定位清除等，都要以侦察卫星为平台。日本自卫队如掌握了这些技术，也就拥有了“清扫”掉其他国家在轨卫星的能力。

近年来，日本的太空军事政策愈加强硬，对日本国内政治生态、国际太空形势以及中国周边安全均产生了极其恶劣的影响。首先，日本太空军事政策违背了其宪法的和平精神。日本历届政府不顾《日本国宪法》的和平主义原则，积极推动太空军事力量的建设，严重违背了国家的宪政体制，并在一定程度上推动了修宪的进程。其次，日本太空军事政策助长了太空军备竞赛。亚太地区具有众多能够发射火箭和制造卫星的国家，地区内太空军事化的趋势日益严重。日本作为曾对亚洲造成重大伤害的二战战败国，不去反思历史，反而在亚太安全形势日益复杂的背景下，强硬解禁集体自卫权，积极参加美国主导的亚太地区反导网络体系，并对太空进行愈具攻击性色彩的军事利用，已然助长了太空军备竞赛。[①] 最后，日本太空军事政策侵害了中国的安全利益。近年来，日本在各项文件中均指出要强化卫星对南海的监视能力，并正在积极增加配备有标准－3反导系统的“宙斯盾”军舰的数量，种种行动对中国的周边安全造成了重大侵害。

第五节　探察日本网络空间军事力量建设

2016年6月7日，日本政府消息人士透露，为了强化网络攻防应对措施，政府已基本决定从2017年度开始对宇宙航空研究开发机构、日本原子能研究开发机构、新能源和产业技术综合开发机构等35个与太空、核能及其他相关的重要单位进行监控。[②] 在此之前，日本已构筑起了对中央各部门的监控网络；今后，涉及到国家能源、经济、社会等方面安全的重要行政法人也将被纳入到监控范围之内。监控业务将由专门负责网络防御工作的“信息处理推进机构”24小时全天候应对。伴随着网络空间这一新疆域重要性的日益凸显，日本逐步完善了相关的应对措施，并以举国体制于2015年成立了网络安全战略本部。其中，作为日本军事力量的自卫队，平时执行任务及未来战争期间均会严重依赖于网络空间的安全，因此也作为日本国家网络安全战略中的重要力量之一，发挥着核心关键作用。

一、日本网络空间军事力量的发展

为了应对网络空间不断增加的威胁，日本防卫省逐步强化了网络空间的作战能力，出台了一系列相关政策和举措，并多次举行了

---

① 何奇松：《日本太空军事政策及其对中国的影响》，载《世界知识》2016年第5期，第58页。

② 共同网：《日本将对35个重要单位实施监控 防范网络攻击》，2016年6月8日。http：//china. kyodonews. jp/news/2016/06/121655. html。

网络空间作战演习等活动。

2000 年 10 月，日本防卫厅（2007 年升格为防卫省）秘密保全对策委员会出台了《关于重新审视并强化秘密保全体制的报告》，其中强调了对计算机网络等设施的管控与监视，并提出建立一个能够统筹全厅情报安全事务的专业部门。[①] 同年 12 月，防卫厅再次根据网络科技发展形势的变化，出台了《自卫队应对情报通信技术革命的综合措施纲要》，其中明确指出要完善防卫厅中央情报指挥系统及陆海空各自卫队情报指挥系统的措施，并提出了构建网络攻击应对部队的构想。[②]

2005 年 4 月 21 日，日本内阁官房信息安全对策推进室根据《重新审视政府在信息安全问题方面的作用与机能》，正式决定于 4 月 25 日设置内阁官房信息安全中心（NISC），以替代内阁官房信息安全对策推进室，在今后发挥统筹推进信息安全相关战略的机能。[③] 随后，2005 年 5 月 30 日，日本 IT 统合战略本部正式决议设置信息安全政策会议，并规定："议长为内阁官房长官，代理议长为信息通信技术担当大臣，成员包括国家公安委员会委员长、防卫厅长官、总务大臣、经济产业大臣及相关专家学者。同时废止信息安全对策推进会议。"[④] 在此背景下，日本防卫厅作为信息安全政策会议的重要职能部门，进一步强化了其在网络安全应对方面的措施。

2007 年 9 月 20 日，防卫省发布训令第 160 号，规定了自卫队应对网络攻击应建立的联络体制、情报分析的注意要领等内容。"训令"指出，在防卫省及各部队设置情报保证综合责任者及情报保证

① 防衛庁．『秘密保全体制の見直し・強化について』．2000 年 10 月。http：//www. mod. go. jp/j/approach/others/security/hozen. pdf。

② 防衛庁．『防衛庁・自衛隊における情報通信技術革命への対応に係る総合的施策の推進要綱』．2000 年 12 月。http：//www. mod. go. jp/j/approach/others/security/it/youkou/index. html。

③ 内閣官房情報セキュリティ対策推進室．『内閣官房情報セキュリティセンター（NISC）の設置について』。http：//www. nisc. go. jp/press/pdf/nisc_ press. pdf。

④ 高度情報通信ネットワーク社会推進戦略本部．『情報セキュリティ政策会議の設置について』。http：//www. nisc. go. jp/conference/seisaku/pdf/050530seisaku－press. pdf。

责任者，全面负责自卫队的网络安全应对工作。[①] 2012年5月，防卫省出台《情报安全报告书》，在总结以往网络攻击应对经验的基础上，提出了相关改进的措施。[②] 2012年9月，日本防卫省出台了《关于自卫队对网络空间进行安全、有效利用的文件》，在分析网络攻击特征及国际网络安全环境的基础上，提出了强化自卫队应对网络攻击能力的若干举措。[③] 此外，防卫省还十分重视军工企业在武器装备核心机密方面的情报安全措施，并多次出台文件，指导、强化军工企业的网络安全措施。2013年7月，防卫省成立了“网络防御合作协议会”，进一步强化了自卫队与军工企业之间在应对网络攻击、保守军事科技秘密方面的合作。[④]

2015年1月9日，日本正式成立了“网络安全战略本部”与“内阁网络安全中心”；与此同时，“信息安全政策会议”与“内阁官房信息安全中心”被废止。[⑤] 新的战略本部将遵循2014年11月通过的《网络安全基本法》进行运作。日本政府各机构，在上述网络安全相关中央机构的统一领导下，积极强化了网络安全的维护能力。其中，与网络安全相关的军事力量建设也进一步强化了应对措施。

二、日本网络空间军事力量的结构

防卫省主要负责日本网络安全战略中安全保障方面的工作。防

---

① 防衛省．『防衛省の情報保証に関する訓令』．2007年9月20日。http：//www. clearing. mod. go. jp/kunrei_ data/a_ fd/2007/ax20070920_ 00160_ 000. pdf。

② 防衛省．『情報セキュリティ報告書』．2012年5月。http：//www. mod. go. jp/j/approach/others/security/security_ hokoku. pdf。

③ 防衛省．『防衛省・自衛隊によるサイバー空間の安定的・効果的な利用に向けて』．2012年9月。http：//www. mod. go. jp/j/approach/others/security/cyber_ security_ sisin. html。

④ 防衛省．『サイバーディフェンス連携協議会の設置・取り組みについて』．2013年7月。http：//www. mod. go. jp/j/approach/others/security/cyber_ defense_ council. pdf。

⑤ 毎日新聞：『サイバー攻撃対応：政府に司令塔 NISC 90 人体制発足』．2015年1月10日。http：//mainichi. jp/select/news/20150110k0000m010041000c. html。

卫省运用企划局整体负责自卫队网络安全相关政策规划、教育培训、人才培养、联络协调等事务。运用企划局长兼任自卫队情报保证综合责任人。另外，自卫队情报保全队与指挥通信系统队则主要承担了自卫队网络攻击应对、情报搜集侦察等方面的实体业务。

自卫队情报保全队成立于2009年8月1日，属于防卫大臣的直辖部队，由原来陆海空自卫队各自的情报保全队综合改编而成，主要负责自卫队内部包含网络失泄密在内的所有失泄密案件的预防与调查等工作。指挥通信系统队成立于2008年3月，该队由统合幕僚监部指挥通信系统部指挥通信系统运用课改编而成，队员包括陆海空自卫队员及相关技术人员。为了进一步强化对网络攻击的应对，指挥通信系统队于2014年3月26日成立了网络防卫队。日本防卫省在其《关于组建网络防卫队一事》的公告中指出："网络防卫队将24小时监视自卫队的互联网并时刻准备应对网络攻击事态的发生，与此同时还将统一从事对网络攻击的相关情报进行收集、分析和调查研究。自卫队将以网络防卫队为核心机构同相关省厅展开合作，强化日本应对网络攻击事态的能力。"①

另一方面，陆海空自卫队也都拥有各自应对网络安全问题的专业部队。例如，陆上自卫队通信团下属的系统防护队主要负责防止陆上自卫队的计算机运行系统遭受网络攻击等任务，该防护队成立于2001年1月，起源于2000年日本中央省厅网站遭受攻击的事件，其驻地为东京市之谷。此外，陆上自卫队警务队下属的中央警务队也拥有着应对网络攻击方面的机能。

三、日本网络空间军事力量的行动

日本自卫队以上述体制编制为基础，大力强化了网络安全的应对能力。日本总务省主要通过组织"网络攻击防御演习（CYDER）"

---

① 防衛省.『サイバー防衛隊の新編について』。http：//www. mod. go. jp/j/press/news/2014/03/25d. html。

来践行网络安全人才的培育工作。该演习作为“网络攻击解析·防御实践演习”的重要一环，在 2013 年度共实施了 10 次，法务省、防卫省相关省厅以及独立行政法人和民间团体等共计 33 个机构的 292 人参与。该演习通过角色扮演，让参与者结合实践操作，感受网络攻击应对过程；与此同时，参与人也肩负着将相关网络安全知识与感受传播开来的义务。日本防卫省在网络安全人才培育方面通过与其他部门相互合作，取得了一定的成果。

此外，在国际合作方面，防卫省积极参加了网络安全相关双边、多边协商机制。2006 年，日本防卫省同美国国防部缔结了《信息保障与计算机网络防御相关合作备忘录》，双方一致同意就今后共同应对网络攻击及制定 IT 政策进行紧密合作，并定期举行应对网络攻击的演习。2013 年 5 月和 2014 年 4 月，日美两国分别召开了第一、第二届“日美网络对话”，在应对网络犯罪、保护重要基础设施等相关领域进行了意见交换。① 与此同时，日本于 2012 年 6 月同英国召开了“日英网络协议会”；2012 年 11 月，同印度召开了“日印网络协议会”。在多边机制领域，自 2009 年以来，截至 2014 年底，日本与东盟共召开了 7 届“日·ASEAN 信息安全政策会议”，就应对网络攻击、强化人才培育、保护重要基础设施等领域的合作达成了一致。② 此外，伴随着日本企业在东盟的不断拓展，为了协助东盟地区国家构筑良好的网络安全环境，日本和东盟还于 2014 年 4 月举办了“日·ASEAN 信息安全意识启发研讨会”。另外，2013 年 12 月，日本同欧盟召开了第二届“日 EU·ICT 安全研究会”，就互联网安全相关的最新政策动向进行了意见交换，同时积极听取了日欧产业界的相关意见。2014 年 10 月 21 日，中日韩三国召开了首届“网络安全事务磋商机制会议”，三方各自就网络安全政策和相关机制架构进

① 外務省.『第 2 回日米サイバー対話の開催』。http://www.mofa.go.jp/mofaj/press/release/press4_000833.html。

② 内閣官房情報セキュリティセンター.『第 7 回 日·ASEAN 情報セキュリティ政策会議の結果』。http://www.nisc.go.jp/press/pdf/aseanj_meeting20141008.pdf。

行了介绍，探讨了建立网络安全负责任国家行为规范、打击网络犯罪和网络恐怖主义、构筑互联网应急响应合作机制等问题。上述对外交流活动中，都能见到日本自卫队员的身影。

另一方面，日本防卫省还强化了网络空间战相关理论的研究。2010 年 5 月，日本政府组织召开了“安全政策与防卫力量发展恳谈会”，研讨了网络安全与日本军事力量发展的相互关系等问题。[①] 防卫省首席信息官、运用计划局局长作为防卫省代表参加了会议，原统合幕僚长斋藤隆作为特别顾问出席。会上，防卫省充分表达了网络安全与军事力量建设方面的观点，并就网络空间作战理论进行了交流。

第六节　探察日本自卫队的国际维和行动

2016 年 5 月 27 日，日本陆上自卫队公布了第五普通科连队在蒙古国参与“可汗探索 2016”多国联合训练的情况。“可汗探索”系列军演始于 2003 年，每年在蒙古国举行一次，最初仅限于蒙美两国，后逐步发展为多国共同参与的联合国维和行动军事演习。中国自 2007 年开始派出观察员，并于 2015 年首次派实兵参与演练；与此同时，日本自 2007 年开始派出观察员，并于 2010 年正式派自卫队参演。5 月 22 日，2016 年度“可汗探索”多国维和军演在蒙古国塔本陶勒盖训练场正式开幕，蒙古国总统额勒贝格道尔吉、美军太平洋总部司令哈里斯及参演各国驻蒙使节等出席仪式，47 个国家共派出两千余人参加，内容主要包括实兵演练、室内推演、工程支援及医疗救助等四部分。[②] 值得注意的是，日本此次派出参演的自卫队员将作为第 11 批赴南苏丹维和部队成员，于当年 11 月份被派遣至

---

① 刘世刚：《日本网空作战能力建设情况》，载《外国军事学术》2011 年第 2 期，第 35 页。

② 人民网：《“可汗探索 2016”多国维和联合军演参演国家及规格超过以往》，2016 年 5 月 22 日。http：//world. people. com. cn/n1/2016/0522/c1002 – 28369635. html。

南苏丹参与维和行动，并将基于日本新出台的安保法，首次执行“驰援护卫”等涉及集体自卫权的新任务。[①]

一、维和争议由来已久

日本于1992年6月19日正式通过《协助联合国维和行动合作法》（《PKO合作法》）后，便于当年9月份首次派自卫队参加了联合国维和行动。然而，由于《日本国宪法》第九条明确规定“永远放弃以国权发动的战争、武力威胁或武力行使作为解决国际争端的手段”，所以，日本国内一直存在着关于“自卫队走出国门参加联合国维和行动是否属于武力行使的范畴、是否违反宪法”等问题的激烈讨论。也正因如此，自卫队在参加国际维和行动伊始，便受到了日本和平势力的批判与诟病。

早在1954年自卫队成立之际，日本参议院便通过了“禁止自卫队向海外出动”的决议，指出“考虑到现行吾国宪法之条款，以及吾国国民热爱和平之夙愿，在此再次确认并重申自卫队决不实施向海外出动之举。”[②] 可见，在自卫队最初组建之时，日本国内和平势力出于对侵略战争的反省，强烈要求将自卫队永远禁锢在日本国土范围之内。然而，参议院决议并非国会通过的法律，不具备法律约束力，只能在一定程度上代表当时的社会意识。1958年，联合国驻黎巴嫩观察组成立时，日本国内便出现了派自卫队进行参与的意见，但当时的岸信介内阁考虑到修订《日美安保条约》面临的巨大社会压力，最终决定暂不考虑派自卫队参与国际维和行动。1961年，日本驻联合国大使松平康东呼吁派自卫队参加刚果维和行动，随后被池田勇人内阁拒绝，但池田首相在国会答辩中指出“出于维持世界

① 共同网：《日本陆上自卫队参加PKO联合训练》，2016年5月28日。http：//china. kyodonews. jp/news/2016/05/121037. html。

② 第十九回国会参議院外务委员会会議録第五七号．『自衛隊の海外出動を為さざることに関する決議』．1954年6月2日。http：//kokkai. ndl. go. jp/SENTAKU/sangiin/019/0512/main. html。

治安的需要，派自卫队参加维和行动并不违反宪法的规定”[①]，暗示了自卫队在之后参加国际维和的可能性。1963 年，马来西亚纷争发生之后，日本政府将其视为突破自卫队海外出动禁忌的“绝妙时机”，池田勇人内阁在马来西亚、印尼、菲律宾等纷争三方之间积极协调，并提出了派自卫队作为停战监督团进驻东南亚的设想。随后，日本外务省积极筹划自卫队海外出动的方案，时任外务次官下田武三直接明言道：“此次纷争与刚果、塞浦路斯的情况不同，东南亚离日本较近，恰好可以作为自卫队走出国门的突破口”。[②] 然而，在日本国内围绕“自卫队海外出动是否违反宪法”这一问题争论正酣之际，马来西亚纷争于 1966 年 8 月正式停息，日本政府企图实现海外派兵的黄粱大梦也只得暂时搁置。这一时期，日本经济飞速发展，国内主张将自卫队派出国门并彰显日本国际影响力的声音越来越大。与此同时，日本国内和平势力坚持认为自卫队海外出动可能会引导日本再次走向战争，因此一直进行着激烈的抗争。

关于是否派自卫队参与国际维和，日本国内自 20 世纪 50 年代便一直争论不休。然而，伴随着时间的推移，日本政府逐渐表露出支持的态度，并最终于 1992 年促使国会通过了《PKO 合作法》。1980 年，在 93 届国会上，日本社会党众议员稻叶诚一针对“自卫队走出国门是否违宪”进行质疑后，铃木善幸内阁回答称“自卫队海外出动可以分为海外派兵与海外派遣两种情况。海外派兵以武力行使为目的，超过了自卫所需的必要最小限度，宪法不予允许；海外派遣不以武力行使为目的，宪法并非不允许。”[③] 如此一来，日本政府通过虚造两个概念，毫无根据地将自卫队海外出动划分为海外

① 池田勇人の発言．第三十八回国会衆議院会議録第九号．1961 年 2 月 23 日。http：//kokkai. ndl. go. jp/SENTAKU/syugiin/038/0512/main. html。

② 外務省アジア局．外務省開示文書 2004－00483．「インドネシア・マレーシア紛争をめぐる諸問題とわが国の対処方針の関する協議要録」．1966 年 6 月 3 日。

③ 内閣衆質九三第六号．「稲葉誠一議員提出の自衛隊の海外派兵日米安保条約等の問題に関する質問に対する政府答弁」．1980 年 10 月 28 日。http：//www. shugiin. go. jp/itdb_ shitsumona_ pdf_ t. nsf/html。

派兵和海外派遣两类，在法理上为自卫队走出国门创造了牵强附会的借口。

二、维和法案饱受诟病

在日本政府为出兵海外制造了突破口后，其希望自卫队走出国门的意图变得愈加明显和强硬。1988 年，竹下登内阁邀请西哈努克访问日本，并趁势表达了向柬埔寨派遣数百名维和人员的意愿。之后，在日本外务省制定柬埔寨维和方案的过程中，海湾战争于 1990 年 8 月爆发，当时的海部俊树内阁同样将其视为出兵海外的“良机”。1990 年 10 月，日本政府向国会提交了《联合国和平合作法案》，该法案将自卫队支援海湾地区以美国为首的多国部队以及参加联合国维和行动这两项出兵海外的内容囊括到了一起。在国会讨论时，时任外务大臣中山太郎面对众多质疑，代表日本政府解释称“自卫队参加维和行动，不以武力行使为目的，因此不违反宪法；而关于以美国为首的多国部队，虽然其以武力行使为目的，但自卫队不去参加，而是采取协作的方式，便避免了武力行使的问题，因此宪法也是允许的。”[①] 最终，中山太郎这种近似于胡搅蛮缠的解释没有得到日本国会的认可，该法案也成为了废案。值得一提的是，中山太郎的解释虽然没有促成上述法案的通过，但日本政府却一直沿用了此种说法，并根据该解释在 2001 年促使国会通过了《反恐特别措施法》，使得自卫队前往波斯湾向参加反恐战争的多国部队进行了多年的供油活动；此外，日本政府同样根据这一解释于 2003 年促使国会通过了《支援伊拉克重建特别措施法》，使得自卫队前往伊拉克对参加伊拉克战争的多国部队进行了多项支援。

虽然《联合国和平合作法案》没有获得通过，但此时的日本政府早已按捺不住出兵海外的欲望；1991 年 4 月，海部内阁牵强附会

---

① 中山国務大臣の発言．第一一九回国会衆議院国連平和協力特別委員会議録第四号．1990 年 10 月 26 日。http：//kokkai. ndl. go. jp/SENTAKU/syugiin/119/0730/main. html。

地援引《自卫队法》第99条的内容，向波斯湾派出了4艘扫雷艇及511人的扫雷部队，对海湾战争中的多国部队进行了支援。《自卫队法》第99条“海上自卫队在接受防卫厅长官的命令后，可以进行水雷及海上其他爆炸性危险品的排除作业”[①]，本来是自卫队1954年成立之际为了排除二战期间埋设在日本周边海域的水雷而制定的一项内容，此时却被日本政府别有用心地作为了参与海湾战争的法律依据。日本政府不顾国内和平势力意见、藐视宪法尊严的暴行，遭到了在野党及大部分国民的强烈指责。

然而，日本政府并没有停止进一步推动出兵海外的步伐，仍然积极筹备自卫队参加国际维和的相关立法工作。日本政府认为自卫队参加国际维和面对的压力要比参加多国部队作战小一些，并且考虑到已经向波斯湾派出了扫雷部队，便决定暂时搁置自卫队参与多国部队的相关立法工作。1991年9月，海部内阁向国会提交了以自卫队参加国际维和为主体内容的《PKO合作法》；经过横跨第121、122、123等三个国会会期的漫长质询与争论，该法案最终于1992年6月19日获得了通过。在国会讨论阶段，日本社会党、日本共产党等在野党坚持认为《PKO合作法》违反宪法，并主张废弃该法案；[②]法案通过后，日本民众组织了大规模的游行示威活动表示抗议，部分社会团体也纷纷刊文表达了对日本出兵海外的强烈反对。

三、维和行动愈演愈烈

《PKO合作法》成立后，日本政府便迅速开始筹备自卫队参加国际维和行动的相关事宜。尽管日本国内一直有声音认为自卫队参加国际维和违反了宪法的规定，但日本政府对此却置若罔闻，一意孤行地驱使自卫队足迹遍布全球各地。截止2016年6月1日，日本

① 法なび法令検索．昭和二十九年法律第百六十五号．『自衛隊法』。http：//hourei. hounavi. jp/seitei/hou/S29/S29HO165. php。

② 国会会議録．第123回国会国際平和協力等に関する特別委員会第5号．1992年6月11日。http：//kokkai. ndl. go. jp/SENTAKU/syugiin/123/0732/main. html。

自卫队共参加了九大项联合国维和行动，累计参与人数已经过万。

1. 柬埔寨过渡时期联合国权力机构（UNTAC）。1992 年 9 月至 1993 年 9 月，分 2 次总计派出 16 名自卫队员参加了停战监督业务；1992 年 9 月至 1993 年 9 月，分 2 次总计派出 1200 名自卫队员参加了补给、医疗、基建、运输等保障业务；另外，海上自卫队 3 艘军舰及航空自卫队 6 架运输机也全程参与了自卫队员的输送与联络工作。①

2. 联合国莫桑比克行动（ONUMOZ）。1993 年 5 月至 1995 年 1 月，分 2 次总计派出 10 名自卫队员参加了司令部业务；1993 年 5 月至 1995 年 1 月，分 3 次总计派出 144 名自卫队员参加了运输协调业务；另外，航空自卫队 C－130 型运输机参与了自卫队员的输送工作。②

3. 联合国脱离接触观察员部队（UNDOF）。1996 年 2 月至 2013 年 1 月，分 17 次总计派出 38 名自卫队员参加了司令部业务；1996 年 2 月至 2013 年 1 月，分 34 次总计派出 1893 名自卫队员参加了运输等后勤支援业务；另外，航空自卫队 C－130H 型运输机及 U－4 型支援机参与了自卫队员与物资的输送工作。③

4. 联合国东帝汶过渡行政当局及联合国东帝汶支助团（UNTAET、UNMISET）。2002 年 2 月至 2004 年 6 月，分 2 次总计派出 17 名自卫队员参加了司令部业务；2002 年 3 月至 2004 年 6 月，分 4 次总计派出 2287 名自卫队员参加了后方支援业务；另外，海上自卫队“峰云”号护卫舰、“大隅”号运输舰以及航空自卫队 C－130H 型运

① 内閣府.『カンボディア国際平和協力業務の実施の結果』. 1993 年 11 月 12 日。http://www.pko.go.jp/pko_j/data/pdf/04/data04_02.pdf。

② 内閣府.『モザンビーク国際平和協力業務の実施の結果』. 1995 年 3 月 7 日。http://www.pko.go.jp/pko_j/data/pdf/04/data04_03.pdf。

③ 内閣府.『ゴラン高原国際平和協力業務の実施の結果』. 2013 年 5 月 28 日。http://www.pko.go.jp/pko_j/data/pdf/04/data04_06.pdf。

输机参与了自卫队员与物资的输送工作。[①]

5. 联合国尼泊尔特派团（UNMIN）。2007 年 3 月至 2011 年 1 月，分 4 次总计派出 24 名自卫队员参加了军事监视业务。[②]

6. 联合国苏丹特派团（UNMIS）。2008 年 10 月至 2011 年 9 月，分 6 次总计派出 12 名自卫队员参加了司令部业务。[③]

7. 联合国海地稳定特派团（MINUSTAH）。2010 年 2 月至 2013 年 1 月，分 6 次总计派出 12 名自卫队员参加了司令部业务；2010 年 2 月至 2012 年 12 月，分 7 次总计派出 2140 名自卫队员参加了后勤支援业务；另外，航空自卫队 C－130H 型运输机与 KC－767 型空中加油机参与了人员输送及物资补给的工作。[④]

8. 联合国东帝汶综合特派团（UNMIT）。2010 年 9 月至 2012 年 9 月，分 4 次总计派出 8 名自卫队员参加了军事联络业务。[⑤]

9. 联合国南苏丹特派团（UNMISS）。2011 年 11 月至 2016 年 5 月，分 7 次总计派出 23 名自卫队员参加了司令部业务；2012 年 1 月至 2016 年 5 月，分 9 次总计派出约 3370 名自卫队员参加了后勤支援业务；另外，航空自卫队 C－130H 型运输机参与了人员输送及物资补给的工作。[⑥] 值得注意的是，日本自卫队仍在持续参与 UNMISS 的任务。5 月 22 日，自卫队第 10 批赴南苏丹维和部队成员从北海道新千岁机场启程，此次出发的人员约为 130 名，后续还将有 230 名自

---

① 内閣府．『東ティモール国際平和協力業務の実施の結果』．2004 年 7 月 30 日。http：//www. pko. go. jp/pko_ j/data/pdf/04/data04_ 14. pdf。

② 内閣府．『ネパール国際平和協力業務の実施の結果』．2011 年 4 月 8 日。http：//www. pko. go. jp/pko_ j/data/pdf/04/data04_ 21. pdf。

③ 内閣府．『スーダン国際平和協力業務の実施の結果』．2011 年 12 月 20 日。http：//www. pko. go. jp/pko_ j/data/pdf/04/data04_ 23. pdf。

④ 内閣府．『ハイチ国際平和協力業務の実施の結果』．2013 年 5 月 28 日。http：//www. pko. go. jp/pko_ j/data/pdf/04/data04_ 24. pdf。

⑤ 内閣府．『東ティモール国際平和協力業務の実施の結果』．2013 年 4 月 17 日。http：//www. pko. go. jp/pko_ j/data/pdf/04/data04_ 25. pdf。

⑥ 内閣府．『南スーダン国際平和協力業務の実施の状況』．2016 年 2 月 9 日。http：//www. pko. go. jp/pko_ j/data/pdf/04/data04_ 27_ 3. pdf。

卫队员于6月中下旬抵达南苏丹。[①]

四、维和目的在于“战争”

伴随着自卫队参与国际维和行动次数的逐渐增多，《PKO合作法》也经历了数次修改，从而使得自卫队在执行任务的过程中，业务范围越来越广、携带武器越来越多，对日本“和平宪法”的冲击也越来越剧烈。

1992年《PKO合作法》最初成立之时，规定“武器使用必须满足正当防卫或紧急避难的条件，且防卫对象仅仅局限于自身和在场其他自卫队员；自卫队参加维和行动仅限于后方支援业务，不得参加停战监督、武器检查等联合国维和部队的主体业务”。1998年，日本国会审议通过了《PKO合作法修正案》，将过去由个人判断使用武器来进行正当防卫，改为了“原则上根据上司的命令使用武器”。这样一来，当自卫队员没有处在正当防卫和紧急避险的情况下，只要接收到上司允许使用武器的命令，便变得可以使用武器了。这无疑增加了自卫队员在没有必要的情况下使用武器的机会，同时也为自卫队作为组织体共同行使武力提供了可能。2001年，日本再次对《PKO合作法》进行了修改，解除了自卫队参加维和部队主体业务的限制，并将武器使用的范围扩大为“自卫队员自身、在场其他自卫队员、处于自卫队员管辖范围内的其他人员、武器、弹药、船舶、车辆等”。2015年，安倍内阁极力推动的安保法案获得通过，其中《PKO合作法》再次进行了修改，增添了军事巡逻、驰援护卫等业务。驰援护卫指的是使用武器营救遭武装团伙袭击的联合国维和人员，日本共产党委员长志位和夫曾指出“南苏丹实际上处于内战状态”，并批评称“驰援护卫有悖于宪法第九条禁止在海外行使武

---

① 共同网：《日本第10批自卫队维和部队出发前往南苏丹》，2016年5月23日。http://china.kyodonews.jp/news/2016/05/120685.html。

力的规定”。[①]

日本政府在推动自卫队海外出动的过程中，采取了蚕食的手段，根据国际形势及其国内舆论的状况，逐步添加自卫队在海外的活动内容，并早已违背了《日本国宪法》的规定。2004 年，日本在《防卫计划大纲》中将“国际安全环境的改善”作为了日本安保政策的支柱，提升到与“防卫国土安全”同等的地位；2006 年，日本修订《自卫队法》，将“海外行动”升格为自卫队的主体业务。近年来，安倍内阁更是解禁了集体自卫权，直接为自卫队参与战争、发动战争进行了松绑。一直以来，日本政府将自卫队的维和行动与参加以美国为首的多国部队作战等搅在一起，通过对自卫队维和部队的大肆宣传来彰显自卫队海外行动的和平性与正义性，完全掩饰了自卫队走出国门行使武力的违宪性。日本一味地要求成为正常国家，却已然忘记了《日本国宪法》第九条制定的初衷，更忘记了其在二战期间对东亚各国造成的巨大伤害。

第七节 探察日本自卫队的灾害救助行动

2016 年 5 月 30 日，日本熊本县政府向中央政府提出了撤回熊本地震后被派至灾区开展救灾行动的自卫队部队的要求；随后，防卫相中谷元宣布撤回救灾部队，在此之前的 4 月 28 日，参与救灾的自卫队已从大分县撤离。[②] 日本自卫队此次实施的救灾行动持续约 1 个半月，投入自卫队员累计约 81.4 万人次，对当地灾区的救援工作发挥了重大作用。相比 2011 年东日本大地震的救灾行动，自卫队在此次熊本地震的灾后救援中表现出了反应更加迅速、机制更加畅通等特点。

---

① 共同网：《安倍表示安保法实施后将扩大自卫队任务》，2016 年 2 月 4 日，http：//china. kyodonews. jp/news/2016/02/114189. html。

② 共同网：《参与震后救援的自卫队将从熊本县撤离》，2016 年 5 月 30 日，http：//china. kyodonews. jp/news/2016/05/121122. html。

一、日本自卫队的灾害救助体制

日本位处太平洋板块与亚欧板块交界的火山地震带上，每年发生数千次各种级别的地震。据统计，日本平均每天发生四次3级以上的地震，是世界上地震频率发生较高的国家。按照《自卫队法》的规定，相较于“守卫国土安全”等自卫队主体业务而言，灾害救助行动是自卫队的从属业务；但自卫队每年参加各种大小规模的救灾行动就高达数百次。根据日本2015年版《防卫白皮书》公布的资料显示，日本自卫队2014年度实施灾害救助行动共计521次，参与人员66267人次，出动车辆9621辆次，出动军机1232架次。[①] 自卫队成立60余年来，共实施灾害救助行动3.2万多次，并通过行动中的表现赢得了日本国民的赞许。

1995年1月17日，日本以神户市为中心的阪神地区发生了里氏7.2级地震，导致6434人遇难、43792人受伤，经济损失超过1000亿美元。地震发生后，日本政府在情报搜集、救灾应对等方面反应迟钝，由于《自卫队法》规定：“必须有首相的命令或县知事的请求才能出动自卫队进行救援”，所以政府信息的受阻导致自卫队在震后的出动延误了数个小时。而且，自卫队由于欠缺应对大规模灾害的经验，在组织计划、实际作业等方面都暴露出了诸多不足。行动结束后，日本政府进行了深刻反思，并对自卫队的灾害救助体制进行了改进。一直以来，日本自卫队的灾害救助行动构成了其国家应对灾害危机的重要部分，并在数十年经验积累的基础上，形成了较为完备的体制机制。

《自卫队法》第83条明确规定了自卫队参加灾害救助行动的程序，指出“都道府县知事及政令其他指定者，在发生灾害时，出于保护人命及财产的必要性，可以向防卫大臣或其他指定人员请求派

---

① 防衛省.『防衛白書 2015』。http://www.mod.go.jp/j/publication/wp/wp2015/html/ns042000.html。

遣自卫队。防卫大臣或其他指定人员在收到请求后，可以派遣自卫队进行救援；但在十分紧急的情况下，即便没有收到请求，也可以派遣自卫队。另外，当自卫队相关设施及附近发生灾害时，相关部队长官可以派遣自卫队进行应对。”[①] 如此一来，自卫队参加救灾行动的权限获得提高，师旅级首长便可下令出动兵力进行救援；并且，在原有“请求派遣”的基础上，增添了“自主派遣”的机能。另一方面，《自卫队法》第 22 条规定“自卫队为了执行灾害派遣、地震防灾派遣、原子能灾害派遣等任务时，防卫大臣可以组建统合任务部队，并指定相应的指挥官。”[②] 此外，《灾害对策基本法》《大规模地震特别措施法》《原子能灾害对策特别措施法》等法案都规定了自卫队参加灾害救助行动的相关内容。

根据《灾害对策基本法》的规定，日本中央防灾会议制定《防灾基本计划》，各省厅等行政机关制定各自负责领域的《防灾业务计划》，并在每年根据具体情况进行修改。2016 年 5 月 31 日，日本防卫省公布了《防卫省防灾业务计划》，明确显示了自卫队参加灾害救助行动的流程及方式。该计划由“总则”“灾害准备措施”“灾害应对措施”“大规模灾害应对措施”“东海地震防灾派遣措施”“南海沟地震应对措施”“日本海沟与千岛海沟等周边海沟型地震应对措施”“原子能灾害应对措施”等八章及“城市、山间、岛屿等地发生灾害及其他特殊灾害的应对”“各都道府县灾害派遣联络窗口一览表”两个附件构成。[③] 如此一来，日本陆海空自卫队在各都道府县均设置了防灾联络窗口，从而强化了自卫队与地方自治体之间的联系，为救灾行动的顺畅执行创造了条件。与此同时，防卫省与各部队均建立了快速反应机制。防卫省内部部局、统合幕僚监部、各自卫队幕僚监部在救灾过程中能够保持顺畅而统一的沟通，并确保能够共

---

① 『自衛隊法』。http：//law. e – gov. go. jp/htmldata/S29/S29HO165. html。

② 『自衛隊法』。http：//law. e – gov. go. jp/htmldata/S29/S29HO165. html。

③ 防衛省．『防衛省防災業務計画』．2016 年 5 月 31 日。http：//www. mod. go. jp/j/approach/defense/saigai/pdf/honbun01. pdf。

同协助防卫大臣进行统一指挥，决策效率大大提高；自卫队则设有专门部队常态处于灾害应急状态，一旦有灾害发生，部队能够在一小时内集结出发，进行救援。

二、东日本大地震中的救灾行动

2011 年 3 月 11 日，日本东北部海域发生了里氏 9 级大地震，并引发巨大海啸，造成福岛第一核电站发生泄漏事故。地震、海啸、核泄漏三大事故叠加在一起，造成日本历史上前所未有的重大灾难。事故发生后，日本防卫省迅速成立了“灾害对策本部”，向自卫队发布了“大规模震灾灾害派遣命令”和“核灾害派遣命令”，并组建了“救灾统合任务部队”和“核救灾派遣部队”。与此同时，执行任务的自卫队还同美、澳军队进行了密切的救灾合作。自卫队大规模震灾救援行动从 2011 年 3 月 11 日至 8 月 31 日，共持续了 174 天；自卫队核灾害救援行动从 2011 年 3 月 11 日至 12 月 26 日，共持续了 291 天。据统计，本次行动中，自卫队共救助 19286 人，收殓遗体 9567 具，运输物资 13906 吨，供水 32985 吨，提供食物 5005484 份，提供洗澡支援 1092526 人次，向核电站注水 370 吨。[①]

“3·11”地震发生后，自卫队迅速展开了大规模救灾行动。3 月 11 日当晚，自卫队在防卫省统一指挥下投入 8000 人救灾，次日增至 2 万人进行抢险救灾，13 日自卫队救灾派遣规模达到 5 万人，18 日则提升至 10 万人。据统计，在抗震救灾期间，自卫队出动人员最多时达到了 10.7 万人，出动飞机约 540 架、舰艇约 60 艘。综合来看，自卫队出动人员 10664870 人次、军机 50179 架次、舰艇 4818 艘次。[②] 此外，美军陆军一部、海军第 7 舰队、空军第 13 军、海军陆战队第 3 远征军等共出动 16000 余人、140 架飞机、15 艘舰艇等

---

① 江新凤：《日本自卫队“3·11”地震救灾行动的特点、经验及教训》，载《外国军事学术》2012 年第 3 期，第 60 页。

② 防衛省．『防衛白書 2015』。http：//www. mod. go. jp/j/publication/wp/wp2015/html/ns042000. html。

参加了灾害救助行动。此次救灾行动是日本自卫队历史上规模最大的一次军事行动，但这也丝毫没有影响到自卫队对于其他任务的执行。灾害发生期间，自卫队并没有削弱对周边海空域的警戒监视力量，也没有取消亚丁湾护航等行动。

另一方面，为了进一步扩大救灾队伍的规模，自卫队首次征召了应急预备役及预备役参与行动。2011 年 3 月 16 日，陆上自卫队发出应急预备役与预备役征召令；2011 年 4 月 15 日，海上自卫队和航空自卫队发出应急预备役与预备役征召令，陆海空自卫队共征召 1 万余名应急预备役与预备役人员。在地震与核泄漏的双重灾害面前，自卫队组建了“救灾统合任务部队”和“核救灾派遣部队”两支联合部队，分别由陆上自卫队东北方面队司令和中央快反集团司令担任指挥官，从而首次践行了方面队司令统一指挥和协调陆海空自卫队联合任务部队的联合作战体制。与此同时，自卫队还同美、澳两国军队进行了密切的配合，日美在此次联合行动中设置了三个协调所，双方通过联络官进行协调。此次行动后，日本自卫队的形象获得大幅提升。“3·11”地震一年后，日本内阁府于 2012 年 3 月 10 日公布的舆论调查显示：对自卫队持良好印象的日本人比例高达 91.7%；有 97.7% 的人对自卫队在灾害派遣中的表现持正面评价；另外，81.2% 的受访民众对美军给予的援助表示认可。[①]

三、熊本地震中的救灾行动

2016 年 4 月 14 日 21 时 26 分，以熊本县为中心发生了里氏 6.5 级地震，22 时 40 分，熊本县知事向驻扎在当地的陆上自卫队第 8 师团长发出了灾害派遣的请求；4 月 16 日 1 时 25 分，以熊本县为中心再次发生了里氏 7.3 级地震，2 时 36 分，大分县知事向陆上自卫队西部方面特科队长发出了灾害派遣的请求。4 月 14 日夜，防卫省随即派出初期反应部队“FAST－Force”进行应对，航空自卫队出动 2

---

① 华丹：《日本自卫队》，陕西人民出版社，2014 年版，第 265 页。

架 F－2 战机、海上自卫队出动 1 架 P－3C 巡逻机、陆上自卫队出动 1 架 UH－1 直升机进行前期行动。[①] 值得一提的是，“FAST－Force”为防卫省于 2013 年 9 月 1 日对自卫队灾害救助初期反应部队取的别名，是自卫队驻扎在全国各地随时准备应对灾害的常设部队。

4 月 14 日地震当天，防卫省立即设置了灾害对策本部，并召开了 25 次会议，对自卫队的灾害救助行动进行了统一指挥；4 月 22 日，防卫省设置了灾民生活支援小组，并召开了 4 次会议，对灾后救助工作进行了指导。4 月 16 日，防卫省成立了统合任务部队，任命陆上自卫队西部方面司令为指挥官，其中陆上自卫队约 24000 人、海上自卫队约 1000 人、航空自卫队约 1000 人进行灾害救助行动。5 月 9 日，防卫相中谷元下令解散统合任务部队，后续任务以西部方面队的 13000 人为主进行开展。[②] 此外，自卫队此次灾害派遣行动还召集了大约 160 名的紧急预备役。5 月 30 日，熊本县知事向中央政府提出了撤回灾害救助部队的要求，自卫队此次灾害派遣行动正式结束。

此次救灾行动中，防卫省从西部、北部、东北、东部、中部等五个陆上方面队中都派出了人员；此外，海上自卫队的“日向”号、“出云”号、“山雾”号等护卫舰、航空自卫队多个航空队、中央应急集团的第 1 直升机团以及航空学校均参加了救灾行动。综合来看，防卫省共派出自卫队员大约 81.42 万人次、军机 2618 架次、舰船 300 艘次。据统计，此次地震共造成 49 人死亡，关联死亡者 20 人，伤者 1684 人，避难人数 18 万余人。[③] 自卫队在救灾活动中，共搜救 16 人、运输伤者 510 人、转移人员 730 人、开通道路 16 千米；运输毛巾 4.2 万条、饮用水 100 万瓶、日用品 5.3 万箱、食物 175.5 万

---

① 産経新聞．『自衛隊が初動対処部隊や戦闘機など派遣』．2016 年 4 月 14 日。http：//www. sankei. com/politics/news/160414/plt1604140067－n1. html。

② 共同网：《日防卫相下令解散熊本地震综合任务部队》，2016 年 5 月 9 日。http：//china. kyodonews. jp/news/2016/05/119840. html。

③ 熊本県災害対策本部．『平成 28 年熊本地震に係る被害状況などについて（第 72 報）』．2016 年 5 月 25 日。

份；支援食物91万份、用水1万吨、洗浴14万人次，等等。①

另外，美军共派出4架MV－22“鱼鹰”运输机、2架C－130运输机、1架UC－35运输机参与了灾害救助行动中的物资运输工作。据悉，这是“鱼鹰”运输机首次被用于帮助日本救灾，此举明显带有向日本民众显示“鱼鹰”安全性能的意味。在此之前，日本防卫省决定自2019年度起陆续引进17架“鱼鹰”运输机，并希望将之部署在佐贺县。由于佐贺县知事山口祥义尚未同意这一部署计划，6月3日，日本防卫副大臣若宫健嗣专门向山口就部署计划进行了详细说明。②

第八节　探察日美军事一体化进程

2016年6月14日，日本防卫相中谷元与美国太平洋舰队司令斯威夫特在防卫省举行会谈，就中国军舰驶入钓鱼岛附近海域一事表示“自卫队与美军将共同应对东海局势”。中谷指出“日美两国已通过同盟协调机制，在情报共享等方面进行了紧密的合作；今后，努力明确展示日美同盟在东海的存在感与威慑力十分重要。”③ 可见，日美两国企图靠武力联合来威胁制衡他国并抢夺地区军事优势的霸权逻辑及蛮横心理已暴露无遗。6月9日下午，日本自卫队统合幕僚长河野克俊在记者会上恶意指责中国并威胁称“这是加剧紧张的单方面行为，如果中国军舰进入领海，防卫省将采取与此相应的措施”。④ 此外，日本外务省也对中国军舰的正当行动提出了无端的

① 防衛省．『平成28年熊本地震に係る災害派遣について（最終報）』．2016年5月30日。http：//www. mod. go. jp/j/press/news/2016/05/30b. html。

② 共同网：《日本防卫副大臣与佐贺县知事商讨部署“鱼鹰”》，2016年6月3日。http：//china. kyodonews. jp/news/2016/06/121420. html。

③ 共同网：《日防卫相会晤美军司令 将共同应对中国军舰航行问题》，2016年6月14日。http：//china. kyodonews. jp/news/2016/06/122062. html。

④ 共同网：《日本统合幕僚长称若中国军舰进领海将采取相应措施》，2016年6月9日。http：//china. kyodonews. jp/news/2016/06/121779. html。

“抗议”。针对于此，中国国防部表示“钓鱼岛及其附属岛屿是中国固有领土。中国军舰在本国管辖海域航行合理合法，他国无权说三道四。”[①] 中国外交部也指出：“中方在钓鱼岛问题上的立场是一贯而明确的。中方已向日方提出严正交涉，敦促日方停止一切损害中国领土主权的挑衅言行，不要给中日关系制造新的麻烦。”[②] 近年来，日美军事一体化程度日益加深，在东海、南海等领域联手扰乱地区和平的行动愈加频繁。日美两国间的军事一体化主要体现在战略目标、军事情报、装备技术与指挥训练等四个方面。

一、战略目标一体化

日美两国在安全领域的战略目标高度一致，其一体化程度明显强于美国与其他盟国间的关系。一方面，美国强力推行“亚太再平衡”战略，积极谋求亚太地区的军事主导地位，并希望借助日本军事力量的发展来为其分担部分任务；另一方面，日本则强势推动军事转型，在美国的鼓动下全面强化自卫队的作战能力，并企图对周边国家形成绝对的军事优势。总的来看，日美两国战略目标一体化主要呈现出以下四个特点。

第一，共同遏制中国正当的海洋行动。在南海方向，美国多次派军舰与飞机执行所谓的“自由航行”活动，并联络部分东南亚国家对我国正当的岛礁建设行动妄加指责；日本虽然暂时没有直接派军舰或飞机参与美国的上述行动，但也通过各种方式表达了对美国的支持。2016 年 2 月，美国太平洋总部司令哈里斯表示“将增加在南海开展‘自由航行’行动的次数，并以更加复杂的形式实施”；[③]

---

① 国防部：《国防部新闻局答记者问》，2016 年 6 月 9 日。http：//www. mod. gov. cn/info/2016 -06/09/content_ 4672551. htm。

② 外交部：《外交部发言人陆慷主持例行记者会》，2016 年 6 月 13 日。http：//www. fmprc. gov. cn/web/fyrbt_ 673021/jzhsl_ 673025/t1371702. shtml。

③ 日经中文网：《美军舰再入南海 中国派战机军舰驱离》，2016 年 5 月 11 日。http：//cn. nikkei. com/politicsaeconomy/politicsasociety/19495 -20160511. html。

同年3月，日本防卫相中谷元在与美国国防部助理部长施大伟举行会谈时表达了对美国军舰在南海开展“自由航行”行动的支持。[①]此外，日本还通过向越菲援助舰船、将军舰停靠越菲港口等行动对南海的安全形势进行了破坏。在东海方向，日美两国均在冲绳诸岛部署了大量军力，并持续开展了军事巡航、情报侦察等行动。2016年1月，哈里斯在华盛顿演讲时强调“一旦钓鱼岛受到来自中国的攻击，我们一定进行防卫”，明确点名中国并表示美军将进行军事干预。[②] 另据美国国防部于2016年4月发布的“航行自由行动年度报告”显示，美军长期在中国东海防空识别区内对中国进行着干扰。

第二，共同应对朝鲜半岛的安全形势。日本自20世纪末便将朝鲜核与导弹问题视为了重大威胁，并与美国、韩国等一起采取了多项应对措施，尤其是在情报侦察、拦截打击等方面与美国进行了密切的合作。在美国的协助下，日本已建立了较为完备的导弹防御体系，并积极参与了美国亚太地区导弹防御网络的构筑。2016年5月11日，日本外务省亚洲大洋洲局长石兼公博分别与美国、韩国相关人员举行了电话会谈，确认今后在应对朝鲜问题上展开深入合作。[③]可见，日美两国在应对朝鲜半岛局势方面，战略目标高度一致。

第三，共同强化与亚太地区部分国家间的军事合作。当前，日美同盟正呈现出以日美两国为核心、辐射澳印韩菲等亚太地区部分国家的网络化趋势。日美澳、日美印、日美韩、日美菲等形式的三边军事合作愈加积极。6月10日，日本海上自卫队与美国、印度两国海军的联合训练“马拉巴尔”在长崎县佐世保市正式拉开帷幕。6月28日，日美韩三国在夏威夷附近海域举行了弹道导弹探测追踪演习，日本海上自卫队、美国海军及韩国海军各派一艘“宙斯盾”舰

① 共同网：《日防卫相会晤美国防高官确认对朝紧密合作》，2016年3月8日。http：//china. kyodonews. jp/news/2016/03/116135. html。

② 共同网：《美军司令称尖阁受攻击时将加以防卫》，2016年1月28日。http：//china. kyodonews. jp/news/2016/01/113644. html。

③ 共同网：《日美日韩高官通电话 就携手对朝达成一致》，2016年5月11日。http：//china. kyodonews. jp/news/2016/05/120000. html。

进行了参加。

第四，共同构筑国际新兴战略领域的军事优势。2015年版《日美防卫合作指针》明确指出日美两国要强化在太空及网络空间领域的军事合作。2015年7月，日本自卫队统合幕僚长河野克俊与美军参联会主席邓普西举行会谈，就强化共同应对网络攻击的能力等问题达成了一致；同年12月，日本奥运担当相与负责网络安全的美国总统特别顾问进行了交流。此外，在太空安全领域，日美两国也进行了密切的军事合作。2015年9月，日美两国举行了第3届"太空统合对话"，并发表声明指出"日美是世界上最先进的太空利用国，今后应共同强化卫星对海洋安全的监视活动。"①

二、军事情报一体化

军事情报一体化同样是日美军事一体化的重要体现，并在日美军事合作中发挥着关键作用。2006年12月，日美两国签署了《地理空间情报合作协议》，明确规定两国应相互提供各自获得的地理空间情报，并共同对相关情报进行分析和研究。② 据悉，日美两国间共享的情报内容不仅涉及地形、航道方面，还包括测量数据、地名、航空线路、东海水深等领域。随后，日本防卫厅与美国国家地理情报局就共享情报的细目交换了谅解备忘录。如此一来，日美两国进一步推动了军事一体化的进程。根据协议，日美两国开始就中国、朝鲜等相关情报进行交换，内容主要涉及中国军舰在太平洋的活动情况、朝鲜的核设施及导弹基地情况等。为了更加便利地进行情报交换，日本还在美军驻冲绳的基地装备了无人侦察机及预警机等设备；并且，美军与日本自卫队在日本海常驻"宙斯盾"舰，以强化

① 産経新聞.『宇宙からの海洋監視を強化 日米対話で一致 中国軍念頭に』.2015年9月11日。http://www.sankei.com/politics/news/150911/plt1509110045－n1.html。

② 外務省.『地理空間情報の分野における協力に関する日本国政府とアメリカ政府との間の交換公文』.2006年12月22日。http://www.mofa.go.jp/mofaj/gaiko/treaty/pdf。

对朝鲜导弹发射情况的监视。①

此外，日美两国还专门针对导弹防御领域构筑了情报共享体系。自2006年开始，美军部署在日本青森县车力基地的X波段预警雷达系统正式投入运营，从而大幅提高了日美两国在东北亚地区对弹道导弹的情报侦察能力；另一方面，日美两国还在横田基地组建了“联合作战指挥中心”，借此可同时掌握由侦察卫星、地面雷达、“宙斯盾”驱逐舰反导系统等多种手段获取的导弹情报，并能够在共同分析所获情报的基础上，进行拦截打击等方面的作战指挥。如今，日美两国仍在进一步深化导弹防御系统相关的情报共享，并积极打造囊括韩国在内的导弹防御网络。2016年4月1日，日美两国政府发表了“关于核安全合作的共同声明”，指出要构筑核情报共享方面的体制机制；随后，日本首相安倍晋三还在华盛顿召开的核安全峰会上就该声明进行了说明。②

2007年5月，日美两国外交、防务负责人召开“2+2”会议，就签订《军事情报保护协定》达成一致；同年8月，两国正式签署该协定，指出“美国向同盟国提供军事情报时，同盟国必须采取与美国相同程度的保密措施以确保情报安全”。如此一来，日美进一步完善了军事情报一体化相关体制机制的建设，并促进了两国间的军事情报共享。在此基础上，日美两国还与韩国就朝鲜核与导弹问题建立了情报共享的机制。2014年12月29日，美日韩签署了《关于朝鲜核与导弹威胁的情报交流协议》，根据协议，日韩不直接进行情报交换，而是以美国国防部为中转进行情报交流。当前，日美两国间的情报共享范畴已涉及到海洋监视、空域侦察、导弹防御、网络空间与太空安全等各个方面，并着重针对中国的举动进行了侦察。

① 肖传国：《冷战后日本情报体制改革探析》，载《日本学刊》2012年第4期，第101页。

② 時事通信．『核情報共有の枠組み構築 濃縮ウラン減へ協力―日米共同声明』．2016年4月2日。http：//www.jiji.com/jc/article?k=2016040200007&g=pol。

三、装备技术一体化

日本自卫队与美军的装备技术合作由来已久。据防卫省资料记载，美国于1953年向陆上自卫队前身的保安队提供了大量手枪、步枪、机枪、火炮、战车等装备；同年向海上自卫队前身的警备队提供了68艘军舰；1955—1957年向航空自卫队提供了180架战机。[①]可以说，自卫队就是在美国武器援助的基础上成立的。如今，日本仍在积极引进美国研发的先进武器装备。例如，日本自卫队的主力战机F－15、主力直升机AH－64D均来自于美国的波音公司；预计2020年度前后部署的新一代空中加油机KC－46A同样来自波音公司；而当前正积极协调部署的新一代战机F－35则来自美国的洛克希德公司；此外，日本为了强化岛屿作战能力而大力推崇并积极引进的V－22“鱼鹰”运输机、AAV7水陆两栖战车等也都来自美国。

另一方面，伴随着日本综合国力及经济、科技实力的提升，其在大量引进美式武器装备的基础上，也开始了与美国共同研发及自主研发的举措。据2015年版《防卫白皮书》显示，日美两国自1992年开始共同研发以来，已完成运载火箭引擎、先进钢材技术、战车两用陶制引擎、人眼安全激光探测器、发射底座、先进混合推进技术、浅海域音响技术、弹道导弹防卫技术、战地炮用高安全性火药、P－3C后续机的搭载电子设备、软件无线机、先进船体材料制造技术、舰载对空雷达、舰载战斗指挥系统、携带型化学制剂自动检测器、航空燃料、航空器专用影像陀螺仪等共计17个项目；当前正进行着混合电力驱动技术、高速多体船技术以及“SM－3 Block 2A”海基拦截导弹等3个项目。[②]

2016年2月3日，日美两国时隔2年半召开了第27届装备技术

① Yahooニュース.『日本の「武器輸出」は国際社会の信頼を失うのか』.2015年12月2日。http：//headlines. yahoo. co. jp/hl？ a＝20151201－00000006－wordleaf－pol。

② 防衛省.『防衛白書 2015』。http：//www. mod. go. jp/j/publication/wp/wp2015/html/ns042000. html。

定期协议会，日本防卫省防卫装备厅长官渡边秀明、整备计划局长真部朗以及美国国防部负责采办的副部长弗兰克·肯德尔分别率队参加。双方就进一步深化装备技术合作达成共识，并对合作研发项目的进展进行了交流。[①] 日美装备技术定期协议会自 1980 年初次举办以来，极大地促进了两国军事力量在装备技术方面的合作。当前，日美装备技术一体化作为双方军事一体化的重要内涵，已发展至极为紧密的程度，并在一定程度上加剧了亚太地区的紧张形势。

四、指挥训练一体化

日美军事一体化的另一重要体现便是指挥训练一体化。当前，日美两国设立有“同盟协调机制”，专门应对日本解禁集体自卫权后美军与自卫队在政策、训练、执行任务等从平时到战时的所有情况；此外，日美两国每年度还举行多达二十余次的共同训练，并积极共同参加亚太地区内的多边军事演习。

据日本 2015 年版《防卫白皮书》的统计资料显示，2014 年度内，日美两国仅双边军事演习就多达 25 次，其中，综合演习 1 次，陆海空自卫队单独参与各 8 次。演习场地遍及日本全国各军事基地与周边海域以及美国部分军事基地；演习内容涉及渡海登岛、导弹防御、反潜扫雷、空中补给、灾害救助、协调指挥等各个方面。[②] 可见，日本自卫队与美军间的指挥训练一体化程度已十分紧密。

2015 年 11 月 3 日，日美两国根据新修订的《防卫合作指针》，正式设立了“同盟协调机制”。该机制由三个层面构成：第一，日本国家安全保障局、外务省、防卫省等部门的相关核心机构与美国国家安全委员会、国务院、国防部等部门的相关核心机构构成“同盟协调小组”，用于双方共享情报并对各种事态进行快速决策；第二，

---

① 防衛省．『第 27 回日米装備・技術定期協議について』．2016 年 2 月 3 日。http：//www. mod. go. jp/j/press/news/2016/02/03c. html。

② 防衛省．『防衛白書 2015』。http：//www. mod. go. jp/j/publication/wp/wp2015/html/ns042000. html。

日本自卫队统合幕僚监部、陆海空各幕僚监部的相关核心机构与美军太平洋司令部、驻日美军司令部的相关核心机构构成“共同运用协调所”，用于双方部队更加便捷地协调沟通；第三，日本陆海空各自卫队的相关部队与美军相关部队构成“协调所”，用于任务执行过程中的情报交换。① 据悉，该机制的设立将使得自卫队与美军从平时到战时任何情况下都能实现一体化运作，日美同盟也将得到进一步深化，并能更加强势地应对朝鲜半岛问题及中国的海洋行动。2016年1月，日美两国在“利刃”大型年度综合军事演习中，首次通过桌面演习等形式，以朝鲜发射弹道导弹等周边紧急事态为想定背景，对“同盟协调机制”的运作模式进行了演练。②

美国作为世界头号军事强国与日本这一军事实力处于国际领先水平的国家进行联合，并时常以武力对亚太地区部分国家施以强硬的遏制与威胁。日美军事一体化在战略目标、军事情报、装备技术、指挥训练等四个方面不断深入发展，已然成为地区安全稳定的重大破坏者。

① 時事通信.『日米一体化、平時から「同盟調整メカニズム」運用開始』.2015年11月3日。http://headlines.yahoo.co.jp/hl? a=20151103-00000039-jij-pol。

② 共同网:《日美开展首次“同盟协调机制”演习》，2016年1月24日。http://china.kyodonews.jp/news/2016/01/113360.html。

第二章 文件解读篇

第一节 解读日本2014年版《防卫白皮书》

2014年8月5日，日本内阁正式通过并公布了该年度《防卫白皮书》。2014年版《防卫白皮书》是日本自1970年以来公布的第40部，也是安倍晋三内阁在2013年底制定最新版《防卫计划大纲》之后的首部。此次《防卫白皮书》具有浓重的安倍色彩，在对华表述方面的措辞比以往更加强硬。而且，《防卫白皮书》还着重解读了日本一年来在安全保障方面采取的重大举措。可以说，此次《防卫白皮书》是对安倍执政一年多以来日本安保政策与实践的梳理与宣传。

一、持续将中国视为威胁，敌对意识更加强硬

将中国视为威胁，是日本近些年来一贯的战略思维。例如，《防卫白皮书》在第一部分对他国军事情况进行介绍时，2006年以前的排列顺序为“美国、俄罗斯、欧洲诸国、朝鲜半岛、中国、东南亚国家”；自2006年开始，中国的排序位列第三，被放到了“美国、朝鲜半岛之后，俄罗斯之前”。[①] 由此可见，日本在国家安全战略的考量和制定方面，对中国因素的重视程度有所提高。此外，日本近年来的《防卫白皮书》还对中国军事力量的发展进行了重点关注。例如，自2006年开始，《防卫白皮书》增加了对“中国军队海洋活动情况”的报道；同年，《防卫白皮书》还以图表的形式描述了

① 徐万胜、栗硕：《论日本“西南防御”与中日关系》，载《东北亚论坛》2012年第6期，第48页。

"中国弹道导弹的涵盖范围"，极力强调了中国导弹对日本的威胁，从而为其开发反导系统寻找借口。2007 年，《防卫白皮书》以专栏的形式对"中国的宇宙开发"进行了详细报道。自 2008 年开始，《防卫白皮书》还专门新增一节内容，强调了"中国对于太空的军事利用和信息作战能力的加强"，其中指出："中国的航天技术有可能会应用到情报搜集、通信、导航等军事领域方面"，"中国专门成立了信息战部队，用于研究对网站、通信的攻击与防御"[①]。2009 年，《防卫白皮书》报道了中国驱逐舰在日本周边海域以及南海的活动，同时还分析指出"中国军舰在亚丁湾的护航活动充分展示了中国军事现代化发展的成果，中国远洋作战能力在逐步提高"[②]。自 2010 年开始，《防卫白皮书》又新增了"中国军队在日本近海的活动情况""中国军队在日本近海的活动目标"两节内容，其宣扬"中国威胁论"的企图进一步彰显。

虽然日本近年来将中国视为威胁的战略思维愈加清晰，但其历年《防卫白皮书》表述和措辞中的敌对意识并不是很强硬，甚至从有些年份的《防卫白皮书》中还能读到日本在个别领域寻求与中国合作的意图，这就为中日关系的改善留有一定的斡旋余地。然而，2014 年版《防卫白皮书》在对华战略认知的表述方面则处处充满了火药味，肆无忌惮地对中国一系列举措进行了曲解和指责。例如，2014 年版《防卫白皮书》指出："中国政府在东海划定防空识别区，宣称中国军队将对飞行至该区域但未遵守相关规定的飞机采取防御性管制措施，这一单方面改变东海现状的举动，将使得东亚紧张态势升级并可能招致不测事件的发生，对于中国的这一危险举动，日本政府表示担忧。""针对中国苏 -27 战斗机于2014 年5 月和6 月异常接近日本军机一事，中国国防部声称日本自卫队对中国军机采取

① 防衛省．『防衛白書 2008』。http：//www. clearing. mod. go. jp/hakusho_ data/2008/w2008_ 00. html。

② 防衛省．『防衛白書 2009』。http：//www. clearing. mod. go. jp/hakusho_ data/2009/w2009_ 00. html。

了危险行为。在此，日本政府重申，自卫队军机的一切活动均是按照国际法采取的正当行为。”① 由此可见，此次《防卫白皮书》在对中国军事情况进行介绍的篇章中，多处出现了对中国正当行为的曲解和指责。

日本政府在代表国家意向的《防卫白皮书》中毫不负责地对中国妄加指责，其对中国的敌对意识表露无遗。日本这一行为类似于向全世界宣布“中国是日本的敌人”，彻底堵死了中日关系改善的途径。日本这种不负责、不成熟的行为已然增加了东亚地区的紧张态势，对东亚和平造成不利影响。

二、持续推动国家安全战略转型，外向化趋势更加明显

日本在推动国家安全战略转型的过程中，其军事力量的建设目标早已不再仅仅局限于“自卫”。日本企图通过建设一支更具外向化趋势的军事力量，来实现“国家正常化”的战略目标，并在国际社会上发挥更具影响力的作用。自 1976 年日本制定第一部《防卫计划大纲》以来，日本安全政策不管如何进行调整，始终在“基础防卫力量构想”的原则上进行军事力量的建设。日本认为，依据“基础防卫力量构想”，为了不使日本出现力量真空而成为周边地区的不稳定因素，日本应保持拥有独立国家所需的最低限度战斗力，在全国各地均衡部署陆军部队并配置重型火炮。然而，在 2010 年版《防卫计划大纲》中，日本国家安全战略出现重大调整，首次提出了“动态防卫力量”的概念，并取代了以往的“基础防卫力量构想”。2013 年 12 月 17 日，日本通过了新版《防卫计划大纲》，其中指出要构筑“统合机动防卫力量”，强调了军事力量在运用过程中的攻击

① 防衛省．『防衛白書 2014』。http://www.clearing.mod.go.jp/hakusho_data/2014/w2014_00.html。

性、统合性、适应性、机动性、灵活性以及持续性。①

从2014年版《防卫白皮书》来看，日本在推动国家安全战略转型中的外向化趋势更加明显，并主要表现在以下三个方面：第一，浓墨重彩地介绍日本在“解禁集体自卫权”方面取得的“成果”。以往的《防卫白皮书》在对日本安保政策进行解读时，都会宣称“宪法不允许日本行使集体自卫权”。然而，此次《防卫白皮书》却援引7月1日日本内阁通过的“解禁集体自卫权”相关决议，指出“宪法第九条与行使集体自卫权没有矛盾”。这样一来，自卫队在世界范围内的军事行动将更加畅通，其与美军进行合作的范畴也将扩大。如此，日本将成为脱缰的野马，即便没有遭受武力攻击，也有可能参加战争或发动战争。第二，用“防卫装备转移三原则”代替“武器出口三原则”。2014年4月1日，日本内阁举行会议，打破坚持多年的武器出口禁令，正式通过了“防卫装备转移三原则”，从而大幅放宽了对外输出武器装备和军事技术的限制性条件。此次《防卫白皮书》对“防卫装备转移三原则”进行了详细解读和严密部署，再次透露出日本军事力量外向化发展的趋向。第三，着重解读介于军事冲突与和平状态之间的“灰色地带”事态，确立快速机动、先发制人的作战机制。伴随着中日钓鱼岛问题的不断激化，日本近年来愈加重视对“灰色地带”事态的应对。此次《防卫白皮书》更是明文指出“假如他国武装力量伪装后乘坐民间船只接近日本离岛，并在离岛登陆的话，自卫队应迅速反应并对该种‘灰色地带’事态加以应对。”

日本持续推动国家安全战略转型，在构筑军事力量方面更加强调外向化发展。结合2012年底安倍晋三上台之后采取的制定《特定秘密保护法》、通过“防卫装备转移三原则”、解禁集体自卫权等一系列冲刺性举措，此次《防卫白皮书》透露出日本在实现“国家正常化”过程中，军事力量建设明显呈现外向化趋势。

---

① 防衛省.『平成26年度以降に係る防衛計画の大綱について』。http：//www.mod.go.jp/j/approach/agenda/guideline/2014/pdf/20131217.pdf。

三、持续强化西南方向军事部署，备战意图更加突出

冷战时期，日本为了应对苏联的威胁，将兵力主要部署在了北海道及本州中东部地区，其西南方向的驻军并不多。冷战结束后，尤其是近年来随着日本国家安全战略的调整，其对“西南诸岛”的重视程度愈加明显。在日本，“西南诸岛”是指从九州岛南端到与那国岛之间呈弧状分布的岛群。该岛群临近中国大陆，逼近台湾，分布海域为中国面向太平洋的主要通道。按照日本的说法，中国领土钓鱼岛也包含在“西南诸岛”之内。近些年来，日本已在强化西南方向军事部署方面有了一些行动。首先，整备“西南诸岛”的警戒、侦察体系。2006 年 10 月，日本防卫厅就已经决定要在冲绳宫古岛设置新型地上电波测定设施。2011 年 5 月，日本防卫大臣北泽俊美访问宫古岛，并与该市市长下地敏彦探讨了在该地区派驻陆上自卫队的事宜。其次，构筑“西南诸岛”的机动防御体系。2010 年 3 月 26 日，日本冲绳陆上自卫队第 1 混成团升格为第 15 旅团。部队编制从 1800 人增至 2100 人，并且组建了包括有 3 个中队的步兵连队、负责沿岸监视的侦查队和用来对付化学武器的防化队。再次，提高“西南诸岛”的防空能力。2009 年 3 月 12 日，日本航空自卫队那霸基地举行了任务交接仪式，将原本部署在这里的 F－4 战斗机更换为先进的 F－15 战斗机。最后，强化“西南诸岛”的海上控制能力。在冲绳周边地区，日本海上自卫队已部署第 2、第 4 护卫群，第 1、第 5、第 22、第 31 航空群，第 1 潜水舰群和第 1 扫雷舰群。在紧邻中国东海的冲绳及周边地区，日本配置了最具攻击性的海军部队，其军事力量占其整体海军实力的一半以上。①

根据日本 2013 年 12 月颁布的《防卫计划大纲》和《中期防卫力量整备计划》，为了提高岛屿防卫能力，日本将在五年内引进 52

---

① 徐万胜、栗硕：《论日本“西南防御”与中日关系》，载《东北亚论坛》2012 年第 6 期，第 50 页。

辆水陆两用车、99 辆机动坦克、17 架“鱼鹰”运输机、3 架无人机以及 28 架 F－35 战斗机等。[1] 2014 年，为了强化对中国军机在钓鱼岛海域的警戒监视，日本于4 月 20 日将驻扎在青森县三泽基地的预警机 E－2C 部队的一部分调往冲绳那霸基地，并组建新的预警机飞行队。5 月 18 日，日本决定在奄美大岛、宫古岛、石垣岛分别新设 350 人规模的警戒部队。在上述基础上，此次《防卫白皮书》公布了 2014 年度日本防卫力量整备的主要事项，包括：购买固定翼飞机（P－1）、建造护卫舰及潜艇、建造多功能救灾舰艇、引进新型预警机、引进无人机、在与那国岛配备沿岸监视部队、购买 F－35A 战斗机、购买水陆两用车样品等等。

由此可见，日本在强化西南军事力量部署的过程中，其备战意图愈加突出。日本将中国视为敌对国，以钓鱼岛争端为契机，大肆强化其在东海地区的军事力量。可以说，日本 2014 年版《防卫白皮书》，与中国为敌的意图更加强硬，对中国作战的准备更加明显。

第二节　解读日美“新指针”中期报告

日美防卫合作指针作为规定同盟双方军事力量运用范畴、责任、事态等内容的具体性文件，发挥着指导、规约日美两国军事行动的纲领性作用。1978 年 11 月，日美两国公布了第一版防卫合作指针，其中主要规定了美国对日本的防护责任；冷战结束后，日美两国同盟关系曾一度陷入“漂流”状态，然而1996 年的《日美安全保障共同宣言》却再次确立了军事合作的意义，基于此，1997 年 9 月，双方公布了第二版防卫合作指针，其中规定了平时、日本有事、周边有事等三种事态下，日美两国各自应该承担的军事责任。[2] 2014 年

① 防衛省.『中期防衛力整備計画（平成 26 年度－平成 30 年度）について』。http：//www. mod. go. jp/j/approach/agenda/guideline/2014/pdf/chuki_ seibi26－30. pdf。

② 朱锋：《美日防卫合作指针相关法案与日本政策动向》，载《当代亚太》1999 年第 9 期，第 10 页。

10 月 8 日，日美公布了新防卫合作指针中期报告，其中指明了日美第三版防卫合作指针的主要内容，揭示了日美两国在现阶段及未来一定时期内的军事合作态势，重点突出了日本对美国进行防护的军事责任。

一、“新指针”难产，安倍来当“催生婆”

伴随着美国亚太平衡战略等一系列重心东移政策的提出，美国愈加重视强化对亚太地区的控制力度，然而，美国的军事力量却被阿富汗战争、伊拉克战争等中东局势极大牵制。为此，美国企图借助日本来弥补其在该地区的战略不足。另一方面，日本经过战后近 70 年的发展，早已想摆脱二战战败国这一身份对其国际地位、国家形象、军事力量建设等方面的束缚。日本将美国的战略东移政策视为其突破现有约束、建设军事强国的天赐良机。可以说，双方不谋而合，早在日本民主党执政时期（2009 年 9 月至 2012 年 12 月），双方便提出了修改第二版日美防卫合作指针的愿望。然而，民主党政权时期，日本政局混乱波动，日本内阁为应对党内外攻势早已是焦头烂额，根本无法顾及日美防卫合作指针的修改，能够顺畅维持日美同盟关系的正常运作已是不易；美国方面自然也会识趣地避免同民主党政权下的日本政府就长久性战略问题进行磋商。

2012 年 12 月，安倍晋三带领的自民党赢得日本第 46 届众议院选举并同公明党一起成功组阁，而此时，自公联合政权在参议院的议席数量尚未过半，日本国会处于所谓的“扭曲”状态。[1] 因此，刚刚组建的安倍内阁，随时面临着夭折的危险。鉴于 2006 年第一次组阁失败的经历，安倍晋三在政权初期选择以经济发展为执政重点，并推出“安倍经济学”等一系列经济刺激政策；此时的美国则因为担心安倍政权的短命而处于观望状态，因此日美防卫合作指针的修

① 徐万胜、栗硕：《日本第 46 届众议院选举及政局走向》，载《日本研究》2013 年第 1 期，第 65 页。

改只得一拖再拖。2013 年 7 月，执政的自公两党赢得了第 23 届参议院选举，从而一举改变了“扭曲”国会的局面，安倍内阁的稳定性骤然得到强化。此时的安倍在政权运营方面变得更趋老练而成熟，开始以稳固的执政环境为支撑，积极谋求实现带领日本走向军事大国的个人政治夙愿。而此时的美国也早已迫不及待地准备推动对第二版日美防卫合作指针的修订。

2013 年 10 月 3 日，日本外务大臣岸田文雄、防卫大臣小野寺五典同美国国务卿克里、国防部长哈格尔举行了“2 + 2”会谈，并一致同意对第二版防卫合作指针进行修订。双方在会谈后的共同声明中指出：“双方阁僚一致同意对日美防卫合作指针进行修改，责令日美防卫合作小委员会于 2014 年年底前完成此项任务。新的日美防卫合作指针要包括‘反映日美同盟的全球性质，拓展在国际反恐、应对海盗、国际维和、灾害救助、装备技术等领域的合作’‘强化与地区内其他伙伴的安全保障合作关系’‘构筑在所有事态下的无缝合作体制’‘明示两国在防卫合作时的具体职责’‘强化在太空、网络空间等新型领域中的安保合作’等内容。”① 由此，日美防卫合作小委员会便开始了紧锣密鼓的指针修订工作。然而，由于普天间基地搬迁问题、冲绳县知事选举问题以及日美军事同盟的责任分工问题等，日美防卫合作指针的修订工作再次陷入难产，再加上部分在野党及日本民众对维持和平宪法的强烈诉求，日美防卫合作小委员会的修订工作进展缓慢。为了推动指针的修订工作，安倍内阁于 2014 年 7 月 1 日在违背历史共识与民众和平意愿的背景下，贸然通过了“解禁集体自卫权”的决议。安倍此举打破了和平宪法对自卫队军事行动的束缚，同时也解决了日美防卫指针修订过程中日本能够多大程度上为美国提供防护这一核心问题。此后，日美防卫合作小委员会遵循安倍“催生婆”指出的道路进行洽谈，并于 10 月 8 日公布了第三版防卫合作指针的中期报告。

---

① 防衛省.『共同発表：より力強い同盟とより大きな責任の共有に向けて』.2013 年 10 月 3 日。http：//www. mod. go. jp/j/approach/anpo/kyougi/js20131003_ j. html。

二、扫清障碍，确保全球“无缝”合作

新公布的第三版防卫合作指针中期报告为今后一段时期内日美两国的军事同盟合作指明了方向，日本在同盟关系中的军事责任明显得到了加强，其企图以防护美国为借口来实现军事大国的野心昭然若揭。相比第二版防卫合作指针，日美军事同盟关系主要在以下三个方面进行了突破。

第一，拓宽合作领域。中期报告指出，新防卫合作指针将明确规定日美军事合作的领域，包括：情报搜集·警戒监视及侦查、训练演习、设施和区域利用、后方支援、装备防护、防空和导弹防御、设施和区域防护、搜索与救灾、确保经济制裁效果、遣送非战斗人员、保护难民、海洋安全保障等12项内容。[①] 此外，中期报告还特别强调了日美两国将在太空与网络空间两项新型战略领域展开合作。由此可见，日美两国军事合作领域将囊括自身军事力量建设、国际维和行动、支援多国部队作战以及强化战略威慑等各个领域。值得一提的是，近年来，为了强化对中国战略遏制态势的构筑，日美两国早已针对性地在部分重点领域加强了合作。例如，在美国的技术支撑下，日本正加紧强化其沿岸监视能力和离岛防御能力。2014年5月，日本防卫大臣小野寺五典出席了与那国岛沿岸监视部队的开工仪式，预计该监视部队最晚于2015年度内建成，编制约为100人，其主要目的在于监视中国在钓鱼岛海域的活动情况，而其情报成果也将与美国共享。此外，日美两国还于近年内强化了网络安全对话，在网络攻防技术、网络人才培育等方面的合作取得了新进展，两国于2014年10月31日共同举办了“日米网络安全论坛”。

第二，扩展支援地域。中期报告指出，在构筑更具平衡性和实效性同盟关系的基础上，要致力于亚太地区以及更广范围内的安定

① 防衛省.『日米防衛協力のための指針の見直しに関する中間報告』.2014年10月8日。http://www.mod.go.jp/j/approach/anpo/shishin/houkoku_20141008.html。

与和平，并确保日美同盟的“全球性”。[①] 由此可见，日美同盟军事合作的地理范围已经囊括了全世界，日本要借助美国将自己的军事影响力延伸至全球范围。中期报告的一个显著特点就是删除了第二版防卫合作指针中有关“周边事态”的提法。1999 年日本国会在讨论《周边事态法》时，首相小渊惠三曾在国会答辩中表示“中东、印度洋及地球背面不在周边范畴内”，从而对日美同盟的军事合作进行了地理上的限制。中期报告取消了这一限制，并着重强调了日美同盟的“全球性”，这在理论上意味着世界范围内哪里有美军，哪里就可能存在自卫队的活动。也正如日本政府官员此前所言：“自卫队可以出现在地球上的任何一个角落”。[②] 安倍上台后一直致力于其提出的“积极和平主义”理念，企图为世界和平积极“贡献”日本的军事力量。为了扩大日本在全球的军事影响力，安倍在上台后的一年半时间内，出访包括非洲、拉美、中亚等地区在内的 53 个国家，成为战后出访频度最高的日本首相。

第三，取消事态界限。中期报告在一定程度上反映了日本“解禁集体自卫权”内阁决议的内容，为日本的军事行动进行了松绑。7 月 1 日的内阁决议将原有武力行使的三项限制性条件改为：一是日本遭到武力攻击或与日本关系密切的国家遭到武力攻击时，威胁到日本的存亡并从根本上对日本国民的生命、幸福以及追求自由的权利构成明确的危险；二是没有其他适当手段可以排除上述攻击；三是在必要最小限度内行使武力。[③] 上述内阁决议通过对武力行使限制条件进行放宽，赋予了自卫队更加灵活、主动的武力行使权利。第二版防卫合作指针曾分别就“平时”“日本有事”“周边有事”三种事态规定了日美同盟双方的军事任务分工；而此次中期报告则根据

① 防衛省．『日米防衛協力のための指針の見直しに関する中間報告』．2014 年 10 月 8 日。http：//www. mod. go. jp/j/approach/anpo/shishin/houkoku_ 20141008. html。

② 网易新闻：《日自卫队可出现在地球任一角落》，2014 年 10 月 9 日。http：//news. 163. com/14/1009/07/A83NH51E00014AED. html。

③ 张景全：《日本放宽武器出口禁令及其对日美同盟的影响》，载《日本学刊》，2014 年第 6 期，第 52 页。

内阁决议内容，改变了原有武力行使的依据条件，指出在任何事态下，只要日本根据新原则作出了可以使用武力的决定，就能够同美军展开“无缝”合作。[①] 这样一来，日美同盟最终将实现无空间限制、无时间限制的多领域军事合作。

三、日本兴风作浪，东亚局势波谲云诡

当前，美国深陷中东战争泥潭，经济发展和军事控制能力受到了一定程度的牵制，加上近期的乌克兰局势再次分散了美国的注意力，极迫需要日本协助处理国际事务。于是，美国领导人频繁表态支持日本的“军事外溢化”行动，并多次声援日本在钓鱼岛问题上的态度。2014 年 4 月 5 日，美国防长哈格尔访日，表达了对日本推动“解禁集体自卫权”这一举措的欢迎；4 月 21 日，美国总统奥巴马访日期间，明确指出《日美安保条约》适用于钓鱼岛；7 月 1 日，日本通过“解禁集体自卫权”的内阁决议后，美国政府再次对这一举动表达了赞赏；9 月 30 日，就在中期报告公布之前，美国国防部副防长罗伯特在回答中日钓鱼岛争端问题时更是大放厥词，如果有人夺取钓鱼岛，美国将用武力作出回应。[②] 在波谲云诡的国际局势面前，得到美国空前支持的日本政府“如鱼得水”，并在安倍的领导下企图兴风作浪一番。

日美新防卫合作指针中期报告赋予了日本在国际上进行军事行动的更多空间和机遇，日本也将会在美国的支持下发挥更大的主动性，并承担起将日美同盟打造为世界性军事同盟的责任。在中期报告公布后，日本的一系列举动更加显露出了其唯恐天下不乱的险恶用心。10 月 14 日，日本陆上幕僚长岩田清文在华盛顿发表演讲，指出：“针对不断加强海洋活动的中国，日美同盟的紧密合作已显得十

---

① 防衛省.『日米防衛協力のための指針の見直しに関する中間報告』.2014 年 10 月 8 日。http：//www. mod. go. jp/j/approach/anpo/shishin/houkoku_ 20141008. html。

② 搜狐新闻：《美高官就钓鱼岛问题挺日 称美国将“武力回应”》，2014 年 10 月 2 日。http：//news. sohu. com/20141002/n404826546. shtml。

分必要。日美双方应对中国企图以武力改变现状的尝试进行牵制。”[①]同日，作为在野党的民主党也趁机表达了提交“领域警备法案”、加强应对“灰色事态”的意愿。当天，日本还决定于11月19日举办“日本·东盟国防部长级会议”，其目的在于通过强化与东盟国家间的军事合作，来遏制中国对正当海洋权益的主张。10月16日，日本防卫大臣江渡聪德与澳大利亚国防部长约汉斯顿举行会晤，并就澳方将采用的新潜艇相关技术合作达成了一致。这也是日本首次根据“防卫装备转移三原则”将潜艇作为技术合作的对象。此外，江渡还向约翰斯顿就日美新防卫合作指针中期报告进行了说明，并取得了澳大利亚的支持。可见，日本正积极借助美国影响力来参与更加广泛的地域及全球事务。

针对中期报告的公布及安倍内阁近来一系列企图将日本带入战争的疯狂举动，日本媒体也纷纷表达了反对和担忧。日本《朝日新闻》表示：“如果依照中期报告修改防卫指针，其变动之大可匹敌修改安保条约。安倍政府绕过修宪大幅修改了宪法解释，现在又欲大幅修改日美防卫指针，日美同盟性质将发生根本性转变。”《北海道新闻》也发表社论称：“日美新防卫合作指针将使得自卫队卷入美国发动的战争的可能性剧增。无论是解禁集体自卫权，还是扩大对美军的后方支援，这些行动并没有得到日本国民的理解，在国会的讨论也不充分。日本政府仅仅通过与美国达成共识的方式就造成了修改国家安保基本原则的既定事实，这一做法违背了民意、侵害了宪政体制。”

日本继做出“解禁集体自卫权”相关内阁决议后，又公布了日美新防卫合作指针中期报告，并且开始了一系列企图冲破战后体制、实现军事大国角色的行动。日本政府的行为对东亚乃至整个世界的安全态势造成了极大的恶劣影响，其军事大国的野心也引起了周边国家及世界所有和平爱好者的担忧。

---

① 新浪新闻：《日本陆上幕僚长在美演讲 宣称要确保钓岛防御》，2014年10月15日。http://news.sina.com.cn/w/2014-10-15/153630993614.shtml。

第三节　解读日本防卫研究所《中国安全战略报告2014》

2015年3月13日，日本防卫省防卫研究所发布了《中国安全战略报告2014》。这是该机构自2011年以来发布的第五份专门以中国军事动向为主题的报告。防卫研究所素有“日本的兰德公司”之称，是防卫省进行国家安保政策研究的中枢，同时也承担着培育自卫队高级军官的教育任务。该机构作为防卫省的核心智囊，在分析日本面临的国际战略形势与地区安全问题、拟制日本防卫政策与安保战略等方面发挥着不可替代的参谋作用。[①]《中国安全战略报告》是防卫研究所工作人员以中长期的战略视角对中国安全形势及军事发展趋势进行分析的年度报告，也是目前防卫研究所唯一一份针对特定国家的安全报告。据防卫研究所专家称，发布该报告主要有两个目的：一是向世界各国展示防卫研究所对中国军事实力和安全政策的看法；二是让中国了解日本对中国军事动向的关注点，从而在一定程度上促进两国间的军事对话与交流。

一、追踪报告由来

目前为止，防卫研究所分别于2011年3月、2012年2月、2012年12月、2014年1月、2015年3月发布了总共五份《中国安全战略报告》。2011年第一版报告在发刊词中指出：“当前，国际社会对中国安全战略的关心正日渐高涨。日本国民也深刻认识到中国军事力量的扩大会对邻国日本造成重大影响。中国已成为世界第二大经济体，是包括日本在内的地区各国不可缺少的经济伙伴，然而，解放军正以中国强大的经济实力为后盾，不断实现其现代化的发展与

① 刘庆：《日本〈中国安全战略报告〉述评》，载《国际研究参考》2014年第3期，第45页。

革新。在中国没有充分保障军事透明度的情况下，解放军活动的日益扩大及活跃，已然引起了周边国家与相关国家的担忧。”① 可见，日本防卫研究所出版一系列《中国安全战略报告》的根本目的在于对中国的军事动态进行研究与跟踪，从而在知己知彼的基础上，对中国开展军事外交抑或进行军事斗争准备。

《中国安全战略报告》是由防卫研究所统一组织策划、由该所东北亚研究室与其他研究室的饭田将史、增田雅之、杉浦康之、斋藤良、门间理良、桥本靖明等人撰写的研究报告。上述主要研究人员均为中国军事通，在日本乃至全球的中国军事研究领域都较为知名。其中，饭田将史为防卫研究所东北亚研究室主任研究官，兼任斯坦福大学东亚研究中心客座研究员、美国海军大学中国海事研究所客座研究员等，1994 年毕业于庆应大学，出版有《向海洋膨胀的中国》《走向改革开放的中国》《转换期的中国》《中国政治与东亚》《21 世纪的中国与东亚》等多部著作；增田雅之为防卫研究所东北亚研究室研究员，于 1998 年毕业于广岛大学法学部，著有《中日安全保障·防卫交流的历史、现状、未来》《歧路中的中日关系》《21 世纪中日经济合作与展望》《一本书看懂中国的全部》等专著以及《中国外交的“国际责任”》《中国的安保环境认知与应对》《中国安保政策的理论与开展》等论文；门间理良为防卫研究所东北亚研究室主任研究官，兼任拓殖大学大学院教授，曾于 1989 年至 1990 年留学于南开大学、于 1994 年至 1996 年留学于北京大学，著有《中国与美国的国际安全保障》《中国的军事力量——展望 2020 年》《中国军事用语词典》等专著以及《中国对钓鱼岛的应对措施及中日台关系》《中国解放军的对日政策及东海活动》《中国航空战力现代化对台湾海峡军事平衡的影响》等论文；桥本靖明为防卫研究所政治与法制研究室室长，1983 年毕业于金泽大学，兼任日本太空政策委员会临时委员、国际太空法学会理事等，著有《主要发达国家

① 防衛省.『中国安全保障レポート創刊号』。http：//www. nids. go. jp/publication/chinareport/pdf/china_ report_ JP_ web_ A01. pdf。

对在外侨民的保护措施》《大众媒体在危机应对过程中的作用——以东日本大地震为例》《反恐与国际法》等专著。[①] 可见，《中国安全战略报告》的撰写阵容十分强大，代表了日本学术界中国军事研究领域的较高水平。

2011 年至 2015 年，每版《中国安全战略报告》的主题均有不同侧重。《报告（首刊）》的主题为“解放军不断扩展的海洋·航空活动与日益强化的军事外交”；《报告 2011》的主题为“解放军的海洋战略趋向、南海政策与行动、索马里护航”；《报告 2012》的主题为“解放军在中国外交与安全决策以及政策协调方面的作用”；《报告 2013》的主题为“日本与中国间的危机管理体制机制”；最近发布的《报告 2014》的主题则为“任务趋向多样化的解放军与武警部队”。防卫研究所在该年度选择这一主题有着深刻的战略背景和原因。当前，以安倍晋三为首相的日本政府正大力推进安保法制建设，其核心便是“解禁自卫队原有的行动限制、大肆扩充自卫队的任务范畴”。近年来，伴随着日本自卫队实力的不断扩充，其活动范畴也不断加大。东日本大地震后的抗震救灾、福岛核电站事故后的抢险维修、国际维和、以美国为首的多国部队所发动的阿富汗战争与伊拉克战争、国际抢险救灾、索马里护航等活动中，均能看到日本自卫队的身影。可以说，日本防卫研究所今年公布的《中国安全战略报告 2014》将焦点凝聚在了“中国武装力量在非传统安全领域上的动向”，与日本自身的安全战略背景有着紧密的联系。《报告 2014》在结语中记述道：“日本自 1992 年首次向 UNTAC 派遣 600 名陆上自卫队设施部队以来，为联合国维和行动做出了积极的贡献。在索马里海域亚丁湾的反海盗活动中，2009 年根据《海盗应对法》派遣了约 590 名官兵、2 艘护卫舰和 2 架 P－3C 巡逻机。此外，自卫队除了参加日本国内的自然灾害救援活动外，还广泛参与了国际紧急救援活动。这些活动都是中日两国共同参与的，因此可以考虑今后相互

① 防衛省．防衛研究所研究者紹介。http：//www.nids.go.jp/research/profile/index.html。

借鉴对方的经验、开展防卫交流。"① 可以推断，日本防卫研究所今年选定上述主题，主要目的有三：第一，为日本安保法制建设进行舆论造势，通过委婉宣扬中国武装力量在非传统安全领域的作为，引导日本国民接受自卫队解除相关活动限制；第二，全面掌握中国武装力量在非传统安全领域的动向，为日本制定相应对华战略提供参考；第三，探寻与中国人民解放军及武警部队在相关领域方面可能进行的合作与交流。

二、解读报告内容

《中国安全战略报告2014》由前言、第一章"中央国家安全委员会的成立及背景"、第二章"人民武装警察部队的历史及未来发展"、第三章"人民解放军开展灾害救援活动"、第四章"推行联合国维和行动政策、开展军事外交"、第五章"亚丁湾、索马里海域的护航活动"、结束语以及"中国的网络空间战斗能力"与"中国的航天开发能力"两个专栏构成。

《报告2014》在"前言"中指出："中国正面临着经济增长带来的各类问题，中国的武装力量需要应对安全领域中的多样化威胁。随着全球化进程的进一步发展，中国新一代领导集体开始认识到政治、国土、军事、经济、文化、社会、科技、信息、生态、资源、核能源等诸多领域中安全的重要性。中国人民解放军和武警部队所肩负的任务之所以呈现出多样化的趋势，其背景在于中国的安全观发生了变化。"可见，报告认为伴随着中国安全观念的变化，解放军及武警部队被赋予了更多的使命和任务。基于这样的逻辑思维，报告在"前言"中总结道："基于这样的认识，我们把《中国安全战略报告2014》的副标题定为'任务趋向多样化的解放军和武警部队'，对武装力量所发挥的广泛作用进行剖析。"

① 防衛省.『中国安全保障レポート2014』。http://www.nids.go.jp/publication/chinareport/pdf/china_ report_ JP_ web_ 2014_ A01. pdf。

《报告2014》第一章包括“中国安全观的变化历程”与“中央国家安全委员会的作用”两节内容，其中概述了中国自1949年建国以来在不同时代背景下安全观念的变化，并解析了中国设置中央国家安全委员会的背景原因以及该委员会的作用；第二章由“始终受到人民解放军重组影响的人民武装警察部队的历史”“人民武装警察部队目前的组织机构”“人民武装警察部队的作用”“人民武装警察部队在中国共产党内的地位”“公共安全相关支出已经超过国防支出”等五节内容构成，并得出了“随着武警部队重要性的提高，其在中国共产党内部的地位也明显上升”的结论；第三章分为“国防与军队改革过程中实施裁军的可能性”“四川汶川大地震时解放军参加的救援活动”“灾害救援活动中军地合作的趋势”等三节内容，其中指出“在可能发生的大规模裁军面前，中国陆军通过积极参与非战争军事行动、与地方政府合作开展灾害救援活动等，向中国国民成功展现了军队的存在感与必要性”，并简要分析了解放军在抗震救灾等活动中的体制机制建设；第四章由“积极开展军事外交”“参加联合国维和行动的目的”“今后的课题”等三节构成，其中分析称“中国积极参加联合国维和行动、反海盗活动、国外灾害救助活动等，既可以提升中国在国际社会中的评价，也有助于中国与其他大国及周边国家建立良好的关系，同时也有利于加强中国的军事力量、提升中国在联合国的发言权”；第五章包括“参加护航活动以及中国的考量”“开展护航活动加强中国海军能力建设”“经验的有效利用”等三节内容，其中指出“中国希望借助反海盗活动，来打消国际社会中‘中国威胁论’的观点，并希望以此来提高远海部队的作战能力”。

《报告2014》在“结束语”中再次揣度了中央国家安全委员会的成立背景及原因，并阐述了中国安全战略的决策过程，最后还预测了中国武装力量在非传统安全领域的发展趋向。此外，报告在末尾还以专栏的形式简要介绍了中国军事力量在网络安全及太空安全领域中的运用。

综上所述，日本防卫研究所发布的《中国安全战略报告 2014》主要对中国武警的发展历程及任务特征、解放军的抗震救灾活动、解放军的国际维和、解放军的对外交流、解放军的海上护航行动、中国网络空间战斗能力、中国的航天开发能力等内容进行了重点关注。需要注意的是，由于该报告是由日本防卫省部分研究人员站在日本安全保障的立场上、通过引用个别数据及个人推测等方式而产生的，所以其中的部分观点及结论有失偏颇。

三、评析对华认知

历年《中国安全战略报告》都会特意声明“本报告以研究者独自的立场编撰，并不代表日本政府或日本防卫省的见解”。然而，饭田将史等研究人员本来就是防卫省职员，且防卫研究所作为防卫省的核心智囊与参谋机构，其服务对象必然也是防卫省及日本政府。所以，虽然报告中的部分观点及结论有失偏颇，但却切实反映了日本当前的对华战略认知，同时也透露着日本的对华战略意图。

首先，日本将中国经济与军事力量的发展视为威胁，并企图在国际舞台上制造对华不利的言论。将中国视为威胁，并利用各种机会大肆宣扬“中国威胁论”，是日本近年来的一贯做法。日本 2014 年、2010 年、2013 年公布的《防卫计划大纲》以及近十年来出版的《防卫白皮书》都将中国称为“周边国家与地区大国的担忧”。此次《中国安全战略报告 2014》也不例外，开篇便指出“习近平总书记提出了‘中国梦’‘中华民族的伟大复兴’‘富国强军’等宏伟口号，并致力于通过增强军事实力来提高中国的国际地位。近年来，中国独自设定‘东海防空识别区’、组织海空军在西太平洋海域频繁举行演习、命令海上执法部门与中国海军以强硬态度应对相关国际纠纷等行动，已然导致周边国家加深了对中国的担忧。”[①] 可

---

① 防衛省.『中国安全保障レポート2014』。http://www.nids.go.jp/publication/chinareport/pdf/china_report_JP_web_2014_A01.pdf。

见，日本企图通过宣扬“中国威胁论”，来拉拢美国、菲律宾、越南等国家，并以此来遏制中国军事力量的发展以及中国对正当利益的伸张。

其次，日本恶意夸大中国的社会矛盾与治安问题，毫不负责地肆意丑化中国政府的形象。报告在“前言”中记述道“少数民族地区出现了社会治安局势恶化的倾向，其导火索之一便是经济发展带来的贫富悬殊。贫富差距的不断扩大，致使对现状不满的人策划和发起了少数民族的暴动。其中，中国当局认定为恐怖袭击事件和爆炸事件也时有发生；在北京、太原、昆明等首都及省会城市也发生了袭击事件和爆炸事件。另一方面，汉族居民的抗议行动和暴动也出现增加的倾向。随着互联网和智能手机的普及，抗议行动和暴动等消息在群众中迅速传播并扩散，最终致使中国当局进一步加强了网络信息的收集和管制。”[①] 可见，报告肆无忌惮地恶意夸大中国的社会矛盾，并毫无根据地将其归因于中国政府的责任。此外，《中国安全战略报告 2014》还有多处毫不负责、毫无根据的叙述与推论，其目的在于丑化中国形象、挑唆中国国内矛盾，为中国政府的运作与管理制造舆论危机。

最后，日本刻意关注中国的军政关系及安全战略决策体制，从“现实主义”角度出发，探索同中国建立顺畅的沟通渠道及危机管理体制。报告多处强调了中国军政关系的特点以及安全战略决策的相关体制建设，指出“日本应找准渠道，同中国共产党的实际决策机构进行沟通”。报告在“结束语”中记述道“事实上，由于外部人员并不了解中国的战略决策过程，因此在与中国进行交流时会遇到瓶颈。日本的外交当局为把日本方面的政治想法准确无误地转达给中国共产党中央政治局，时常要煞费苦心地选择应该利用的渠道。”同时，报告也从“现实主义”角度出发，表达了日本同中国建立顺畅的沟通渠道及危机管理体制的意愿。然而，由于整篇报

---

① 防衛省.『中国安全保障レポート2014』。http：//www. nids. go. jp/publication/chinareport/pdf/china_ report_ JP_ web_ 2014_ A01. pdf。

告都充斥着对中国形象的诋毁，其合作意愿便显得异常虚伪、没有诚意。

总之，日本防卫研究所为了扩大《中国安全战略报告》的国际影响力、强化日本在国际舞台上的声音，特意将该系列报告分别翻译成了中文与英文，并放在官网主页供世界各国读者自由下载。此外，该研究所的工作人员还会利用各种学术活动及在公众媒体上露面的机会，为《中国安全战略报告》进行宣传造势。鉴于防卫研究所的身份特征以及该系列报告对中国进行的妄自评论，我国有必要对此加以关注，并在国际国内舆论舞台上维护形象、纠正视听。

第四节　解读2015年版《日美防卫合作指针》

在美国深入推行“亚太再平衡”战略、日本大力推进“解禁集体自卫权”立法进程、国际安全环境不断发生变化等背景下，日美两国于2013年10月正式开始了修订《日美防卫合作指针》的工作。经过“日美防卫合作小委员会”的具体运作、日美首脑及防务与外交高官的宏观推进后，“新指针”于2015年4月27日正式出台。与1997年版《指针》相比，“新指针”取消了“日本周边”这一地理限制，突出了日美安保合作的“全球性质”；打破了原有“三种事态”的划分方法，强调了日美安保合作的“无缝”体制；此外还增加了太空与网络空间等领域的合作内容。“新指针”的出台必将促进日美安保合作的一体化进程，推动日本“解禁集体自卫权”的相关立法工作，并增强对中国的遏制态势。2015年4月27日，日美两国时隔18年再次修订完成了2015年版《日美防卫合作指针》（以下简称“新指针”）。这是双方因应国家安全战略调整与国际安全形势变化的产物。并且，“新指针”增加了“离岛防御”“共同侦察”“自卫队防护美国军舰”等合作内容，具有较强的对华指向性。

一、“新指针”的出台背景

近年来，美国深入推行“亚太再平衡”战略，企图通过夯实同盟体系来强化在该地区的主导地位；日本则大力推动“解禁集体自卫权”的立法进程，不顾被美国拖入战争的风险，积极谋求扩充海外派兵内涵。于是，为应对国际安全环境的变化，日美两国此种“积极作为”的战略需求引导着双方走向更加紧密、更具“全球性”的同盟合作。《日美防卫合作指针》修订的背景主要体现为以下三个方面。

首先，美国深入推行“亚太再平衡”战略，通过鼓励日本发挥更大作用来协助其维持地区主导地位。自奥巴马政府实施“亚太再平衡”战略以来，其持续性与成效性便引发了诸多争议，尤其是2011年中东大变局、2013年奥巴马缺席APEC会议与东亚峰会、2014年乌克兰局势升温之时，美国能否向亚太地区投入足够力量并有效主导该地区局势发展等问题引起了国际社会的讨论。① 为了践行“亚太再平衡”战略，美国采取了强化该地区军事部署与武器升级、夯实双边同盟体系、鼓励日本发挥更大作用等积极措施。为此，美国总统奥巴马与多位政府高官纷纷表态“钓鱼岛适用于《日美安保条约》的承诺范畴”，在中日领土争端中给予了日本强有力的支持；美国多次明确表态支持日本“解禁集体自卫权”与“放宽武器出口限制”的行动；美国还在大力推进驻日美军基地武器装备的更新换代，支持日本引进先进美式装备。这些都为深化日美安保合作营造了有利氛围。2015年1月13日，美国助理国务卿拉塞尔发表演讲指出：“日美今年的课题主要是指针修订的工作，这对于日美两国而言将是进一步深化合作、向亚太地区和全世界展示伙伴关系的

① 孙茹：《略论美国亚太“再平衡”战略的长期性》，载《当代世界》2015年第2期，第42页。

良好时机”[①]。

其次，日本大力推进“解禁集体自卫权”立法进程，通过强化“对美支援”来构建军事大国化发展路线。2014 年 7 月 1 日，安倍晋三内阁通过了有关“解禁集体自卫权”的内阁决议，以修改政府宪法解释的方式，对武力行使的三项限制性条件进行了修改。在 2015 年通常国会上，日本政府为了从法律上保障自卫队能够行使集体自卫权，开始了一系列安全保障法制的立法活动。在上述立法进程中，日本提出了介于“平时”与“遭受武力攻击”之间的“灰色事态”概念，通过想定“外国军舰进入日本领海”“钓鱼岛等离岛被武装渔民占领”“民间船只在公海遭受攻击”等情况，与美军进行了多次具有针对性质的军事演习。2014 年 11 月 8 日至 19 日，日美两国在日本周边海空域、两军基地等处举行了“利剑 2014”大型联合军演。期间，日本自卫队派出约 3 万人，美军出动太平洋空军、第七舰队、驻冲绳海军陆战队等兵力约 1 万人，重点就“地对舰导弹发射”“离岛夺还”“反潜作战”等进行了演练。[②] 2015 年 4 月 8 日，日本防卫大臣中谷元在与美国国防部长卡特会面时表示“希望尽快完成指针修订的磋商工作，这是实现比此前更加牢固的日美同盟的历史性举措”[③]。

最后，国际安全环境发生变化，促使日美两国通过深化安保合作来应对新课题。伴随着世界军事变革的不断发展，网络空间、太空、极地、海洋等国际公域领域的安保课题愈加受到各国的重视。日美两国在上述领域中强化自身战略应对的同时，产生了彼此间加强合作以实现共同应对的主观愿望。与此同时，传统的地缘政治热点问题不时凸显，也促使日美两国不断加强安保合作。例如，在应

---

① 共同网：《美助理国务卿称今年是日美两国“特别之年”》。http：//china. kyodonews. jp/news/2015/01/89997. html。

② 搜狐新闻：《日美“利剑”军演针对中国 美军出动最强战机》。http：//mil. sohu. com/20141124/n406342289. shtml。

③ 共同网：《日美防长就加快磋商修改防卫指针达成共识》。http：//china. kyodonews. jp/news/2015/04/95251. html。

对朝鲜核与导弹危机方面，美国协助日本大力构筑导弹防御体系，并积极推动日美韩三边安保合作；在南海问题上，日本紧随美国步伐，对中国的“造岛”行动进行了毫无根据的指责，并表达了参与美军南海监视行动的意愿，同时还公开鼓励东盟国家强化在南海地区的情报侦察能力。上述国际安全环境的变化，都催生了日美两国修订《日美防卫合作指针》的意愿。

二、“新指针”的制定过程

在新形势下，日美两国为了实现更加紧密、更趋“对等”、更具“全球性”的安保合作，对1997年版的《日美防卫合作指针》进行修订，便成为了双方安保对话中的重要议题。

2013年10月3日，日本外务大臣岸田文雄、防卫大臣小野寺五典与美国国务卿克里、国防部长哈格尔举行了日美安全保障协议委员会会谈（即“2+2”会议），双方就亚太地区的安全形势交换了意见，并一致同意对1997年版《日美防卫合作指针》进行修订。会谈后的共同声明指出：“双方阁僚一致同意对《日美防卫合作指针》进行修改，责令‘日美防卫合作小委员（SDC）’完成此项任务。新的《日美防卫合作指针》要包括‘确保同盟在日本遭受武力攻击时的应对能力’‘反映日美同盟的全球性质，拓展在国际反恐、应对海盗、国际维和、人道支援、灾害救助、装备技术等领域的合作’‘推进共有目标与价值理念的践行，强化与地区内其他伙伴间的安全保障合作关系’‘强化同盟间的协商、调整机制，构筑在所有事态下的无缝合作体制’‘在强化各自军事能力的基础上，明示两国防卫合作时的任务分工’‘强化两国在太空、网络空间等新型战略领域中的安保合作’‘为了达成共同目标，探讨持续强化同盟的可行性方案’等内容。”① 可见，通过这一次“2+2”会议，日美两国正式确定了

① 防衛省.『共同発表：より力強い同盟とより大きな責任の共有に向けて』。http://www.mod.go.jp/j/approach/anpo/kyougi/js20131003_j.html。

制定“新指针”的责任机构、基本目标与主要内涵。

在“新指针”的制定过程中，日美防卫合作小委员负责执行具体的修订工作，日美政府首脑及防务与外交高官则起到了推动、监管的作用。

2014 年 10 月 8 日，日美两国公布了“新防卫合作指针中期报告”，载明了新版指针的基本内容框架，揭示了两国在未来一段时期内的军事合作态势，并重点强调了日本对美国进行防护的责任。[①] 2014 年 12 月 19 日，日本外务大臣岸田文雄、防卫大臣江渡聪德与美国国务卿克里、国防部长哈格尔再次举行了“2 + 2”会议，对上述“新防卫合作指针中期报告”予以充分肯定，指出：“在‘中期报告’的基础上，日美两国修订指针的行动不仅能确保日本的和平与安全，还将对亚太地区乃至更广范围的区域作出积极贡献。美国的‘亚太再平衡’战略与日本的‘积极和平主义’政策，均致力于对亚太地区和平与繁荣的确保与维护。基于此，美国政府对日本政府 2014 年 7 月 1 日‘安保法制建设’相关内阁决议等安保领域的行动表示欢迎和支持。考虑到日本法制建设的进展情况，双方阁僚决定 2015 年前半年完成指针的修订工作。”[②] 至此，日美两国正式确定了完成指针修订工作的期限。

2015 年 4 月 8 日至 11 日，美国国防部长卡特相继访问了日本与韩国，进一步推动了“新指针”的出台。卡特在与日本防卫大臣中谷元的会谈中强调了指针修订的必要性；在与韩国国防部长官韩民求会晤时，向韩国就指针修订工作进行了解释，并征得了韩方的谅解与同意。4 月 16 日至 17 日，日、美、韩三国防务官员又在华盛顿举行了会谈，再次就《日美防卫合作指针》的修订工作进行了磋商

① 防衛省. 『日米防衛協力のための指針の見直しに関する中間報告』。http://www.mod.go.jp/j/approach/anpo/shishin/houkoku_20141008.html。

② 防衛省. 『日米安全保障協議委員会共同発表』。http://www.mod.go.jp/j/approach/anpo/shishin/js20141219j.html。

与解释。[①] 在此基础上，《日美防卫合作指针》的修订工作进一步得到了推进。

2015 年 4 月 27 日，日本外务大臣岸田文雄、防卫大臣中谷元同美国国务卿克里、国防部长卡特举行了“2 + 2”会谈，双方正式公布了修订后的《日美防卫合作指针》，发表共同声明指出“新指针使得日美同盟更加适合当前的国际安全形势，并将强化双方从平时到紧急事态间所有情况下的抑制能力和应对能力”。4 月 28 日，安倍首相与奥巴马总统在华盛顿举行了首脑会谈，一致强调了“新指针”对深化日美安保合作的重大意义，并就日美同盟的未来趋势进行了规划与展望。[②]

三、“新指针”的主要内容

“新指针”由“防卫合作与指针的目的”“基本前提与设想”“强化后同盟内的调整”“无缝确保日本的和平与安全”“为地区及全球的和平与安全而努力”“太空与网络空间领域的合作”“日美共同的应对”“修订手续”等八章内容构成。[③]

与 1997 年版《日美防卫合作指针》相比，“新指针”取消了“日本周边”这一地理限制，突出了日美安保合作的“全球性质”；打破了原有“三种事态”的划分方法，强调了日美安保合作的“无缝”体制；增加了太空与网络空间等国际公域合作内容。“新指针”重点体现了日本“解禁集体自卫权”的立法精神，扩充了自卫队对美军进行后方支援的内涵，赋予了日本在国际安全事务中发挥更大作用的空间。关于“新指针”与 1997 年版指针的内容比较，可参照下表。

---

① 時事通信．『防衛指針「他国の主権尊重」＝再改定で韓国に配慮－日米』。http：//www. jiji. com/jc/c？ g = pol_ date2&k = 2015041800101。

② 毎日新聞．『日米首脳会談：安保・経済で同盟強化』。http：//mainichi. jp/select/news/20150429k0000m030157000c. html。

③ 防衛省．『日米防衛協力のための指針』。http：//www. mod. go. jp/j/approach/anpo/shishin/pdf/shishin_ 20150427j. pdf。

新旧《日美防卫合作指针》的概要对比

<table>
<tr><th colspan="2">1997 年版《日美防卫合作指针》</th><th colspan="3">2015 年版《日美防卫合作指针》</th></tr>
<tr><th>领域</th><th>合作内容</th><th>目的</th><th>领域</th><th>合作内容</th></tr>
<tr><td>平时</td><td>推进政策协商与安全保障合作</td><td rowspan="4">日本的和平与安全</td><td>平时（包含“灰色事态”）</td><td>增加了“常设防卫当局间的协商机构”等内容；明确记载了自卫队对美国军舰进行防护等“装备品防护”的内容</td></tr>
<tr><td rowspan="2">周边事态</td><td rowspan="2">自卫队通过补给、运输等方式对美军进行后方支援。活动范围方面，原则上限定在日本领域内；支援内容方面，不能为美军提供弹药与进行空中加油。</td><td>重要影响事态</td><td>取消了后方支援在范围与内容方面的限制</td></tr>
<tr><td>存立危机事态</td><td>根据集体自卫权，在海上扫雷、弹道导弹防御、护航民间船只、强制性停船检查等方面进行合作</td></tr>
<tr><td>武力攻击事态（日本有事）</td><td>日美两国联合在陆海空领域对日本进行防卫</td><td>武力攻击事态（日本有事）</td><td>明确增加了日美两国在岛屿防御方面进行合作的内容</td></tr>
<tr><td colspan="2"></td><td>国际社会的和平与安全</td><td>具有“全球性”的日美合作</td><td>对以美国为首的多国部队作战进行后方支援、参与人道复兴支援活动、在强制性停船检查等海洋安全保障领域进行合作</td></tr>
<tr><td>应对弹道导弹与游击队·突击队攻击</td><td>在弹道导弹防御方面，美军提供必要的情报；在应对游击队·突击队攻击方面，美军采取适当的支援行动</td><td>应对新型课题</td><td>太空·网络空间</td><td>在监视太空垃圾与人造卫星、确保情报安全等方面进行合作</td></tr>
</table>

资料来源：『新旧「日米防衛協力の指針（ガイドライン）」の概要』、『読売新聞』2015 年 4 月 28 日。

“新指针”的主体章节为“无缝确保日本的和平与安全”。该章节在开头便指出：“持续性威胁或即将发生的威胁将对日本的和平与安全产生深刻影响。在愈加复杂的国际安全环境下，日美两国政府为了确保日本的和平与安全，将在从平时到紧急事态的各种情况下，以无缝合作的态势采取应对措施。为此，日美两国政府将充分发挥同盟协商机制的作用，在‘事态评估’‘情报共享’‘制定应对方案’等方面进一步加强合作。”[①] 该章节列举了日美两国在“平时”“对日本的和平与安全产生重大威胁”“日本遭受武力攻击”“其他国家遭受武力攻击”“日本发生大规模灾害”等五种情况下的防卫合作与分工。

第一，关于“平时”状况下的防卫合作，“新指针”列举了“情报收集·警戒监视与侦查”“防空与导弹防御”“海洋安全保障”“装备品防护”“训练·演习”“后方支援”“设备的使用”等七项内容。其中，重申了日美《军事情报保护协定》《物资劳务相互提供协定》等文件的重要意义，强调了双方在情报共享、导弹防御系统开发与部署、海上联合作业、军事演练、相互支援等方面的安保合作。同时，该部分内容以“中国渔船在钓鱼岛触礁，中国军舰以保护渔民的名义接近钓鱼岛”“朝鲜试射导弹”等灰色事态为想定背景，增加了日本对美国军舰等装备品进行防护的内容。

第二，关于“对日本的和平与安全产生重大威胁”时的防卫合作，“新指针”规定了日美两国在“庇护非战斗人员撤退”“海洋安全保障”“应对他国难民流入”“战争搜救”“设备与驻地的警戒”“后方支援”“设备的使用”等七个方面的任务分工。该部分内容以“朝鲜半岛发生战事”“南海区域或全球海上交通要道发生武装冲突”等“重要影响事态”为想定背景，取消了1997年版指针中“日本周边”的地理限制，从而极大地扩大了日本海外派兵的活动范围。与此同时，“后方支援”的任务范畴也增加了“空中加油”“弹药补给”等原来被限制的内容。

第三，关于“日本遭受武力攻击”状况下的防卫合作，“新指针”强调“此项内容是日美安保体制的核心要素”。其中指出：“在预测到日本将要遭受武力攻击时，日美两国要通过各种手段遏制住

① 防衛省.『日米防衛協力のための指針』。http：//www.mod.go.jp/j/approach/anpo/shishin/pdf/shishin_ 20150427j.pdf。

事态的发生，并切实联合做好战斗准备；在日本已经遭到武力攻击的情况下，自卫队在日本本土及附近海空域进行主体作战，驻日美军部队及其他美军部队进行增援。”此外，“新指针”还列举了“空域防卫”“导弹防御”“海域防卫”“陆上防御”“多领域防卫”等日美联合作战构想；并明确了日美两国在“电子通信活动”“战争搜救”“后方支援”“设备与驻地的使用”“化学·生物·放射线·核武器的防护”等方面的安保合作。值得一提的是，该部分内容以“中国特种部队占领日本西南离岛”为想定背景，专门在“陆上防御”的作战构想中增加了“离岛防御”的内容。

第四，关于“其他国家遭受武力攻击”时的防卫合作，“新指针”对日美在“装备防护”“战争搜救”“海上作战”“应对导弹攻击”“后方支援”等五个方面的行动进行了规定。该部分内容以“朝鲜对韩国发射导弹并在日本周边海域部署鱼雷”“南海或波斯湾海域发生武装冲突而影响日本的海上运输”等“存立危机事态”为想定背景，增加了自卫队“参与海上扫雷”“强制性停船检查”“防护美国军舰”等体现“集体自卫权”的内容。

第五，关于“日本发生大规模灾害”时的防卫合作，“新指针”强调“日美两国政府应在适当的情况下，通过同盟调整机制展开救援行动”。鉴于日本2011年发生“东日本大地震”时美军的支援行动，日美两国出于提高联合救灾实效性、强化相互间情报共享、推进多方位军事合作等目的，今后将在灾害救助方面加强演练与合作。“新指针”增加此项内容表明日美同盟将对非传统安全领域的安保合作进行关注。

另外，为了进一步凸显日美同盟的“全球性质”，“新指针”专门增设了“为地区及全球的和平与安全而努力”一章。其中强调自卫队将更广范围、更深层次地参与“国际维和”“以美国为首的多国部队作战”“海上扫雷”“打击海盗”等活动，并表明了日美两国政府致力于强化三国及多国间安全保障与防卫合作的意愿。同时，“新指针”还将“太空与网络空间领域的合作”单独作为一章，强调了日美两国对新型战略领域的重视。上述两章内容与“无缝确保日本的和平与安全”一章相比，着墨较少、略显单薄，但却明显反映了日美安保合作的最新关注点与未来发展趋势。

四、“新指针”的消极影响

“新指针”的制定，是21世纪初期日美同盟强化进程中的标志性事件。它不仅将促进日美安保防卫合作一体化进程，推动日本“解禁集体自卫权”的相关立法工作，还将增强对中国的遏制态势。

第一，“新指针”将促进日美安保合作的一体化进程。“新指针”充分反映了日本“解禁集体自卫权”的相关立法内容，强调自卫队将在日美同盟结构中扮演更加积极的角色，由此使得日美安保合作朝着“更加广泛”“更趋紧密”“更具全球性”的方向发展。首先，日美安保合作的内容更加广泛。“新指针”增加了太空、网络空间等新兴作战领域的合作内容，还增加了“灾害救助”等非传统安全领域的合作内容。另外，“新指针”还放宽了日美两国在“军舰防护”“海上扫雷”“情报搜集与侦察”“导弹防御”“离岛防御”等传统安全领域合作方面的限制。按照“新指针”的规定，自卫队今后可以拦截瞄准美国军舰的导弹，并掩护进入导弹发射状态的美国军舰。其次，日美安保合作的态势更加紧密。“新指针”强调“构筑从平时到紧急事态的无缝合作体制”，打破原有“三种事态”的类型划分，事无巨细地规定了日美两国在“灰色事态”“存立危机事态”“重要影响事态”等情况下的合作与分工，并决定成立由外交与防务部门高官、自卫队与美军代表参与的常设协调机构。最后，日美安保合作的范围更具全球性。“新指针”更加强调“致力于国际社会的和平与安全”，重点突出了日美两国在“以美国为首的多国部队作战”“国际维和”“打击海盗”“国际反恐”“确保海上运输线安全”等全球安全事务中的军事合作与互补，从而将安保合作范围由“日本周边”扩展至全球。由此可见，“新指针”的出台必将促进日美安保合作的一体化进程。

第二，“新指针”将推动日本“解禁集体自卫权”的相关立法工作。在“新指针”公布后，安倍内阁为确保自卫队顺利行使“集体自卫权”，于2015年5月14日通过了相关“安保法案”的内阁决议。决议确立了《和平安全法制整备法案》[①] 与《国际和平支援法案》[②] 的具体内容。其中，《武力攻击事态法》更名为《武力攻击·存立危机事态法》，《自卫队法》等六部法律相应增加了“存立危机事态”的应对内容；《周边事态法》更名为《重要影响事态安全确保法》，《船舶检查活动法》等法律相应增加了“重要影响事态”的应对内容；《联合国维和行动合作法》等法案增加了三项涉及到“集体自卫权”的海外派兵业务，并放宽了自卫队在海外执行任务时武器使用的限制。此外，《国际和平支援法案》为永久性法案，并且没有具体支援任务的限制。如此一来，今后如果美国再次发动对他国的战争，日本便不再需要经过繁冗的立法过程就能迅速派出自卫队对以美国为首的多国部队进行支援。5月15日，以“扩充海外派兵任务、强化对美支援”为目的的“安保法案”被送交国会审议。以“新指针”为牵引，日本加速了“解禁集体自卫权”的法制建设进程。在促使“安保法案”获得通过之后，安倍内阁还会将修改“和平宪法”作为下一阶段的战略调整重点。

第三，“新指针”将增强对中国的遏制态势。“新指针”的出台带来了日本防卫政策与日美安保合作模式的巨大转变，其中多处内容明显指向中国，带有强烈的“遏制中国”意图。其中，关于中日钓鱼岛争端，“新指针”以此为想定背景，明确记述了日美共同强化“离岛防御”的内容，还增加了“在灰色事态下，自卫队对美国军舰进行防护”的内容，试图强化对中国海上行动的遏制态势；关于

---

① 《和平安全法制整备法案》由《自卫队法》《联合国维和行动合作法》《周边事态法》《船舶检查活动法》《武力攻击事态法》《美军行动关联措施法》《特定公共设施利用法》《外国军用品等海上输送规制法》《俘虏处置法》《国家安全保障会议设置法》等十部法律的修正案综合而成。

② 《国际和平支援法案》是为了确保自卫队能够随时参与类似伊拉克战争等以美国为首的多国部队作战而新制定的一部永久性法案。

南海争端，“新指针”以“确保海上运输线安全”为借口，表示要“在南海等地区强化情报侦察方面的合作”。对此，美国国防部高官表示：“我们与海上自卫队的舰船及飞机在南海展开了行动，希望根据‘新指针’积累经验、加深与日方的合作。”① 2015年5月30日，日本防卫相中谷元在香格里拉会议上与美国国防部长就中国在南沙群岛的行动一致表示“反对以实力改变现状”，同时还呼吁东盟国家强化南海监控，并表达了参与美军南海侦察行动的意愿。② 由此可见，在“新指针”的“鼓舞”下，日本将更加积极主动地参与到亚太安全事务当中来，并将在与周边国家的领土与海洋权益争端中表现得更加强硬。另据分析，“新指针”中“日美构筑世界最强反潜网络、共同提高反导能力”等内容，也将对中国的国家安全利益产生巨大威胁。

总之，2015年版《日美防卫合作指针》的出台将对日美安保合作模式、中国周边安全形势、亚太地区局势、世界安全态势等产生一定影响。近期内，日美两国在南海问题上动作频频，联合东南亚部分国家强化了对中国海洋行动的侦察、监视与警戒能力，以“确保海上运输线安全”的名义，“呼吁”中国遵守“国际法的支配”；与此同时，日美两国多次在国际舆论中宣扬中国在网络空间与太空领域中对其造成了“威胁”，并以此为借口强化了新型战略领域的安保合作。对此，中国应强化对国际法、国际公约以及国际安全理论的研究，并以相应成果在国际舆论舞台上宣示中国相关行动的合法性。

第五节 解读日本“离岛保全”新方针

2015年6月30日，日本“统合海洋政策本部”第13次会议通

① 《美日军事“合体”对华构成三大威胁》，载《环球时报》2015年4月29日。

② 共同网：《日本防卫相提议东盟强化南海监控》。http://china.kyodonews.jp/news/2015/05/98521.html。

过了新版“有关离岛保全与管理的基本方针”。所谓“离岛”，是指周围被海洋包围、面积比本土或主岛相对狭小的陆地。据日本官方统计，日本共有6847个面积在0.1平方千米以上的离岛，其中能够作为领海基点并划定专属经济区的无人离岛约有280个。[①] 该方针是日本企图推行海洋霸权的具体体现，着重强调了对钓鱼岛周边海域的巡航与控制，声称要针对中日钓鱼岛争端建立由大型巡逻船组成的“警备专队体制”，并决定加快作为日本领海基点的约280个无人离岛的“国有化”进程。21世纪以来，日本不断复苏并膨胀的海洋霸权野心，对中国在东海及南海的合法利益诉求造成了巨大威胁与阻碍。

一、不断膨胀的海洋霸权野心

日本作为四面环海的岛国，自古以来便有着称霸西太平洋、侵占他国领土的狂妄野心。二战期间，日本疯狂发动了全面侵华战争与太平洋战争，其军国主义势力曾一度席卷了朝鲜半岛、中国部分地区、东南亚绝大部分地区、太平洋诸多岛群以及太平洋大面积水域。可以说，日本在二战期间的军国主义“暴走”，是该民族长期滋生的海洋霸权野心在没有得到有效压制时的放纵表现。二战后，日本在盟军的打压下成立了“和平宪法”，并通过民主化改革在一定程度上消除了原有军国主义政体的恶劣影响。然而，21世纪以来，美国在经历“9·11”事件后，采取了放纵日本“军事外向化”行动、鼓励日本强军备战的政策；日本在经过长时期经济发展后，强化了对“军事·政治大国”地位的诉求。于是，在此背景下，日本自二战结束以来被长期压制的海洋霸权野心再次复苏，并逐渐膨胀起来。

1994年11月，《联合国海洋法公约》正式生效，其中明确对领海、专属经济区、大陆架等概念进行了界定，从而突显了离岛对一

① 吴姗姗、张凤成：《日本离岛管理制度及其对我国的启示》，载《世界地理研究》2014年第4期，第43页。

国划定领海与专属经济区面积的价值。由此，亚太地区错综复杂的海洋形势使得该地区相关国家对海洋权益的争夺日趋激烈。日本声称，根据公约规定，以散布在其国土周边海域中的离岛为划定基点，日本拥有着447万平方公里的管辖海域。随后，日本便开始了激烈圈占海洋空间、强力开发海洋资源的蛮横行动。尤其是21世纪以来，日本国内政治生态右倾化严重，其强行划定东海海域并霸占钓鱼岛的举动愈演愈烈。为了进一步推行其不断膨胀的海洋霸权野心、加强对华斗争优势，日本开始系统地以“离岛立法”为核心，强力推进了海洋法制建设的工作。2007年4月，日本国会在第一次安倍晋三内阁的促使下通过了《海洋基本法》，其中提出了“海洋立国”的基本理念，并对“推进海洋开发”“确保海洋安全”“保全能够决定专属经济区及大陆架外缘的偏远离岛”等内容进行了规定。[①] 同年，日本内阁根据“基本法”的规定，成立了“统合海洋政策本部”，确立了首相亲自担任部长、海洋担当大臣担任副部长的体制。由此，日本解决了以往海洋政策部门条块分割的问题，形成了以首相为首的统一专门机构。2008年3月，日本政府制定、公布了《海洋基本计划》，再次强调了推进海洋开发、保全管理离岛的举措。2008年10月，日本违反《联合国海洋法公约》的相关规定，强行以冲之鸟礁为圆心划定了专属经济区；并于11月向联合国大陆架界定委员会提交了“日本外大陆架申请书”，其中将冲之鸟礁称为“岛屿”，并相应主张200海里的大陆架。2009年12月1日，日本“统合海洋政策本部”第6次会议通过了“有关离岛保全与管理的基本方针”，其中着重强调了对离岛的经济开发与管理。2010年2月，日本国会通过了《低潮线保全与基点设施整备相关法》等三项“离岛法案”，主要针对中日东海划界争议与钓鱼岛争端进行了战略部署。2013年4月，再次上台的安倍晋三以“统合海洋政策本部”部长的身份促使通过了新的《海洋基本计划》。

---

① 吕耀东：《试析日本海洋战略理念及对话政策取向》，载《东北亚学刊》2015年第2期，第3页。

在当前国际机制日趋完善、国际法制日趋健全、亚洲各国逐渐崛起的背景下，日本深知像二战时期那样通过发动大规模战争来实现海洋霸权野心的“暴走”方式已变得不再可能。因此，日本一边口口声声要求别国“遵守国际法制支配”，一边想方设法钻着国际法规的空子，以“经济开发、地区振兴”为幌子，通过“强行改礁为岛”“蛮横霸占他国领土”等方式来变相推行其海洋霸权野心。

二、“战味”十足的离岛保全政策

在日本不断膨胀海洋霸权野心、强力谋求军事力量发展的当下，2015 年 6 月 30 日，日本首相安倍晋三再次以“统合海洋政策本部”部长的身份，促使通过了新版“有关离岛保全与管理的基本方针”。新方针与 2009 年版方针相比，更加突出了日本强化应对中日钓鱼岛争端的态势，将“离岛保全”的目的由“振兴经济”改为“巩固国防”，并结合日本 2013 年版《防卫计划大纲》中“联合机动防卫力量”建设思想，明确提出了建立“警备专队体制”、部署沿岸监视部队与强化“西南防御”等计划。总的来看，新方针所体现的日本离岛保全政策主要包含以下四点内容。

第一，构筑“警备专队体制”。新方针开篇便指出“由于邻国海洋活动愈加活跃，对离岛进行保全与管理的必要性不断增加”，同时强调“2013 年 12 月内阁决议通过的《国家安全保障战略》将国境离岛保全与管理纳入到了国家安全保障与领土防卫的范畴”，竭力为日本政府推行的岛屿政策鼓动造势、寻找借口。[①] 新方针特意提出要构筑日本所谓的“尖阁（中国称钓鱼岛）领海警备专队体制”。据悉，在钓鱼岛海域巡航的第 11 管区海上保安总部（那霸）目前已

---

① 総合海洋政策本部．『海洋管理のための離島の保全・管理のあり方に関する基本方針の改正について』．2015 年 6 月 30 日。https：//www. kantei. go. jp/jp/singi/kaiyou/dai13/shiryou1_2. pdf。

经配备有包括能搭载直升机的巡逻船在内共6艘大型巡逻船；在此基础上，日本海上保安厅在2015年度内将新增6艘大型巡逻船，构筑约650人组成的“警备专队”。

第二，提升警戒监视态势。新方针指出“要利用卫星、航空器等最新观测技术，对离岛及周边海域、低潮高地等进行周期性卫星拍摄或空中拍摄，并促使政府相关部分与地方政府协力共享情报、统一地图与海图标识，强化警戒监视态势”。[①] 2015年4月27日，日美两国时隔18年再次对《防卫合作指针》进行了修订，其中专门指出“两国要在太空领域加强军事合作”。此外，日本2015年1月份出台的新版《宇宙基本计划》也强调了太空技术服务于自卫队活动的新型方针。如此种种，都为日本强化对离岛的警戒监视态势提供了技术支撑与制度保障。

第三，强化西南防卫力度。日本以往的离岛保全政策多以“经济振兴、环境勘察、生态保护、文化传承”等为幌子进行开展。此次新方针的重要特点便是提升了日本军事力量对离岛保全政策的参与程度，其中明确提出了“强化西南防卫力度”“构筑无缝海洋安全体制”“提升武力攻击事态等各种情况的应对能力”等内容。近年来，日本逐渐将离岛保全政策提升到了国家安全战略的层面，并通过深化日美同盟、部署沿岸监视部队、更新武器装备、开展“离岛夺还”演习等手段对岛屿作战能力进行了加强。

第四，推进岛礁设施建设。新方针强调了加快作为领海基点的280个无人离岛的“国有化”进程；同时还着重提出要在冲之鸟礁与南鸟岛建设“特定离岛港湾设施”。自20世纪开始，日本便积极对冲之鸟礁进行了加固与扩充。同时，日本还肆意将冲之鸟礁称为“冲之鸟岛”，并企图以此为基点划定专属经济区与外大陆架。冲之鸟礁扼守东海进出太平洋的主要航道，靠近关岛、塞班岛、菲律宾

---

① 総合海洋政策本部．『海洋管理のための離島の保全・管理のあり方に関する基本方針の改正について』.2015年6月30日。https：//www. kantei. go. jp/jp/singi/kaiyou/dai13/shiryou1_2. pdf。

和台湾，具有十分重要的军事战略地位。此外，该礁岩处于亚太地区第一岛链和第二岛链之间，如果日本将之打造成人工岛、并建立港口甚至飞机场，那么它将对中国的海洋行动造成极大的牵制和阻碍。

另外，新方针还专门指出“要面向全体日本国民，通过网络等手段，积极宣传离岛保全的重要意义”。可见，日本当今的离岛保全政策“战味”十足，新方针处处号召日本国土、交通、经济、教育、文化、传媒、公安、军事等各领域力量协力强化离岛保全，宛如进行战争动员的态势。

三、步步紧逼的对华遏制态势

日本不断膨胀的海洋霸权野心驱使其以邻为壑、与邻为敌，极力压制并阻碍周边国家（尤其是中国）对合法海洋权益的正当获取。在东海问题上，日本强军备战、打造以“离岛夺还”为核心职能的西南防御体系，并动用一切力量强化该海域的警戒监视能力、构筑“钓鱼岛警备专队体制”；在南海问题上，日本虽为非当事国，却肆无忌惮地支援东南亚国家强化对南海的侦察监视，还积极参与南海海域的军事演习，并与美国沆瀣一气、无端指责中国的合法岛礁建设行动。可见，日本为了在21世纪攫取亚太地区的海洋霸权，正积极推进以“离岛保全”为核心内涵的海洋战略，并步步紧逼、“疯狂”打造对华遏制态势。

7月1日，日本公布了《2015年度防卫白皮书“概要”》，其中在无端指责“中国的海洋活动具有高压性”后，介绍了日本将在与那国岛部署沿岸监视部队与水陆两栖机动团等情况。另外，为了阻碍中国公务船在钓鱼岛海域巡逻，日本第11管区海上保安总部建立了24小时全天候监控、应对体制。据报道，7月3日上午，中国三艘海警船驶入钓鱼岛领海范围执行巡逻任务时，再次遭到了日本海上保安厅的胁迫。据悉，这已是2015年以来日本海保厅对中国海警船合理执法的第19次妨碍。[1] 另一方面，日本配合在东海开展的对华遏制举措，蛮横参与南海事务。7月4日，“日本与湄公河流域五国首脑峰会”在东京召开。期间，安倍承诺在未来三年内提供7500亿日元的经济援助，并表示支持越南等国家强化在南海的对华军事斗争。[2] 7月5日，日本派出“离岛防卫专门部队”约40人首次在澳大利亚参加了美澳“护身军刀”联合军演。在此之前，日本陆上幕僚长岩田清文与美国太平洋陆军司令、美国太平洋海军陆战队司令、澳大利亚陆军司令进行了会谈，商讨了对中国合法海洋行动进行打压的举措。

可见，“统合海洋政策本部”此次通过的“离岛保全”新方针，是日本针对中国维护东海合法权益、保卫钓鱼岛领土主权而采取制衡措施的具体体现，同时也是其联合布局东海与南海、强力打造对华遏制态势的关键内涵。日本政府在海洋霸权野心的驱使下，全面动员、强军备战，不仅给日本国民的正常生活带来了极大困扰，也对中国的和平崛起与亚太地区的安全稳定造成了巨大威胁。

第六节　解读日本2015年版《防卫白皮书》

2015年7月21日，日本安倍内阁正式决议通过了2015年版《防卫白皮书》。白皮书对中国在东海与南海的正当行动进行了强硬指责，同时认为朝鲜核与导弹问题对日本构成的威胁正逐步加大。此外，白皮书还强调了新《日美防卫合作指针》的重要意义，并对国会正在审议的安保法案进行了介绍与宣传。白皮书肆意渲染中国威胁，刻意强调日本与美国、澳大利亚、印度、东南亚国家之间的安保合作，重点突出西南诸岛的军事力量建设，大力宣传安保法案，

---

① 共同网：《中国海警船驶入日本领海专属经济区出现调查船》，2015年7月3日。http：//china. kyodonews. jp/news/2015/07/100775. html。

② 每日新聞．『日メコン首脳会議：安倍首相、7500億円支援表明』．2015年7月4日。http：//mainichi. jp/select/news/20150704k0000e010264000c. html。

俨然一副为安倍内阁的激进强军政策进行“代言”的姿态。

一、肆意渲染中国威胁，为强军备战制造借口

日本2015年度《防卫白皮书》的一大特点便是增加了对中国海洋行动的关切。7月7日，日本自民党国防委员会对防卫省提交的新版《防卫白皮书（草案）》表达了不满，认为其中缺少对中国在东海开发油气田行动的记述和指责，要求进行补充。该委员会负责人佐藤正久指出：“白皮书几乎没有对中国在东海开采天然气田的记述，这是应当告知国民的问题，以便国民广泛参与安全保障法制的讨论。”① 此外，佐藤还提出了“应当更多刊登中国在南海进行填海造岛的图片”等意见。据防卫省官员透露：自民党国防委员会对《防卫白皮书（草案）》进行否认的情况极为少见，因此本年度白皮书的公布时间破例被推迟。

7月21日，日本内阁决议正式通过了2015年度《防卫白皮书》，其中切实反映了自民党国防委员会的补充意见。白皮书在卷头“概要”部分便严厉指出：“中国为了在东海与南海开采石油和天然气，正积极进行设施建设和资源探查。自2013年6月以来，中方在其东海油气田现有设施的基础上，又进行了新的海洋平台设施建设。我国在反复抗议中国单方面开发的同时，强烈要求其停止这种建设作业。”② 此外，白皮书还蛮横指责中国公务船进入钓鱼岛海域巡航“显现出常态化趋势”；并无端谴责“中国在南海南沙群岛强行推进的填海造地行动影响了公海航行与飞行自由，已成为国际社会的担忧事项”。另一方面，白皮书还妄称中国的合法海洋行动“是持续性高压举措，是可能招致不测事态的危险行径”，从而将可能发生的海上冲突的相关责任完全推卸给中方。

---

① 産経新聞.『安保法案、重要性高まる　対中・対北、急速に膨らむ「脅威」』.2015年7月22日。http：//headlines. yahoo. co. jp/hl? a =20150722 –00000081 – san – pol。

② 防衛省.『防衛白書2015』。http：//www. mod. go. jp/j/publication/wp/wp2015/w2015_00. html。

早在7月6日，日本产经新闻社便发表社论称“中国自去年6月份至今的一年多时间里，在东海海面新增了6处钻井平台。专家分析上述平台将可能被转作军事用途，届时，日本西南诸岛将完全暴露在中国的监控之下。”① 7月10日，日本首相安倍晋三与防卫大臣中谷元在众议院和平安全法制特别委员会上也虚张声势地指出“中国在东海的油气田开发行动将可能被赋予军事目的”②，并以此来谋求在野党对“战争法案”的支持。随后，7月21日公布的《防卫白皮书》便增加了中国东海油气田开发的相关内容。可见，日本政府以2015年度《防卫白皮书》为平台，毫无根据地肆意宣扬中国对其造成了巨大威胁，并企图以此为借口来推行其强军备战的狂妄野心。

二、刻意强调军事合作，为强军备战寻求支撑

白皮书多处强调了日本同美国、澳大利亚、印度、东南亚国家间的军事合作，积极宣扬了日本通过双边或多边安保合作来构筑对华遏制态势、强化自卫队战斗力的外交“努力”。上述表述将向日本国民及世界各国民众传达一个错误信息，即：中国的海洋崛起行动是世界和平与安全的巨大威胁，日本正积极同世界各国开展安保合作来遏制这一威胁。然而，从本质上讲，日本积极开展安保合作，无非是其为实现“军事大国”目标、攫取亚太地区霸权地位而寻求支撑的噱头。

首先，在日美同盟方面，白皮书着重强调了2015年4月27日修订的《日美防卫合作指针》的重要意义，指出“新指针强化了日本从‘无事’到‘紧急事态’等各种情况下的遏制能力和应对能

---

①　産経新聞．『中国、東シナ海ガス田開発を急加速　机上の空論続ける政治家は猛省せよ』．2015年7月6日。http：//www. sankei. com/politics/news/150706/plt1507060021 – n1. htm。

②　産経新聞．『レーダー設置されれば南西諸島「丸裸」に日本の安全保障揺るがす脅威　中国の東シナ海軍事拠点化』．2015年7月11日。http：//www. sankei. com/politics/news/150711/plt1507110014 – n1. html。

力”。此外，白皮书还介绍了驻日美军整编及普天间基地搬迁问题的进展。另一方面，白皮书在详细列举一年来日美联合军演及防卫会谈的基础上，还明确表示：“深化日美同盟是日本长期坚持的基本国策。今后，日美两国将在情报共享、太空安全、网络空间安全、国际反恐等领域继续加强合作。”①

其次，在与澳大利亚的安保合作方面，白皮书认为“澳大利亚是日本在西太平洋地区最值得信赖的国家”，并重点分析了强化日澳安保合作的现实意义。日本政府早已将澳大利亚定位为“准同盟国”，多次表示自卫队将在今后向澳军提供后方支援。7 月 11 日，日本陆上自卫队派出的西部方面普通科连队首次参加了美澳联合军事演习。据悉，该连队是将于 2017 年组建的水陆机动团的核心力量，主要承担“离岛夺还”的作战任务。一名参演的陆上自卫队官员表示：“在澳大利亚举行军演很重要，能够传递日美澳形成包围网来紧盯中国这一强有力的信息。”② 可见，日本高度重视与澳大利亚深化安保合作，其主要目的便在于增强对中国南海行动的遏制态势。

第三，在与印度的安保合作方面，白皮书首先分析了印度洋海域对日本海上运输线的重要意义，并表达了继续深化日印安保合作的意愿。白皮书详细列举了一年来日印各级别防务会谈的重要成果，并声称日本海上自卫队将于今年 10 月份参加美印两军位于印度洋的联合军事演习。

第四，在与东南亚国家间的安保合作方面，白皮书强调“日本将继续向南海周边各国提供军事力量建设方面的支持”。日本防卫大臣中谷元在 7 月 21 日的记者会上也指出“为了有利于南海地区的稳定，日本将继续向相关国家进行能力建设支持等活动”。③ 当前，日

① 防衛省．『防衛白書 2015』。http://www.mod.go.jp/j/publication/wp/wp2015/w2015_00.html。

② 共同网：《日强化与澳“准同盟国”关系 日美澳形成对华包围网》，2015 年 7 月 12 日。http://china.kyodonews.jp/news/2015/07/101307.html。

③ 环球网：《日本拟在南海推进联合演习等制衡中国》，2015 年 7 月 21 日。http://oversea.huanqiu.com/article/2015-07/7065715.html。

本已开始向越南和印度尼西亚提供军事力量建设方面的支持；2015年5月，中谷在与马来西亚防长会谈时也表达了相关意愿；此外，日本海上自卫队还于6月下旬同菲律宾海军实施了联合军演，并探讨了利用菲律宾军事基地向南海派遣侦察机的可能性。

三、重点突出离岛防御，为强军备战探寻路径

近年来，日本肆意渲染中国军事威胁，并以此为借口大力推进西南诸岛的军事力量建设。日本企图以“离岛防御”相关军事能力建设为突破口，积极践行迈向“军事大国”的战略野心。2015年度《防卫白皮书》围绕“离岛防御”这一军事力量建设重点，明确对部队体制编制调整、武器装备更新等内容进行了部署。

白皮书指出：“要通过在与那国岛增设沿岸监视部队和‘水陆机动团’、在那霸基地组建由两个飞行队构成的第九航空团等，来强化西南诸岛的防御能力；要通过引进‘鱼鹰’运输机、SH60K反潜直升机等装备，来确保大规模兵力的输送能力、警戒监视能力、反潜能力等‘离岛夺还’相关的战斗力。”[①] 此外，白皮书还臆测“中国正修建全球最大型1万吨位巡逻船”，并对此明确指出“要强化偏远岛屿应对敌方攻击的能力”。

日本以提高离岛防御能力为重点，在增设部队、引进装备、开展军演等方面加速推行了激进强军政策。7月8日，日本冲绳县宫古岛市议会以多数票赞成通过了“要求尽快向宫古岛部署陆上自卫队警备部队”的市民团体请愿书。[②] 届时，防卫省将在宫古岛部署约800人规模的沿岸警备部队和地对空、地对舰导弹部队。另一方面，7月14日，美国政府正式决定以3.325亿美元向日本出售5架新型“鱼鹰”运输机；7月21日，日本防卫省公布将于2016年度一次性

① 防衛省.『防衛白書2015』。http://www.mod.go.jp/j/publication/wp/wp2015/w2015_00.html。

② 時事通信.『陸自受け入れ表明　市議会も配備陳情採択』.2015年7月8日。http://www.jiji.com/jc/c?g=pol_date2&k=2015070800535。

采购 17 架 SH60K 反潜直升机。据分析，SH60K 反潜直升机安装有高性能雷达、声纳、反舰导弹和鱼雷，可用来警戒、监视、攻击敌方潜艇与舰船。此外，日本自卫队还频繁就“离岛夺还”项目进行军事演习。7 月 8 日，日本陆上自卫队第 13 旅团针对渡海登陆作战进行了演练；另据报道，日本海上自卫队还与海上保安厅针对“灰色事态”进行了首次联合训练。可见，2015 年版《防卫白皮书》充分暴露了日本企图以“离岛防御”为突破口、全面践行激进强军政策的野心。

四、趁机宣传安保法案，为强军备战骗取理解

在日本公布 2015 年版《防卫白皮书》之际，日本参议院正在审议被称为“战争法案”的《和平安全法制整备法案》与《国际和平支援法案》。《和平安全法制整备法案》由《联合国维和行动合作法》《周边事态法》等十部法律的修正案综合而成；《国际和平支援法案》则是为了确保自卫队能够随时参与类似伊拉克战争等以美国为首的多国部队作战而新制定的一部永久性法案。上述两部法案主要体现了“解禁集体自卫权”的内容，增加了“存立危机事态”“重要影响事态”等相关概念。自从 5 月 15 日两部法案被送交国会审议之后，日本国民及在野党便表示了强烈抗议，安倍内阁的支持率也有所下降。7 月 16 日，日本众议院强行表决通过了上述安保法案，日本各地民众及各社会团体纷纷以游行、示威等方式对安倍政府的独断专行表达了愤慨。对此，安倍称“安保法案没有得到国民充分理解”，并表示“想通过电视、网络等媒体积极宣传安保法案”。然而，由于日本各新闻媒体并没有邀请安倍，所以安倍一直苦于没有对安保法案进行宣讲的机会。上述安保法案如果再获得参议院通过的话，将正式生效。

7 月 21 日，日本政府正式公布了 2015 年度《防卫白皮书》，其中用较大篇幅对安保法案进行了介绍和宣传。同时，白皮书还将“中国军机军舰在钓鱼岛海域巡航”与“朝鲜核与导弹问题”“大规

模杀伤性武器扩散”“国际恐怖主义”一道列为“日本面临的巨大威胁”，从而极力煽动日本国民的民族主义情绪。此外，白皮书还指出“今年第二季度，日本航空自卫队战斗机为了应对可能进入日本领空的中国飞机，共紧急升空 114 次，比第一季度增加了 21 次。”[①] 如此种种，都表露了日本政府企图以《防卫白皮书》为平台，趁机宣传安保法案，并为强军备战骗取国民理解的险恶用心。日本防卫大臣中谷元在白皮书发布后的记者会上指出“为了应对急剧变化、日益严峻的周边安保环境，有必要完善相关法律”，再次呼吁安保法案应尽快获得通过。

安倍晋三自 2012 年底第二次上台执政以来，采取了明显带有霸权主义性质的激进强军政策。日本政府在右倾保守主义势力的推动下，相继放宽了武器出口限制、解禁了集体自卫权、废除了“文官统治”制度、修订了《日美防卫合作指针》、强化了对中国在东海与南海进行作业的遏制能力。日本以中国为假想敌，通过调整自卫队编制体制、更新武器装备、强化联合军演等手段，不断提升“离岛夺还”能力，大力推进强军备战的进程。2015 年版《防卫白皮书》作为安倍内阁推行激进强军政策的具体“代言”，显示了日本针对中国进行军事斗争准备的险恶意图，同时也暴露了日本企图通过实现“军事大国化”来攫取亚太地区霸权地位的狂妄野心。

第七节 解读日本新版《网络安全战略》

2015 年 8 月 20 日，日本政府公布了新版《网络安全战略》。鉴于 2015 年 5 月底发生的年金机构信息外泄事件，日本政府对 5 月 25 日拟好的网络安全战略草案做出了相应调整，将网络攻击的防范监管范围扩大到了“独立行政法人”及部分“特殊法人”，同时规定

① 防衛省.『防衛白書 2015』。http://www.mod.go.jp/j/publication/wp/wp2015/w2015_00.html。

“日本政府机关处理重要信息的系统要与网络分离开来”。此外，新战略还提出了积极参与构建网络空间国际规则的方针，并强调了确保2020年东京奥运会与残奥会免受网络恐怖主义攻击的相关举措。日本网络安全实践开始于20世纪末，发展至今已形成了相对完善的体制、机制及法律体系。在此基础上，日本紧跟国际网络安全局势动向，竭力抢占网络空间先机、全力打造网络安全强国，制定了新版《网络安全战略》，并呈现出以下三大趋势。

一、愈加积极的网络安全意识

伴随着网络逐步融入到社会生活的各个层面，世界各国都已经意识到网络安全对国家经济、军事、文化、通信、交通、教育等领域的重要意义与关键作用。近年来，日本十分重视网络安全的维护与管理，其网络安全意识变得愈加积极。日本不断强调网络攻击对其造成了巨大威胁，并以此来号召政府机关、事业团体、中小企业以及全体国民强力支持并参与网络安全建设。

日本政府根据《网络安全基本法》的要求，于2015年7月23日公布了《网络安全政策年度报告2014》，其中总结了日本一年来的网络安全形势、主要业绩及改进措施。报告开篇便明确指出：“在严重依赖信息通信技术的当代社会，确保网络安全不仅仅是国民生活与社会经济活动中的重大课题，同样也是国家安全保障与危机管理中的核心内涵”。[①] 可见，日本已将网络安全提升到了国家战略的层面。此外，报告还专门强调了日本年金机构因遭受网络攻击而泄露125万份个人信息的重大事故，并总结指出“日本一年来共发现病毒入侵事件3545次，比上年度增加约20%”[②]。

日本极力强调网络安全威胁的背后，是其愈加积极的网络安全

① サイバーセキュリティ戦略本部．『サイバーセキュリティ政策に係る年次報告（2014年度）』。www. nisc. go. jp/active/kihon/pdf/jseval_ 2014. pdf。

② サイバーセキュリティ戦略本部．『サイバーセキュリティ政策に係る年次報告（2014年度）』。www. nisc. go. jp/active/kihon/pdf/jseval_ 2014. pdf。

意识。4 月 27 日，日美两国制定并公布了新版《防卫合作指针》，其中一个重要特点便是增加了双方军事力量在网络安全领域的合作等相关内容。据悉，日美两国已开展了多届“网络安全对话”，今后还将确立与网络安全相关的定期演习、情报共享等机制。日本防卫省曾表态称，美国遭受网络攻击的情况符合新“武力行使三原则”的条件，日本自卫队可以行使“集体自卫权”来对美国遭受的网络攻击进行反攻。[①] 有分析指出，日美强化网络空间领域的军事合作，主要目的在于遏制中国的网络技术发展，并企图攫取网络空间领域的军事霸权。另一方面，日本政府于 6 月 16 日公布了新版《日本再兴战略》，其中专门强调了网络安全对其经济发展、国家振兴的重要意义，并指出“要充分利用网络技术来推动经济的复兴”。[②] 由此可知，日本致力于维护网络安全的目的不仅仅在于确保社会、经济、文化等各领域的稳定，更是为了通过发展网络技术来谋求军事霸权、提升综合国力、扩大国际影响等。

日本政府此次公布的新版《网络安全战略》在“制定的宗旨”一章中指出：“20 世纪末至 21 世纪初，世界发生了不可逆转的巨大变革。电脑及网络的发明与普及，使得人类在一定程度上摆脱了时间与空间的制约。网络空间的安全已成为了世界自由主义与民主主义的基础。本战略在明确日本网络安全政策方针的同时，还致力于对‘提高经济社会的活力并确保其持续发展’‘构筑国民能够安全、安心生活的社会环境’‘确保国际社会的和平稳定并保障日本的国家安全’等作出贡献。”[③] 可见，日本的网络安全意识正变得愈加积极。

---

① 毎日新聞．『集団的自衛権：サイバー攻撃も対象…防衛省が見解』．2015 年 6 月 6 日。http：//mainichi. jp/select/news/20150606k0000m010157000c. html。

② 毎日新聞．『日本再興戦略：サイバーセキュリティの成長産業化うたう』．2015 年 6 月 17 日。http：//mainichi. jp/select/news/20150617k0000m010130000c. html。

③ サイバーセキュリティ戦略本部．『サイバーセキュリティ戦略 2015』。www. nisc. go. jp/active/kihon/pdf/cs－senryaku－kakugikettei. pdf。

二、持续深化的网络安全体制

伴随着日本网络安全意识的逐步变化，其网络安全体制也在不断革新。新版《网络安全战略》在“推进体制”一章中指出：“网络安全战略总部发挥着推进本战略的司令塔机能，内阁网络安全中心（NISC）作为战略总部的事务局，承担着实践本战略相关措施的主要作用；各级政府机关根据所辖职能积极配合 NISC 开展工作。”当前，日本已经形成了包含有中央机构、省厅机构、法人机构等架构合理的三层网络安全体制。

首先，网络安全战略总部与内阁网络安全中心作为日本网络安全体制的中央机构，发挥着制定网络安全政策方针、统筹全国网络安全事务的机能。2015 年 1 月 9 日，日本政府根据《网络安全基本法》的规定，将信息安全政策会议与内阁官房信息安全中心分别升格为网络安全战略总部与内阁网络安全中心。[①] 战略总部由官房长官担任总部长、信息通信技术大臣担任副部长，成员包括国家公安委员会委员长、总务大臣、外务大臣、经济产业大臣、防卫大臣、东京奥运会责任大臣以及数名专家学者。内阁网络安全中心由国家安全保障局次长担任一把手；主要成员包括外务、防卫、警察等各部门外派职员及部分 IT 企业的员工。相较于信息安全政策会议设置于 IT 统合战略总部之下，网络安全战略总部则直接设置于内阁之中，其地位明显得到了提升；此外，内阁网络安全中心直接与国家安全保障局挂钩，且其地位由内阁官房下属改为内阁直属，这也充分显示了首相官邸对日本网络安全事务的重视。

其次，总务省、经济产业省、外务省、防卫省、警察厅等五个省厅部门的下属相关机构主要负责网络安全具体基准的制定与相关事务的执行。总务省主要负责日本网络安全战略中有关通信与网络

---

① 每日新聞.『サイバー攻撃対応：政府に司令塔 NISC 90 人体制発足』.2015 年 1 月 10 日。http://mainichi.jp/select/news/20150110k0000m010041000c.html。

政策的事务，其责任机构为 2007 年 7 月组建的信息流通行政局；经济产业省主要负责日本网络安全战略中有关信息政策的事务，其责任机构为 2001 年 1 月组建的商务信息政策局；外务省主要负责日本网络安全战略中有关国际合作的事务，其责任机构主要为统合外交政策局下设的安全保障政策课；警察厅主要负责日本网络安全战略中网络犯罪的应对工作，其责任机构主要为信息通信局下设的信息技术解析课；防卫省主要负责日本网络安全战略中国家安全保障方面的工作，其责任机构为 2008 年 3 月组建的指挥通信系统队。上述省厅机构伴随着网络态势的发展，在不断改革并增加网络安全的相关业务。

最后，信息通信研究机构（INCT）、信息处理推进机构（IPA）、日本信息经济社会推进协会（JIPDEC）、日本网络信息中心（JPN-IC）、日本网络安全协会（JNSA）、日本计算机应急处理队协调中心（JPCERT/CC）等法人机构也在日本网络安全战略的实践中发挥着不可替代的重要作用。

由此可见，日本网络安全体制正处于不断深化的过程中，其包含的三层机构作为日本网络安全战略实践中的基石，发挥着重要的支撑性、引导性、指挥性作用。上述机构统筹明晰、分工明确、结构合理，同时具有融合性强、效率高等特点。

三、不断强化的网络安全措施

日本新版《网络安全战略》在“应该采取的措施”一章中指出：“为了实现网络安全战略的目的，应在坚持‘信息自由流通’‘法治化’‘开放性’‘自律性’‘主体多样性’等五项原则的基础上，实现‘从被动挨打到先发制人’‘从消极接受到积极主导’‘从网络空间到融合空间’等三个转变。”为此，日本不断对其网络安全措施进行了强化。

第一，在技术开发方面，日本网络安全战略总部设置了“技术战略专门委员会”，用以处理网络安全战略中技术开发及其相关成果利用的事务。当前，日本网络安全相关的技术开发共有12个重点领域，分别为：融合现实世界与计算机虚拟世界的新时代网络安全基础技术、由上而下自动保证网络系统安全的设定技术、针对故障可以自动恢复的计算机网络技术、统合ID管理和生体信息的系统设计技术、基于攻击者行动分析的网络预防技术、大规模网络中的广域观测与恶意软件行动分析的融合技术、个人信息控制技术、支援刑事侦破等行动的数据管理与追踪技术、从理论到实践的IT风险体系化技术、信息安全研究的基础体系化技术、保证网络安全硬件正确安装的产品评价认证技术、具备信息理论安全性的密码技术。①

第二，在人才培育方面，日本网络安全战略总部设置了“普及启发与人才培育专门委员会”。目前为止，该委员会多次对总务省、文部科学省、经济产业省等机构的网络安全相关人才培育工作进行了详细的战略部署和任务规划。总务省主要通过组织“网络攻击防御演习（CYDER）”来践行网络安全人才的培育工作；文部科学省主要负责对中小学生及大学生进行网络安全教育方面的指导工作；经济产业省主要负责组织“信息处理技术者考试”，并通过相关考试制度来提高国民的网络安全知识及IT读写能力；经济产业省自2004年开始组织“安全·野营训练”活动，免费对22岁以下的400余名学生进行网络安全相关知识与技能的培训。

第三，在官民合作方面，日本政府根据《守护国民的信息安全战略》的规定，于2010年12月成立了信息安全对策推进会议。该会议于2011年设置了“强化官民合作分科会”，致力于政府机构与民间企业在维护网络安全方面的合作。2014年12月8日，内阁官房信息安全中心举办了第九届“重要基础设施领域横向演习”。此次演习为历届规模之最，参与机构涉及信息通信、金融、航空、铁路、电力、天然气、政府/行政服务、医疗、自来水、物流、化学、信贷、石油等13个重要基础设施的相关业者；日本政府机关中的金融

① サイバーセキュリティ戦略本部.『情報セキュリティ研究開発ロードマップ』。http://www.nisc.go.jp/conference/seisaku/strategy/dai21/pdf/21shiryou02.pdf。

厅、厚生劳动省、总务省、经济产业省、国土交通省也都派出相关人员进行了参与。该系列演习自2006年举办以来，作为日本网络安全战略中官民合作的具体体现，切实发挥了保障日本重要基础设施的作用。

第四，在国际合作方面，日本政府于2013年10月出台了《网络安全国际合作方针》。目前为止，日本在相关工作方面已经积累了丰富的经验。首先，日本积极致力于构建网络攻击事件的全球动态应对体制；其次，日本积极致力于构筑应对网络安全问题的国际合作基础能力；最后，日本积极致力于网络安全相关国际规则的制定。此外，日本还广泛开展了网络安全相关的多边与双边协商机制。2006年，日本防卫省同美国国防部缔结了《信息保障与计算机网络防御相关合作备忘录》，双方一致同意就今后共同应对网络攻击进行紧密合作。2013年5月和2014年4月，日美两国分别召开了第一、二届“日美网络对话”，就应对网络犯罪、保护重要基础设施等领域交换了意见。[①] 此外，日本于2012年6月同英国召开了“日英网络协议会”；2012年11月，同印度召开了“日印网络协议会”。而且，日本还与东盟召开了七届“日・ASEAN信息安全政策会议”；同欧盟召开了两届“日EU・ICT安全研究会”。2014年10月21日，中日韩三国召开了首届“网络安全事务磋商机制会议”，三方探讨了建立网络安全负责任国家行为规范、打击网络犯罪和网络恐怖主义、构筑互联网应急响应合作机制等问题。

当前，日本正凭借其极具优势的网络安全技术，积极强化网络攻击能力，并企图通过与美国开展全面合作，来攫取网络空间这一国际新兴战略领域的军事霸权地位。日本新版《网络安全战略》是其对网络安全工作的全方位部署与规划。可以说，日本的网络安全政策与实践具有“体制机制完善”“法律体系健全”“宣传教育积极”“社会参与全面”等特点，这给中国网络安全战略的构筑与完

---

① サイバーセキュリティ戦略本部．『第2回日米サイバー対話の開催』。http://www.mofa.go.jp/mofaj/press/release/press4_000833.html。

善提供了一定的参考和警示。

第八节　解读日本2016年版《防卫白皮书》

2016年8月2日，日本安倍内阁决议通过了2016年版《防卫白皮书》。历来被日本政府用来炒作邻国威胁、渲染周边险情的《防卫白皮书》又增添了不少“新货”。白皮书对中国的正当海洋行动进行恶意指责，并肆意涉足与其没有直接关系的南海问题，同时还新增一章，趁机宣传2016年3月29日生效的新安保法，为安倍内阁“解禁集体自卫权”并将日本引向战争的危险行径背书。白皮书继续强调推进日美同盟的“重要意义”，并对驻冲绳美军的整编情况进行了详细介绍；此外还对自卫队作战模式革新、编制体制调整、武器装备升级等强化战力的举措进行了宣传。针对于此，我国防部新闻发言人吴谦发表谈话指出“日本2016年度《防卫白皮书》妄议中国正当合理的国防和军队建设。无端炒作南海、东海等问题，满篇充斥着对中国军队的恶意，对中国与邻国关系的挑拨和对国际社会的欺骗。中国军队对此表示强烈不满和坚决反对，并向日方提出严正交涉。”① 另一方面，我外交部发言人华春莹也指出“日本不断在地区安全问题上搬弄是非，企图通过渲染周边安全威胁，为自身军事扩张松绑、摆脱战后束缚制造借口，引起地区国家和国际社会广泛关注。我们敦促日方切实汲取历史教训，坚持和平发展道路，在军事安全领域慎重行事，多做有助于增进与邻国互信、维护本地区和平稳定的事，而不是相反。”② 与此同时，韩国政府也对日本2016年版《防卫白皮书》进行了抗议。可见，白皮书罔顾事实的表述已引起相关国家的愤慨，并暴露了日本在国际社会上的失信与蛮横。

---

① 国防部：《国防部新闻发言人吴谦就日本发表2016年版〈防卫白皮书〉发表谈话》，2016年8月2日。http：//www. mod. gov. cn/topnews/2016 –08/02/content_ 4706372. htm。

② 外交部：《外交部发言人华春莹就日本政府通过新版防卫白皮书答记者问》，2016年8月3日。http：//www. fmprc. gov. cn/web/fyrbt_ 673021/t1386707. shtml。

一、贼喊捉贼，肆意渲染中国威胁

近年来，日本每版《防卫白皮书》均对中国的正常发展进行歪曲描述，肆意丑化中国并毫无收敛地渲染“中国威胁论”。与以往相比，2016 年版《防卫白皮书》在对中国的发展动向进行整体评价时，措辞由“担忧”变成了“强烈担忧”。白皮书主要由“日本所处的安保环境”“日本的安全保障、防卫政策”“守护国民生命、财产与领土、领海、领空的举措”等三大部分组成，其中第一部分第二章按照美国、朝鲜半岛、中国、俄罗斯、澳大利亚、东南亚、南亚、欧洲的顺序分别介绍了世界主要国家的军事概况。《防卫白皮书》对中国的描述篇幅基本呈现出逐年递增的趋势，2016 年版更是比上一年增加 6 页，达到 30 页。

2016 年版《防卫白皮书》对中国的常规军事活动及海警巡航等正当行为进行无端指责，并恶意评论称“因不稳定因素日益显著，日本所处的安全环境愈发严峻”。白皮书着重对中国在南海的军事举措进行了虚假描述，毫无根据地指出“中国海军舰船对周边国家的渔船采取了恐吓射击等活动”；声称“中国舰艇对在南海航行的美军舰船进行异常接近与妨害，中国战斗机对美国军机进行异常接近与妨害”，企图将南海地区形势紧张的责任推给中国；指出“中国在南沙诸岛进行大规模填埋活动，并建造了大量军事设施”，称“中国试图凭借力量改变现状，继续采取堪称高压式的做法”，无端指责“中国在切实推进既成事实化行动，呈现出毫不妥协地实现单方面主张的姿态”，并专门开辟专栏解说“南海诸岛地形开发对安全保障的影响”，称南海航道是日本的“重要关心事项”。与此同时，白皮书还提及了“南海仲裁案”，指出“海牙仲裁庭基本全部接受了菲律宾的申诉，而中国对此却不予认可，因此有必要继续关注中国今后的相关动向”。[①]

---

① 防衛省.『防衛白書 2016』。http：//www. mod. go. jp/j/publication/wp/wp2016/html。

另一方面，白皮书还对中国舰艇与军机在东海的活动进行了关注，声称“2016 年 6 月，中国一艘导弹护卫舰驶入钓鱼岛毗连区”，并指出“这是中国海军战斗舰艇首次进入该区域”；此外，白皮书还提及中国海警船以及海军情报搜集船等舰艇在东海争议海域航行的情况以及中国在东海海域的油气田开发情况，声称“中国单方面升级行动，引发日本强烈关切”。与此同时，白皮书还指出“日本航空自卫队在 2015 年度应对中国军机采取紧急升空的次数达到 571 次，为 2001 年统计以来最多”，并妄加指责称“中国军机飞行路径南下趋势明显，在钓鱼岛附近活动愈加频繁”。[1]

日本政府通过发表《防卫白皮书》，肆意歪曲事实、丑化中国正当的军事行动，刻意渲染“中国对地区安全造成威胁”的假象，而自身却罔顾侵略历史、逐步突破战后束缚，并以蛮横的战略思维强军备战，在国际社会上呈现出一幅“贼喊做贼”的丑恶嘴脸。

二、掩耳盗铃，美化宣传安保法制

除了极力渲染日本面临的“重大安全威胁”外，2016 年版《防卫白皮书》还作为日本政府的绝佳“广告平台”，专门在第二部分新增一章“和平安全法制整备”的内容，详细介绍了新安保法成立的背景、经过及内涵，并指出“安保法制在国际上受到了高度评价，赢得了美国、澳大利亚、印度、东南亚及欧洲诸国的强烈支持”，同时还自说自话地声称“安保法制将有助于地区与国际社会的和平与稳定”。

自安倍内阁于 2014 年 7 月 1 日通过了“解禁集体自卫权”的决议后，日本政府便开始了破坏民主宪政体制、践踏国民和平意愿的相关立法筹备工作。2015 年 9 月 19 日，日本国会表决通过了以“解禁集体自卫权”为核心内容的安保法案；2016 年 3 月 29 日，新安保法正式生效。此次《防卫白皮书》大力美化宣传的安保法制由《和

① 防衛省．『防衛白書 2016』。http：//www. mod. go. jp/j/publication/wp/wp2016/html。

平安全法制整备法》与《国际和平支援法》构成，其核心内涵便是允许日本行使集体自卫权、获得主动对别国发起攻击的法律保障，并进一步扩大自卫队在海外进行军事行动的范畴。新安保法的实行，将使得日本在全球行使武力成为可能，自卫队也将由一支防御性武装力量变质为一支具有极强进攻性的军事力量；由此，日本将彻底摒弃二战以来长期坚持的“专守防卫”政策，其参与美国在全球发动的战争以及自身发动战争的可能性将大大提高。2016 年 7 月，日本海上自卫队在青森县陆奥湾与美国海军实施了联合扫雷训练，这是安保法生效以来日美首次在日本国内实施大规模联合扫雷训练。在此之前，日本首相安倍晋三曾将自卫队赴中东霍尔木兹海峡参与扫雷任务作为了行使集体自卫权的具体案例，因此，此次联合扫雷训练的演练成果将直接应用于日本未来的海外派兵行动中。关于此次训练，日本扫雷队司令汤浅秀树表示“我们要做的就是百分之百完成命令”。[①]

针对将日本引向战争的新安保法，秉持和平主义理念的日本国民一直以来通过游行、控告等行为对安倍内阁的相关行径表达了强烈的反对。2016 年 4 月 26 日，约 500 名原告向东京地方法院提起了安保法违宪的诉讼；随后，以大阪、广岛、长崎等地为中心，皆有数百名原告提起了安保法违宪的相关诉讼。据报道，“安保法制违宪诉讼会”共同代表寺井一弘律师曾呼吁称“如果司法保持沉默，和平国家的根基将会被破坏”；另有一名儿子正在上大学的女性原告也愤慨地指出“养孩子不是为了让他们上战场，我们将为营造能够安心生活的社会环境而斗争”。[②] 尽管新安保法受到了日本国民的诸多反对，但日本政府仍然一意孤行，不断扩充海外派兵的任务内容，并妄想利用《防卫白皮书》进行美化宣传，其掩耳盗铃、自欺欺

① 共同网：《日美举行安保法实行后的首次在日扫雷训练》，2016 年 7 月 24 日。http：//china. kyodonews. jp/news/2016/07/124344. html。

② 共同网：《约有 500 人将于 26 日向东京地方法院提起安保法违宪诉讼》，2016 年 4 月 21 日。http：//china. kyodonews. jp/news/2016/04/118865. html。

人、欲盖弥彰的嚣张行径必然会招致日本国民以及国际社会的更多反感。

三、沆瀣一气，持续推进日美同盟

2016 年版《防卫白皮书》在开篇的防卫相中谷元寄语中便指出“日美同盟在作为日本安全保障基轴的同时，对亚太地区的和平与繁荣也发挥着重要作用。伴随着日本所处安保环境的日益严峻，有必要进一步构筑更加紧密的无缝安保合作。新安保法的成立提升了日美双边信赖关系，并加固了同盟的稳定。”自日美两国于 2015 年 4 月重新修订《防卫合作指针》以来，双方在战略目标、情报合作、装备技术、指挥训练等诸多方面进一步推动了军事一体化的进程，并对亚太地区的安全稳定造成了严重破坏。日本企图借助美国“亚太再平衡”战略的强硬推行来破除战后军事力量发展的束缚并蛮横抢占地区军事优势的野心，在 2016 年版《防卫白皮书》中暴露无遗。

白皮书在第二部分第四章“日美同盟的强化”中详细说明了日美“新指针”的修订经过及内容；并列举了同盟发展的历程及同盟强化的举措，其中着重强调了同盟协调机制的成立，情报侦察、警戒监视、导弹防御、海洋安全、训练演习、后方支援、基地共享等领域的无缝合作，大规模灾害的共同应对，国际维和及战争支援，宇宙、网空领域的军事合作，武器研发与教育交流等诸多方面的行动。① 此外，白皮书还宣扬称“日美同盟对日本的国家安全、亚太地区的和平与稳定以及全球安全环境的维持具有重要意义”。然而，日美两国通过结盟已然形成了亚太地区强大的军事存在，其蛮横的强盗逻辑只会成为地区稳定乃至全球和平的破坏因素。

另一方面，2016 年版《防卫白皮书》还对驻日美军整编的进程进行了介绍，并回避性地提及了 2016 年 4 月底发生的美军驻冲绳基

① 防衛省.『防衛白書 2016』。http://www.mod.go.jp/j/publication/wp/wp2016/html。

地工作人员奸杀当地女性并抛尸的丑闻。与此同时，白皮书还虚假地声称“日美两国对此事采取了相关措施，并就缩小《日美地位协定》规定美方享有优先审判权的‘美军工作人员’范围进行了磋商”。然而，另据报道，日本政府公布有关《日美地位协定》谈判的消息有可能是为了执政党应对参议院选举，而且“美军工作人员”占驻日美军基地全部人员的比重甚小，其遏制犯罪的效果微乎其微。[①] 据统计，自1972年美军相关人员在冲绳县内实施的杀人和强暴等重案高达500起以上，再加上美军基地对当地生活环境的严重破坏，冲绳民众对日美两国政府牺牲冲绳利益并践踏冲绳尊严的行径早就愤慨已久。2016年6月19日，约6.5万人在那霸市奥武山公园举行了冲绳县民大会，严正抗议美军基地工作人员强暴并杀害当地女性的事件，并强烈要求撤走美海军陆战队。[②] 可见，日美两国政府沆瀣一气的丑恶行径不仅对亚太地区的安全稳定形成了巨大威胁，还对冲绳人民的正常生活造成了严重破坏与干扰。

四、穷兵黩武，疯狂强化军力建设

2016年版《防卫白皮书》在卷首集中列举了该年度六项重大军事活动，分别为“和平安全法制的成立与实行”“防卫装备厅的成立”“朝鲜核与导弹问题的应对”“对各地自然灾害的救援”“自卫队的海外行动”“自卫队观舰式的举办”，其中不乏对日本军事力量建设的“溢美之词”。然而，日本近年来疯狂强化军力建设的举措，并非像白皮书宣传的那样美好，其连续4年防卫费用的持续增长，只会招来日本国民的不满以及周边国家的担忧。

白皮书在第二部分第二章“统合机动防卫力量的构筑”中详细介绍了2013年版《防卫计划大纲》、2014年度至2018年度《中期

① 共同网：《日美修改地位协定缩小范围只是“小打小闹”》，2016年7月5日。http://china.kyodonews.jp/news/2016/07/123311.html。

② 共同网：《冲绳县民大会通过决议要求撤走美海军陆战队》，2016年6月19日。http://china.kyodonews.jp/news/2016/06/122369.html。

防卫力量整备计划》、2016 年度防卫预算以及 2016 年度军事力量建设重点等内容，其中着重指出“强化自卫队的警戒监视能力、情报探察能力、指挥统制与通讯能力、岛屿作战能力、防空反导能力、海洋安全保障能力、宇宙与网空应对能力、海外派兵能力等”。另外，白皮书第三部分详细说明了日本强化军力建设的具体举措，指出“海上自卫队利用 P－3C 预警机等对日本周边海域航行的船只进行常态监视、航空自卫队利用全国 28 个雷达站及 E－2C 预警机等对日本周边空域进行 24 小时监视、陆上自卫队通过全面部署沿岸监视部队等对海峡及离岛周边进行 24 小时监视；而且，陆上自卫队在西南诸岛部署初期作战部队并整编水陆机动团，用以强化离岛夺还能力”等等。与此同时，白皮书还就自卫队创新作战模式、开拓作战领域、升级武器装备、开展训练演习等强化军力建设的各个方面进行了介绍。[①]

日本 2016 年版《防卫白皮书》不顾事实，对中国正当行为妄加评论，极力渲染周边威胁，并企图以此来骗取民众对日本政府强军备战的理解。另外，白皮书还指出“对朝鲜核与导弹开发进一步取得进展表示强烈警惕”。据悉，日本政府决定早日部署由日美两国开发的新型海基拦截导弹“标准－3 Block 2A”，以进一步强化自卫队的导弹拦截能力。[②] 2016 年 8 月 3 日，日本安倍晋三内阁再次进行了改组；其中，原自民党政务调查会长稻田朋美出任防卫相，继小池百合子之后成为第二名女防卫相。报道称，作为安倍后补接班人之一的稻田曾多次参拜靖国神社，并拒不承认南京大屠杀等事实，对东京审判也持否定态度。同日，稻田在接受采访时声称“中国对日本安全造成巨大威胁”，并就南海问题指出“仲裁具有最终的法律约束力，当事国应遵从裁决结果；日本将对越菲等国强化海洋安全能

① 防衛省．『防衛白書 2016』。http：//www. mod. go. jp/j/publication/wp/wp2016/html。

② 共同网：《日本拟尽快部署新型海基型拦截导弹应对朝鲜》，2016 年 8 月 2 日。http：//china. kyodonews. jp/news/2016/08/124897. html。

力提供支援，并在南海地区积极组织或参与多国间军事训练与演习”。[①] 可见，新任防相的强硬对华姿态及扩军备战意图与以往相比有过之而无不及，日本安倍内阁在穷兵黩武道路上越走越远的危险行径已成为世界和平与地区稳定的重大威胁。

---

① 産経新聞．『稲田朋美防衛相詳報（1）「エスカレートする中国軍の活動全般に強く懸念」稲田朋美防衛相は3日、産経新聞などのインタビューに応じた』.2016年8月5日。http：//www.sankei.com/politics/news/160805/plt1608050008－n1.html。

第三章　时事评论篇

第一节　评论日本防卫预算三连增

2015 年 1 月 14 日，日本内阁决议通过了 2015 年度（2015 年 4 月 1 日至 2016 年 3 月 31 日）预算案，预算总额为 96.34 万亿日元，达到历年最高额度。其中，防卫预算为 4.9801 万亿日元，比 2014 年度增加 953 亿日元，增幅为 2%。自从安倍晋三 2012 年底上台以来，日本 2013 年度、2014 年度以及此次 2015 年度的防卫预算都呈现出正增长态势。日本防卫预算连续三年增加，2015 年度超越以往最高值的 4.9557 万亿日元（2002 年度防卫预算），创下历史新高。2015 年度防卫预算彰显了浓厚的“安倍色彩”，是日本 2013 年版《防卫计划大纲》中“构筑统合机动防卫力量”理念的阶段性体现。该预算案的核心内容为强化西南防御，对华备战意图十分明显。

一、史上最强防卫预算

防卫预算的增减，在一定程度上彰显了日本政府对待军事力量建设的态度；而防卫预算的具体内容，则表明了日本政府构筑防卫力量过程中的轻重缓急。2002 年度，日本防卫预算曾达到历史顶峰的 4.9557 万亿日元，随后基本上呈现出递减趋势，直到安倍第二次内阁时期又出现反弹。据日本财务省每年公布的数据显示，日本 2003 年度至 2015 年度的防卫预算分别为 4.9527 万亿、4.9026 万亿、4.8560 万亿、4.8136 万亿、4.8013 万亿、4.7796 万亿、4.7741 万亿、4.7903 万亿、4.7752 万亿、4.7138 万亿、4.7538 万亿、

4.8848 万亿、4.9801 万亿日元。[1] 此次公布的 2015 年度防卫预算一举超越 2002 年度，成为史上最高防卫预算。如果加上 2014 年度补充预算中的 2110 亿日元防卫开支，日本 2015 年度实际的防卫开支将突破 5 万亿日元，这也进一步显示了安倍政权下日本防卫经费的无节制膨胀。

安倍晋三自 2012 年底上台以来，将其个人“强军改宪”的政治夙愿凌驾于国家民主宪政体制之上，在军事力量建设与安保体制改革方面作出了一系列惊人举动。“成立国家安全保障会议”“修改武器出口三原则”“解禁集体自卫权”“成立《特定秘密保护法》”“开放政府开发援助在军事方面的应用”“推动安保法制建设”等举动，无不彰显了安倍内阁在国家安全保障方面的激进与野心。因此，2015 年度史上最高防卫预算的出台也是意料之中的事情。该年度防卫预算作为日本军事力量建设的阶段性年度计划，严格贯彻了安倍内阁 2013 年底通过的《防卫计划大纲》中“构筑统合机动防卫力量”的核心理念，并积极落实了《2014 年度至 2018 年度中期防卫力量整备计划》的规划安排。

2013 年 12 月 17 日，日本内阁决议通过了新版《防卫计划大纲》。其中明确提出了“构筑统合机动防卫力量、确保防卫功能的‘质’与‘量’、强化离岛防御”等军事力量建设思想。“统合机动防卫力量”是日本在未来 10 年内安保建设的核心目标。关于此，《防卫计划大纲》指出：“日本应不断推进防卫力量建设与改革，以适应安全环境的急剧变化。为此，在规划防卫力量发展的过程中，应着眼于自卫队整体的机能和力量，并从联合作战的观点出发，对有限的资源进行灵活、得当的分配。此外，自卫队在进行常态化情报收集、警戒监视和侦察活动时，要不断进行战略性演习与训练，并建立起快速应对机制。而且，自卫队应进一步提高装备运用水平、增加部队行动次数，以确保部队在联合运用中的威慑力与事态应对

① 防衛省.『防衛関係費の推移』。http://www.mod.go.jp/j/approach/others/shiritai/budget_h26/img/budget_01_a.jpg。

能力。总之，日本要构建一支拥有广泛后方支援基础，以高技术和情报、指挥、通信能力为支撑，具备快反性、机动性、灵活性、持续性和多用性的机动防卫力量。”[①] 可见，日本2015年度最高防卫预算的目标与《防卫计划大纲》紧密吻合。另一方面，《2014年度至2018年度中期防卫力量整备计划》则具体对日本军事力量发展进行了部署。该计划确定“日本2014年度至2018年度的防卫预算总额为24.67万亿日元”，并明确指出“自卫队将在2014年度至2018年度内引进17架MV－22“鱼鹰”运输机、3架无人侦察机、52辆水陆两栖战车、99辆可空运型机动坦克、28架最新型隐形战斗机以及3架可在空中为战斗机加油的运输机等”。[②] 可以说，2015年度防卫预算是日本新版《防卫计划大纲》的阶段性部署，也是安倍内阁“扩军备战”思想的具体体现。

二、重点强化西南防御

日本2015年度防卫预算总额为4.9801万亿日元，其中，人员后勤等相关预算为2.1121万亿日元，同比增0.9%；装备物资等相关预算为2.8680万亿日元，同比增2.7%。[③] 可见，日本2015年度防卫预算的增长主要集中在武器装备和基地建设等硬件设施方面。总得来看，日本2015年度防卫预算的重点为“强化西南诸岛的防卫能力与动态应对体制”，具体表现为“强化动态警戒能力”“构筑沿岸监视体制”“巩固离岛防御态势”“推进驻日美军整编”“开拓新型作战力量”等军事力量建设的五个内涵。

第一，强化动态警戒能力。近年来，伴随着世界军事潮流的发

① 防衛省.『平成26年度以降に係る防衛計画の大綱について』。http://www.mod.go.jp/j/approach/agenda/guideline/2014/pdf/20131217.pdf。

② 防衛省.『中期防衛力整備計画（平成26年度－平成30年度）について』。http://www.mod.go.jp/j/approach/agenda/guideline/2014/pdf/chuki_seibi26－30.pdf。

③ 防衛省.『平成27年度防衛関係予算のポイント』。https://www.mof.go.jp/budget/budger_workflow/budget/fy2015/seifuan27/05－15.pdf。

展以及日本对周边安保环境相关战略认知的变化，动态警戒能力的提升成为日本军事力量建设的重点项目之一。2015 年度防卫预算便充分显示了日本的相关意图。防卫预算规定，日本将在 2015 年度内花费 3504 亿日元购买 20 架 P1 固定翼反潜机、花费 138 亿日元购买 2 架 SH－60K 反潜直升机、花费 70 亿日元投入到新型反潜直升机的研发工作中、花费 232 亿日元购买 1 架 E－2D 新型预警机、花费 156 亿日元升级 E－767 预警管制机、花费 154 亿日元引进“全球鹰”无人机地面操控系统、花费 643 亿日元新建 1 艘潜艇、花费 1680 亿日元用于“宙斯盾舰”造舰项目。伴随武器装备的更新换代，日本在自卫队体制编制调整方面也将以提升动态警戒能力为目的而进行改革，从而最终构筑起能够机动灵活应对各种事态的动态警戒体制。

第二，构筑沿岸监视体制。日本多次强调其西南方向存有“防卫空白区”，并决定通过在偏远岛屿派驻部队等方式来强化其沿岸监视能力。2015 年度防卫预算表明：日本该年度将花费 2 亿元在冲绳县与那国岛部署约 150 人规模的第 303 沿岸监视队；花费 32 亿日元在鹿儿岛县奄美大岛部署西南警备部队；花费 101 亿日元对 8 架 F－15 战斗机进行改造等。与那国岛地理位置特殊，据中国台湾花莲港仅仅 110 公里，日本自卫队在该岛驻军将使得其军事力量部署向南推进约 500 公里，极大地扩充了日本沿岸监视的能力。与此同时，日本对相关战斗机的改造也将强化其对中国军机监视、跟踪、紧急应对等机能。

第三，巩固离岛防御态势。以中日钓鱼岛争端为背景，日本近年来正逐步强化其离岛防御态势。2015 年度防卫预算显示：日本将花费 203 亿日元购买 30 辆水陆两栖战车、花费 516 亿日元购买 5 架 MV－22“鱼鹰”运输机、花费 1032 亿日元购买 6 架 F－35 战斗机、花费 179 亿日元整备水陆两栖作战关联部队、花费 10 亿日元整备海上作战中心等。与此同时，日本还将投入大量经费用于应对弹道导弹的攻击。可见，日本正以全面强化陆海空联合作战的态势，来构筑离岛防御体制。

第四，推进驻日美军整编。普天间基地搬迁等驻日美军整编问题，作为日美同盟关系中的关键问题之一，历来受到日美双方及世界其他国家的关注。目前，驻日美军整编工作遇到了一些棘手的问题。在2014年11月的冲绳县知事选举中，主张将普天间美军基地搬迁至冲绳县以外的翁长雄志当选；在同年12月举行的众议院选举中，自民党在冲绳县4个小选区全部沦陷，自民党主张的普天间基地搬迁方案受到了当地居民的强烈反对。即便如此，安倍内阁仍然执意要继续推动与美国达成的相关搬迁协议。2015年度防卫预算显示：驻日美军经费负担为1912亿日元；驻冲绳美军普天间机场搬迁至边野古基地的费用为1472亿日元；驻日美军部分舰载机搬迁至山口县岩国基地的费用为18.5亿日元。与此相对的是，日本政府为了压制反对普天间基地搬迁方案的冲绳县民，将2015年度冲绳振兴预算进行了削减。

第五，开拓新型作战力量。近年来，日本也在不断强化其在网络空间以及太空领域中的军事应用。2015年度防卫预算表明：日本将在2015年度花费30亿日元整备网络监视器材；花费7亿日元强化网络演习环境的机能；花费0.2亿日元实施网络防卫协议会（CDC）共同训练；花费214亿日元获取卫星通信的军事使用权；花费76亿日元获取商用图像卫星的军事使用权；花费98亿日元用于太空军事利用方面的研发工作。

三、对华备战意图明显

2015年度防卫预算的核心内容便是“强化西南防御力量”，而其目标则是为了备战中国。正如日本流通经济大学安全问题教授植村秀树所述，“日本此次增加预算、引进装备的举动突出彰显了其与中国进行对抗的姿态”。[①] 日本时事通讯社也明确指出：“新年度防

① 环球网：《日防卫预算被指充满安倍色彩 重点“照顾”中国》，2015年1月15日。http：//news.21cn.com/world/guojisaomiao/a/2015/0115/09/28893054.shtml。

卫预算凸显了日本强化防卫力量的姿态，针对中国活跃的海洋活动，日本将大力加强西南群岛地区的离岛防卫能力”。[1] 另有日本其他媒体表明，“2015 年度防卫预算中的很大一部分要用来监视在日本近海活动的中国船只”。日本购买反潜机、预警机以及无人机操控系统的目的，便是为了确保能够对中国海空军在东海的行动进行跟踪、监测与戒备；日本在与那国岛、奄美大岛部署侦察力量的目的，也是为了强化对中国军事情报的搜集；日本新建水陆两栖团并大量购买水陆两栖战车和先进军机的目的，更是为了压制中国的岛屿作战能力。由此可见，日本对华备战的意图已十分明显。

针对日本 2015 年度“安倍色彩”浓厚的防卫预算，中国外交部发言人洪磊表示：“希望日方走和平发展道路，为促进本地区和平稳定发挥建设性作用。日本在军事安全领域的政策动向一直受到亚洲邻国和国际社会高度关注，它是日本能否走和平发展道路的一个风向标。”[2]

日本 2015 年度防卫预算作为其新版《防卫计划大纲》的阶段性部署，充分透露出了日本视中国为威胁、以中国为假想敌的对抗性色彩。《防卫计划大纲》已然表明了日本的对华战略认知。其中指出：“中国持续保持着高水平的军费增长，努力加强非对称性军事能力，试图阻止别国军事力量接近其周边地区，并妨碍别国在该地区的军事活动。与此同时，中国增强军事力量的目的和目标并不明确，在军事和安全领域仍然欠缺透明度。另一方面，中国在与海洋相关的利害冲突问题上，试图以武力改变现状，表现出堪称高压性的应对态势，并在日本周边海空域采取了有可能导致不测事态的危险行为。中国时常侵入日本领海或领空，单方面划设‘东海防空识别区’，妨碍公海上空的飞行自由。不仅如此，中国在更前沿的海空域

---

① 時事通信.『防衛予算が過去最高　離島強化、3 年連続増』.2015 年 1 月 14 日。http：//www. jiji. com/jc/c? g = pol_ date2&k = 2015011400224。

② 环球网：《中国外交部：望日方走和平发展道路》，2015 年 1 月 15 日。http：//world. huanqiu. com/hot/2015 – 01/5412801. html。

活动也变得愈加活跃，军队舰机出入太平洋已呈常态化趋势。日本对中国的军事举动十分担忧，今后有必要予以强烈关注。”可见，日本近年来积极宣传“中国威胁论”，并企图以此为借口来强化其西南诸岛的军事力量。

此外，日本2014年8月5日公布的《防卫白皮书》也对中国表现出了明显的敌对意识。其中指出：“中国政府在东海划定防空识别区，宣称中国军队将对飞行至该区域但未遵守相关规定的飞机采取防御性管制措施，这一单方面改变东海现状的举动，将使得东亚紧张态势升级并可能招致不测事件的发生，对于中国的这一危险举动，日本政府表示担忧。”近年来，日本在对华战略认知的表述方面处处充满了火药味，肆无忌惮地对中国相关举动进行着曲解和指责。

总之，日本2015年度防卫预算充斥着安倍内阁“强军备战”的激进意图。安倍政府不惜削减社会保障方面的开支，以牺牲日本国民生活福利为代价，将政府预算严重倾向于军事建设领域。而且，除了2015年度防卫预算创下最高纪录之外，日本国土交通省海上保安厅的预算也几乎翻了一倍，高达5040亿日元。日本海上保安厅将在2015年度增购4艘巡逻艇与3架直升机，并将在离钓鱼岛最近的与那国岛上扩建港口设施。此外，日本政府还在2015年度预算案中列入了115亿日元的政府宣传费，用以在历史问题和领土争端问题方面对中韩两国开展舆论战。可见，日本咄咄逼人的强硬态势，已然增加了东亚地区的紧张，并对东亚和平造成了不利影响。

第二节　评论日美韩防务会谈

2015年4月16日、17日，美日韩三国在华盛顿召开了防务会谈（Defense Trilateral Talks），主要就共享涉朝军事情报、修订《日美防卫合作指针》等问题进行了磋商。美日韩三国于2008年11月正式确定该会谈机制，并基本保持了每年召开一次的频度。此次会谈，分别由美国国防部主管亚太安全事务的助理国防部长施大伟

(David B. Shear)、日本防卫省防卫审议官德地秀士、韩国国防部国防政策室室长柳济升率队参加，三人均为各自国家安全政策的具体实践者与防务高官。美日韩防务会谈是在日本推进安保法制建设、《日美防卫合作指针》修订、朝鲜半岛局势不稳等背景下举行的，三国在一系列安全合作事务上达成了一致。

一、防务高官频繁碰面

近年来，美日同盟、美韩同盟在安全领域合作方面不断取得新进展，然而，日韩两国却因为历史认知、慰安妇、领土争端等问题而导致双边安全合作受到一定阻碍。例如，2011 年 1 月，日本防卫大臣北泽俊美对韩国进行访问时，曾与韩国国防部长官金宽镇对两国签订《物资劳务相互提供协定》和《军事情报保护协定》进行磋商达成一致。《物资劳务相互提供协定》主要以日本自卫队与韩国军队在联合国维和、灾害救助、人道支援等行动中相互提供军需物资和劳务为主要内容，《军事情报保护协定》则以两国在安全保障领域的情报互换和保密为主要内容，两项文件均带有浓厚的安保合作色彩。之后经过一系列协商，本来日韩双方均已决定签署上述两个文件，最终却因为韩国外交当局的牵制以及韩国在野党、市民团体的反对呼声，金宽镇于 2012 年 5 月 17 日决定取消签约计划。随后，两国再次协商将由两国防长签署的《军事情报保护协定》改为由外交部门签署的《政府间秘密情报保护协定》，但最终仍然遭到了韩国方面的拒绝。[①]

二战结束后，日韩两国均被纳入到了以美国为核心的国际安保体系中，两国作为美国在东亚地区的重要盟友，为确保美国安全利益发挥着重要作用。虽然两国因历史问题等原因时常中断军事交流与合作，但在一定程度上，日韩拥有着共同的战略威胁认知，其安保合作也存在着巨大空间。尤其是伴随着美国“亚太再平衡”战略

① 曹中屏：《近年来韩日关系状况及其评估》，《东北亚学刊》2012 年第 5 期，第 6 页。

的深入展开，其急需日韩两国在安保合作方面给予更多的配合。再加上朝鲜核问题的不断发展，美韩、美日、日韩、美日韩等双边、三边安保合作与会谈频频举行。2012 年 6 月 1 日，美日韩三国防长就利用“香格里拉对话”每年定期举行会晤达成一致。同年 6 月 21 日、22 日，美韩两国海军与日本海上自卫队在朝鲜半岛以南海域举行了联合军事演习。美日韩三国在该海域举行联合军演尚属首次，针对此次演习，美国负责人指出：“这次军演着重演练美军与韩国海军、日本海上自卫队的联络与共同行动能力，将有助于加强美日韩在防止大规模杀伤性武器扩散以及确保海上安全及救灾等领域的合作。”[①] 同年 8 月，美日韩三国还在夏威夷周边海域举行了联合军演。2013 年 5 月，美日韩三国又在九州西部海域举行了海上联合演练。2014 年 7 月，美国参谋长联席会议主席、日本统合幕僚长、韩国联合参谋本部议长在夏威夷举行了首届美日韩参谋总长级会谈，就强化美日韩三国安保合作达成了一致。

在此背景下，美日韩三边军事合作与交流持续升温。2014 年 12 月 29 日，美日韩签署了《关于朝鲜核与导弹威胁的情报交流协议》，根据协议，日韩不直接进行情报交换，而是以美国国防部为中转进行情报交流。2015 年 4 月 8 日，美国国防部长卡特访问日本，与日本防卫大臣中谷元举行会谈，双方一致同意加快磋商修改《日美防卫合作指针》，增加美军和自卫队无缝合作的机会；4 月 10 日，卡特出访韩国，与韩国国防部长官韩民求进行了会谈；4 月 14 日，日韩两国在首尔召开了第 10 届安保政策协议会，日本防卫省防卫政策局次长铃木敦夫、外务省亚洲大洋洲局长伊原纯一与韩国国防部国际政策次长朴哲均、外交部东北亚局长李相德举行了会谈；4 月 14 日、15 日，美韩两国在华盛顿召开了联合国防协商机制（KIDD）高级别会议，美国国防部副部长助理赫尔维（David Helvey）与韩国国防部国防政策室室长柳济升分别率团参与。在上述双边、三边会

① 新浪网：《美日韩今起在黄海举行首次联合军演》，2012 年 6 月 21 日。http：//mil.news. sina. com. cn/2012 -06 -21/1109693682. html。

谈的基础上，4 月 16 日、17 日，美日韩三国在华盛顿召开了防务会谈（DTT）。

二、会谈内容“炮火”味十足

在为期两天的会谈时间里，美日韩三国防务官员主要就“对朝政策及涉朝军事情报共享”“韩国战时作战指挥权推迟移交”“《日美防卫合作指针》修订”“国际人道支援/灾害救助/海盗应对/ISIL对策等非传统安全领域的合作”等四项内容进行了磋商。在此基础上，美日韩防卫当局一致表示今后要继续深化三国间防卫合作。

第一，在对朝问题上，美日韩三方再次确认不承认朝鲜为有核国家，并表示将在抑制朝鲜行动方面紧密合作。虽然日韩两国在对朝政策方面存有一定的分歧和不同需求，但两国均把朝鲜视为战略威胁，并在相关行动上积极寻求对方及美国的支援。朝鲜核与导弹问题是美日韩三国共同担忧的事项，也是该防务会谈的必谈项目。2003 年，朝鲜再次宣称要退出《不扩散核武器条约》，并重新进行导弹发射实验，还对国际原子能机构的督查人员进行驱逐，新一轮朝核危机爆发。日韩两国为朝鲜近邻，对此事项表现出了极大的担忧。另一方面，日本还与朝鲜存在着人质绑架问题，这在一定程度上更加重了日本对朝鲜的仇视。近年来，朝日、朝韩冲突不断，每当朝鲜试射导弹之际，日本便部署爱国者－3 等装备进行应对，并对朝鲜的行为提出抗议；2010 年发生的“天安号”事件和延坪岛炮击事件使得半岛局势异常紧张，对此，日本首相及外相均表达了支持韩国的态度。此外，三国防务高官还对 2014 年底签署的《关于朝鲜核与导弹威胁的情报交流协议》表示了欢迎，并决定继续推进涉朝军事情报共享的体制机制建设。[①]

第二，在韩国战时作战指挥权推迟移交方面，韩国对“基于条

---

① 防衛省．『日米韓防衛実務者協議結果概要について』．2015 年 4 月 18 日。http://www.mod.go.jp/j/press/news/2015/04/18a.html。

件的战时作战指挥权移交”推进方案进行了说明，美日韩三方一致认为该方案有利于朝鲜半岛的和平与安定。韩国军方的作战权分为平时作战指挥权和战时作战指挥权，其中平时作战指挥权由韩国联合参谋本部议长行使，而战时作战指挥权则由驻韩美军司令行使。2007 年 2 月，美韩两国曾商定美方于 2012 年 4 月 17 日向韩方移交战时作战指挥权；2010 年 6 月，美韩首脑会谈时将移交时间推迟到了 2015 年 12 月 1 日；2014 年 4 月 25 日，韩国总统朴槿惠同到访的美国总统奥巴马举行会谈，双方商定重新考虑美国向韩国移交作战权的时间；2014 年 10 月 23 日，美韩两国在华盛顿举行了第 46 届安保会议（SCM），双方最终决定再次推迟原定于 2015 年 12 月 1 日的战时作战指挥权移交时间，并提出了“作战指挥权移交时需要满足的条件”。

第三，在《日美防卫合作指针》修订方面，美日韩三国各自提出了意见，并就维护地区和平与安定、确保透明度、尊重第三国主权、遵守国际法等内容达成了一致。《日美防卫合作指针》作为规定同盟双方军事力量运用范畴、责任、事态等内容的具体性文件，发挥着指导、规约日美两国军事行动的纲领性作用。该指针自 1978 年制定以来，于 1997 年被修订过一次。2013 年 10 月 3 日，日本外务大臣岸田文雄、防卫大臣小野寺五典同美国国务卿克里、国防部长哈格尔举行了“2 + 2”会谈，双方一致同意对防卫合作指针进行再次修订。2014 年 10 月 8 日，日美公布了新防卫合作指针中期报告，重点强化了双方在太空、网络领域的安全合作，并结合日本“解禁集体自卫权”的动向，改变了原有日美进行武力合作的依据条件，指出在任何事态下，只要日本根据新原则作出了可以使用武力的决定，就能够同美军展开“无缝”合作。

第四，在非传统安全领域的合作方面，美日韩三方对国际人道支援、灾害救助、海盗应对、ISIL 对策等内容进行了深入探讨。非传统安全领域的合作是美日韩三国开展军事合作的重要由头，尤其是“9·11”事件后，美国极力拉拢其盟国支援“反恐”作战，并以此为契机强化与盟国间的协同作战能力。2013 年 5 月和 10 月，美日韩三国在日本九州西部海域进行了“搜索・救灾”军事演练；同年 12 月，三国在亚丁湾进行了“联合打击海盗”军事演练。会谈中，美日韩三国就继续深化非传统安全领域的合作达成了一致。[①]

三、合作背后各怀“鬼胎”

此次防务会谈召开之际，美国正持续推进“亚太再平衡”战略，但由于部分兵力受到中东态势的牵制而不能有效确保亚太地区战略力量的存在，因此需要日韩等盟国对其进行支援；日本积极推动军事力量的发展，在解禁集体自卫权、放宽武器出口限制、推进安保法制建设等方面动作频频，急于寻求美国的支持以及韩国的理解；韩国面对朝鲜核与导弹的威胁，则需要美国的支援及日本的合作。美日韩三国各自从自身需求点出发，于 4 月 16 日、17 日举行了防务会谈。总的来看，此次会谈具有以下三个目的：

首先，为修订《日美防卫合作指针》争得韩国的同意与理解。自 2014 年 10 月 8 日日美两国公布“防卫合作指针中期报告”之后，韩国便对相关修订工作表示了密切关注。韩国政府多次发表声明指出，《日美防卫合作指针》的修订应朝着有利于包括朝鲜半岛在内的东北亚和平与稳定的方向推进。此外，韩国外交部官员还称，给朝鲜半岛安全及韩国国家利益带来影响的日本集体自卫权的行使等行动，决不能在没有韩国政府同意或要求的情况下进行。韩国政府今后将密切关注美日两国对防卫指针的修改过程，必要时提出韩方意见。由于修订后的《日美防卫合作指针》会使得日美安保合作领域得到拓宽，同时自卫队海外活动范围将会扩大，韩国担心日本“军事外溢化”的举动会严重影响朝鲜半岛的安全形势。因此，在《日美防卫合作指针》即将被正式修订之前，美日两国向韩国进行解释，

---

① 防衛省.『日米韓防衛実務者協議結果概要について』.2015 年 4 月 18 日。http: //www. mod. go. jp/j/press/news/2015/04/18a. html。

寻求韩国的同意与理解。

其次，构筑并强化美日韩在非传统安全领域的合作机制。虽然美日、美韩间的安保合作涉及多个层面，但日韩由于历史与领土争端等原因，相互间安保合作并非十分紧密。近年来，伴随着世界各国对非传统安全领域相关军事力量建设的愈加重视，日韩两国找到了安保合作的契合点。同时，在美国的撮合下，美日韩三国在国际灾害救助、人道支援、打击海盗、国际反恐等方面强化了合作，并定期举行联合军事演习。非传统安全领域方面的安保合作符合三国各自的利益需求，此次会谈中，美日韩确定今后继续定期召开防务会谈（DTT），构筑并强化美日韩在非传统安全领域的合作机制。

最后，确保并维持美国在东北亚地区的战略威慑。日美韩防务会谈机制建立的初衷便是为了协商应对朝鲜问题，同时美国为了确保并维持其在东北亚地区的战略威慑，积极敦促日韩两国强化安保合作。1951 年 9 月，日美两国签署《日美安全保障条约》，两国正式建立同盟关系；1953 年 10 月，美韩签署《美韩共同防御条约》，两国正式建立同盟关系。朝鲜战争后，百废待兴的韩国与虚弱的日本共同处在美国构筑的远东同盟体系中，日韩两国有着共同的反共意识以及平衡中苏力量的需求。冷战结束后，1993 年，朝鲜宣布退出《不扩散核武器条约》，第一次朝鲜核危机爆发。围绕这一事件，美日韩构筑了三国政策协调机制。2003 年第二次朝核危机爆发后，美日韩再次展开了紧密的磋商。近年来，朝鲜半岛局势紧张，美日韩进一步加强了对话与合作。2010 年 12 月，美日韩三国外长撇开同为六方会谈成员国的中国和俄罗斯，在华盛顿围绕朝鲜问题进行了严密磋商。可以说，美日韩防务会谈的召开，是美国企图借助日韩来维持其在东北亚地区战略威慑的具体体现。

第三节　评论日美部署最新型水下监听系统

2015 年 9 月 9 日，日本防卫省宣称：“海上自卫队与美国海军为了应对海洋活动日趋活跃的中国海军，已经以冲绳为据点部署了覆盖日本西南诸岛方向大面积海域的最新型水下声波监听系统，且日美将共享该系统侦获的潜艇活动情报。”① 据悉，冷战期间，美日两国为了监视苏联潜艇动向，曾在津轻海峡与对马海峡部署过水下监听设备；然而，日本承认“联合美国针对中国部署最新水下监听系统”尚属首次。关于潜艇作战及反潜作战，反潜飞机、反潜舰艇等水上反潜平台往往容易受到更多的关注；而近期，水下反潜系统却时常出现在相关军事报道中。

一、美国水下反潜系统遍布全球

基于两次世界大战的经验教训，美国海军极其重视对水下作战优势的维持。在未来战争中，战场维度将向上延伸至远天太空、向下拓展至海洋深处，水下反潜作战必然成为未来联合作战模式中新的重要影响因素。伴随着潜艇作战技术的不断革新，反潜舰艇与反潜飞机正面临着高性能鱼雷及潜射对空导弹的巨大威胁；而且，在深不见底、广袤无垠的海洋中采用“海底捞针、炮击蚊子”式的反潜手段，显然不能达到理想的反潜效果。② 因此，在看似无声无息、实则波涛汹涌的水下较量中，一种“全面撒网、重点追踪”的新型水下侦听反潜理念业已形成并被付诸实践。

早在20世纪50年代，美国为了确保其遍布全球的军事力量能够有效躲避来自水下的威胁，提出了建设“水下声波监听系统”（Sound Surveillance System，简称为SOSUS）的构想。冷战期间，美国在全球重要战略性海域，沿海床、海底岩石及大陆架全面铺设了声学传感器，并通过电缆将其联结起来，从而构成了完整的水下监听系统。据相关资料介绍，美国曾针对苏联潜艇在大西洋和太平洋

① 共同网：《日美部署最新水下监听系统监视中国潜艇》，2015年9月9日。http：//china. kyodonews. jp/news/2015/09/105031. html。

② 宫春科、李瑜：《警惕美日海底反潜网的铺设》，载《中国社会科学报》2014年10月10日。

分别部署了三道水下声波监听防线。在大西洋方向：第一条防线从斯匹次卑尔根群岛延伸至挪威，第二条防线自纽芬兰经格陵兰、法罗群岛、法国蔓延到西班牙，第三条防线位于美国东海岸大陆架约150海里处；在太平洋方向：第一条防线由俄罗斯的堪察加外海经日本列岛向南延伸到菲律宾和马六甲海峡，第二条防线由阿留申群岛延伸到夏威夷群岛，第三条防线则设在美国西海岸大陆架约200海里处。上述系统建成后，联结电缆的总长度超过3万海里，对美国掌握相关海域的水下态势及探查苏联潜艇活动发挥了重要作用。①

冷战结束后，美国关停了部分水下监听系统，但仍然继续维持着其位于中国当面海区相关系统的运作。步入21世纪，美军提出了“水下信息网络中心战”的概念，在原有SOSUS的基础上，重点发展了浅海水下监听系统、自动分布式部署系统、深海主动探测系统等，并与反潜飞机、攻击型核潜艇及水面舰艇一道共享侦获的潜艇情报，形成了集侦察、打击于一体的全方位反潜作战体系。此外，美国还设法与其他国家，尤其是在中国潜艇前往太平洋与印度洋必经渠道处，加强了水下监听系统的建设及相关情报共享。美国海军作战部长乔纳森指出：“在水下监听系统联网建设方面，我们与澳大利亚和日本有着非常密切的合作，并正在致力于加强同韩国与新加坡的合作，印尼和马来西亚的意愿也在不断增强。”此外，美国太平洋潜艇部队司令菲利普针对将新加坡水下监听系统纳入到美国监测系统的相关实验也宣称“我们应通过海底环境把不同节点的水下监听系统连成网络，以便能够观测和监控水下的所有活动。”②

二、日本反潜实力不容小觑

9月9日，日本防卫省向共同社透露：海上自卫队与美国海军以

---

① 新华网：《外媒：中国在南海建水下监听网 将极大限制外军》，2014年5月7日。http://news.xinhuanet.com/mil/2014-05/07/c_126470516.htm。

② 新华网：《美媒：美在西太部署水下航行器监听中国核潜艇》，2014年10月27日。http://news.xinhuanet.com/yzyd/mil/20141027/c_1112988492.htm。

冲绳为据点部署了大范围覆盖西太平洋海域的最新型水下声波监听系统，该系统能够探测到从东海、黄海进入太平洋的中国潜艇。据悉，这一最新型系统由美国研发，以冲绳县宇流麻市美军白沙滩基地内的海上自卫队冲绳海洋观测所为据点。两条电缆从该观测所牵引至海洋，并在海底延伸数百公里，分别到达九州南部和台湾海域，每隔数十公里便设置一台水下听音器。曾从事潜艇声呐等相关业务的海上自卫队队员以及美国海军军人、文职人员在该观测所工作，全面共享搜集到的潜艇情报。此外，位于青森县东通村的海上自卫队下北海洋观测所也有一条电缆通向海洋并投入使用，该电缆延伸至北海道东部海域，主要作用在于监视俄罗斯潜艇的动向。据报道称，日本投入使用的最新型水下监听系统不但能探测到更远的距离，还可以捕捉到次声波信号。由此可见，日本通过不断加强与美国的军事一体化建设，已具备了最新型的水下监听技术及较为前沿的反潜能力。

此外，日美两国在 9 月 11 日举行的第三届“太空合作对话”中，确认了共同利用卫星监视中国海洋行动并将情报进行共享的机制。[①] 伴随着日美军事一体化的加速推进，美国还与日本协商决定在冲绳嘉手纳基地部署最新型反潜机 P－8，以替代反潜巡逻机 P－3。与 P－3 相比，P－8 最大的优点在于搭载有喷气式发动机，从而使得飞行速度加快，大大降低了潜艇逃脱的几率。而且，P－8 的载重量更大，可携带鱼雷、深水炸弹和反潜导弹，并配备有先进计算机系统，能迅速收集和处理敌方潜艇信息，具有很强的警戒监视能力。此外，日本在 2015 年度预算中决定花费 3504 亿日元购买 20 架 P－1 固定翼反潜机、花费 138 亿日元购买 2 架 SH－60K 反潜直升机、花费 70 亿日元投入到新型反潜直升机的研发工作中。可见，日本正通过强化日美同盟、加大资金投入等手段，不断增强已具备一定优势的反潜能力。据《产经新闻》报道，日本海上自卫队的反潜能力已

① 産経新聞.『宇宙からの海洋監視を強化　日米対話で一致　中国軍念頭に』.2015 年 9 月 11 日。http://www.sankei.com/politics/news/150911/plt1509110045－n1.html。

位居世界第二，2013 年下水服役的“出云”号新型航母的主要任务便是针对中国搞反潜和封锁。

另一方面，日本为了配合其在东海与中国开展的领土及海洋权益争端，妄想将反潜力量延伸至南海海域，以企图“两面开弓”，对中国形成战略夹击之势。2015 年 6 月，日本以与菲律宾举行搜救演习为借口，出动 P－3C 反潜巡逻机，数次抵近中国南沙礼乐滩海域。据日本共同社报道称，这是自卫队作战力量首次在靠近中国推进填海造地的南沙群岛的区域展开活动。此外，日本政府还多次表示要向菲律宾、越南等南海声索国的海洋军事力量建设提供支援。9 月 15 日，越共总书记阮富仲访日期间，日本首相安倍晋三再次表达了在南海问题上遏制中国海洋行动的意图。9 月 16 日，日本官房长官菅义伟在记者见面会上对中国的东海油气田开发行动进行了无端指责，其嚣张气焰同样暴露了日本由来已久的海洋霸权野心。与此同时，日本为了更加便利地推动潜艇技术装备等武器的出口，于 10 月 1 日在防卫省增设了装备厅。由此，日本将进一步推动与澳大利亚在“苍龙”级潜艇及相关锂电系统出口方面的谈判。

三、中国走向深蓝需破解美日反潜封锁

美日两国共同升级改造后的水下声波监听系统，被纳入到集搜潜与反潜于一体的网络体系内，能够将发现并跟踪的远距离水下目标的相关信息迅速传递到“反潜信息处理中心”、水上大型反潜作战平台、海洋监视卫星等处，使得其搜潜范围变得更广、反潜能力变得更强。日本媒体将该系统称之为“永不休眠的海底触角”。除了上述水下声波监听系统外，美日两国还主要在以下三个方面加强了对我国的反潜封锁，并对我军潜艇冲出岛链执行军事任务造成了巨大威胁：

第一，利用海洋监视船侦察我军潜艇活动区域的水声情况等信息。海洋监视船通过拖曳式低频主动声呐对海洋物理性能进行远程探测，并在综合分析海洋监视卫星及无线电侦察技术所获信息的基

础上，召唤 P－3C 反潜巡逻机进行精确性搜索。一旦发现目标，即可出动水面反潜作战力量进行遏制。

第二，利用水下机动式侦听系统组成反潜警戒网络，对我军潜艇行动进行干扰或阻挠。美日两国通过事先在我军潜艇活动的重点海域布设水下机动式侦听系统来组建水下反潜警戒网络，从而干扰并阻挠我军潜艇参与的军事演习、海洋测探等行动。

第三，利用无人潜航器实施抵近潜伏，探测我军潜艇特征信号及活动规律。美日两国可通过水下、水面或航空平台释放数个无人潜航器，从而构成多个反潜监测点并对我军潜艇航道、基地与港口进行监控。

在当前信息化快速发展的作战条件下，高度综合化、智能化、系统化、网络化的潜艇作战与反潜作战模式愈加呈现出“发现即摧毁”的特征。美日两国在西太平洋地区部署的强大反潜封锁网对我军潜艇行动已造成重大阻碍与威胁，我国海军走向深蓝急需破解美日反潜封锁。为此，我国在依托大陆架、海岛、海床建设自身水下声波监听网络的同时，也应重新整合反潜作战力量及海上其他作战平台，建立陆海空天一体化作战模式，高效应对对方反潜系统对我造成的严重威胁，并对其采取先制、反制及持续压制的措施，从而为我军潜艇及其他军事力量走向深海保驾护航。

第四节　评论冲绳知事对边野古填海造地许可的撤销

2015 年 10 月 13 日，日本冲绳县知事翁长雄志正式撤销了名护市边野古沿岸填海造地的许可，试图阻断美军普天间海军陆战队基地的搬迁计划。随后，日本政府相关部门采取了一系列措施，要求叫停翁长撤销许可的行为；与此同时，美国蛮横地指出“将普天间基地搬迁至边野古是解决问题的唯一方案”。一直以来，冲绳当地居民的日常生活都遭受着美日军事基地的严重侵扰。1995 年 9 月，三名驻日美军士兵轮奸了一名12岁的冲绳女孩，当地为此爆发了大规模、高强度的抗议示威游行。近年来，冲绳民众对日美同盟的愤怒与抗争，以反对普天间基地搬迁方案为表征逐渐显露出来。

一、饱受摧残的“琉球”民众

冲绳，作为日本国都道府县等47个二级行政区划之一，面积约为2280平方公里，人口将近140万。如今的冲绳县虽然已是日本国的一部分，但其区域内的独立运动与独立舆论却从来没有停止过。2013年5月15日，由冲绳当地的政治家、大学教授、市民团体成员、社会活动家等百余人组成的“琉球民族独立综合研究学会”正式成立。该学会表示“要探索冲绳独立以及建设‘琉球自治联邦共和国’的方法与途径；在研究他国独立经验的同时，寻求机会向联合国直接陈述冲绳独立的意愿”。作为学会发起人之一的松岛泰胜对此评论称“冲绳过去是琉球王国，并不隶属于日本。即使被日本占领后，琉球也没有将自治权交给日本，因此冲绳人有寻求独立的决定权。太平洋岛国帕劳只有2万人就能独立；冲绳拥有着140万人口，完全具备独立的条件。”① 可以说，冲绳独立运动的长期存在，切实反映了当地部分民众对现状的不满与抗争。其实，暂且不论冲绳独立的可行性与合理性，单是回顾一下冲绳民众饱受摧残的历史，便能激发起人们对其独立运动的同情与理解。

早在12世纪，琉球群岛出现了南山、中山、北山等三个国家政权。1372年，明太祖朱元璋向琉球中山国下达诏谕后，琉球三王相继向明朝政府称臣入贡。自此，琉球被和平纳入到华夷体制之内，并成为中国的藩属国。据史料记载，自1383年起，琉球历代国王均向中国皇帝请求册封，并到1879年一直使用中国帝王年号。1392年，明朝政府鉴于琉球来华使节海上航行的困难，特令闽人善于航海造船技术的三十六姓人家迁居琉球，从而极大地促进了琉球的海

① 琉球民族独立総合研究学会.『学会の概要』。http://www.acsils.org/gaiyou。

外贸易与民族开化。15 世纪早期，中山王国相继征服北山与南山，最终形成了统一的琉球王国。需要强调的是，东亚地区出现的华夷体制与近代西方的殖民制度有着本质的区别，前者更加强调一种象征意义，藩属国的独立主权被充分尊重，并能够从宗主国获得较大的经济利益与安全利益。然而，同样位于东亚地区的日本，骨子里却多了一份野蛮与任性，总是企图用暴力来打破和平与安稳；其根植于内心深处的危机意识驱使着大和民族觊觎他国领土、霸占他国资源、奴役他国民众的变态野心，并催动着其自古以来便有的邪恶强盗逻辑。1609 年，日本德川幕府继承丰臣秀吉对外扩张的野心，命令邻近琉球王国的萨摩藩组织军队侵略琉球。琉球王国自 15 世纪初期统一以来，便提倡文治、注重商贸，近 200 年处于风平浪静的太平盛世之中。萨摩军在发动战争一个月后，便占领了琉球王府首里城，并于 1609 年 5 月 15 日将琉球国王及王族成员掳往日本。据琉球史料记载，萨摩军登陆后一路烧杀抢掠，攻占首里城后更是进行了大规模的洗劫，将王宫内的金银、丝绸、奇珍异宝等抢夺一空。浩劫之下，整个琉球王国满目疮痍、民不聊生。萨摩军在几乎没有任何抵抗能力的琉球民众面前，“尽情”暴露了其压抑已久的兽性与野心。可以说，萨摩藩攻打琉球王国是三百多年后日本军国主义暴虐中国及东南亚国家的一场预演。1610 年 8 月，德川家康为了缓和与明朝的矛盾，并为了从琉球王国获得经济利益，召见了身为人质一年之久的尚宁王，并决定维持琉球尚姓王统，命令琉球国向江户称臣、向萨摩藩进贡，同时继续保持和明朝的册封进贡关系。[①] 由此，琉球民众惨遭摧残的命运正式拉开了序幕。

1872 年，日本在国家近代化改造初期，借琉球使者到访之际，突然强制“册封”琉球国王为藩王，单方面宣布“琉球王国是日本的内藩、琉球群岛是日本的领土”。1879 年，日本迫使琉球最后一任国王尚泰流放至东京，并悍然宣布“废琉置县”，将琉球王国改为

① 真境名安興．『沖縄一千年史』．琉球新報社 1993 年版。

冲绳县，同时开始施行残暴的同化、奴化与殖民政策。在此期间，琉球朝廷与民众进行了奋力抵抗，并有官员秘密赴天津拜谒李鸿章，请求清朝政府发兵驱逐日军。当时，琉球国前来陈情的官员林世功还在北京壮烈自杀，以死来呼吁国际社会关注日本对琉球的侵略。清政府由于自身国力渐微，对此只是采取了消极谈判的姿态；甲午战争的失败，更使得清政府彻底丧失了对琉球问题的发言权。自此，日本便将琉球群岛作为守护本土的天然屏障加以经营。正如原冲绳县知事、原日本众议员的大田昌秀所述："冲绳人没有被日本视为相同的种族或者同胞；二战期间日本政府派遣熊本第六师团到冲绳的目的，并不是为了保护冲绳的民众，而是因为他们想要冲绳的土地。总之，无论怎么去观察，冲绳都没有被视为日本的一部分，仅仅是作为了一块政治和经济的殖民地。"① 二战末期，当地民众在冲绳战役中遭受的巨大摧残便是对上述言论的强有力佐证。

1945 年 3 月末，被认为是太平洋战争中最血腥的冲绳战役爆发，当地民众彻底体验了被动员、操纵、欺骗，直至最后被抛弃的惨痛经历。冲绳当时的居民约有 47 万，而整个战役期间伤亡的民众就达到了 14 万。冲绳人为日本天皇及军国主义政府的疯狂付出了惨痛代价，他们在遭受美军炮火袭击的同时，还被日军召集起来强制实施集体自杀。麦考马克等学者指出："冲绳战役从一开始就是毫无希望的，其仅仅是一个用于延迟盟军登陆日本本土的血腥计划。由于冲绳没有被真正当作日本的一部分，所以日本很少耗费精力去保护冲绳民众。冲绳的记忆更多的是被忽视、虐待、强暴、剥夺，遭到日本军队屠杀的人数甚至比美国进攻所引起的平民伤亡还要多。"在将冲绳作为最后谈判筹码、并感觉冲绳民众这些"炮灰"的利用价值消失殆尽后，日本裕仁天皇为了维护本土安全及皇室正统，最终做出了投降的决定。

---

① ［澳］麦考马克等著：《冲绳之怒：美日同盟下的抗争》，董亮译，社会科学文献出版社，2015 年版。

二、日美同盟的地缘“工具”

二战结束后，冲绳并没有因其无谓的牺牲而换来日本的感激，反而是再一次遭到了抛弃。冲绳战役期间，美军在登陆冲绳本岛之后，于读谷村成立了琉球列岛美国军政府，声称“终止日本政府在奄美群岛以南等西南诸岛地区的行政权，改由美国军政府统治”。1945年8月15日，日本正式宣布投降之后，美军于8月20日成立了由当地人组成的冲绳咨询会，并将之作为了管理冲绳的主要沟通渠道。1950年12月，军政府改称为琉球列岛美国民政府；1957年6月，民政府最高首长改称为高等专务员，并由美国国防部经美国总统同意后指派陆军中将担任。美国原本认为，琉球群岛与朝鲜半岛性质相同，是被日本帝国主义统治的殖民地，因此打算将琉球群岛交由联合国托管，使其从日本分离并最终获得独立。然而，伴随着冷战局势的逐步形成，美国开始在冲绳大规模建造军事基地与军事设施，并再也不愿放弃对这一能够遏制苏联与中国的地缘战略重要支点的控制与管理。

1951年9月，在美国的操纵下，日本与48个战胜国签订了《旧金山和约》，其中指出“日本同意美国对北纬29度以南之西南群岛（含琉球群岛与大东群岛）、孀妇岩南方之南方各岛（含小笠原群岛、西之与火山群岛），和冲之鸟礁以及南鸟岛等地送交联合国之信托统治制度提议。在此提案获得通过之前，美国对上述地区、所属居民与所属海域拥有实施行政、立法、司法之权利。”对此，美国解释称“这些岛屿自日本投降后在美国的单独管理之下，由于盟国之间的意见不同，美国觉得最好的解决方式是准许日本保留‘剩余主权’，同时这些岛屿适用联合国托管制度，美国为管理当局。”在此需要强调的是，在《旧金山和约》草拟与签订的过程中，中国作为战胜国被美国等排除在外，因此中国政府一贯认为《旧金山和约》是非法的、无效的。随后，美国多次发表声明称日本对琉球拥有“剩余主权”。1969年11月，日本首相佐藤荣作与美国总统尼克松发表共同声明，称美国定于1972年将冲绳的行政权交还日本。1972年5月15日，日美两国于1971年6月签订的《冲绳归还协定》正式生效，日本政府再次设置冲绳县。

回顾二战后冲绳地位变迁的历史可以发现，冲绳人从来就没有主宰过自己的命运。美国统治冲绳期间，大量农地被征用建设为军事设施，许多冲绳人在刺刀与推土机的恐惧中失去了家园。1953年，美军强制将伊江岛的居民外迁，征用了岛屿63%的面积，并用推土机夷平了13位抗议者的住宅。如今的伊江岛成为了跳伞训练与起飞着陆训练的军事基地。这样的例子比比皆是，至1972年归还日本之前，各类美军基地占用了冲绳278.93平方千米的面积；与此相伴的是，军用飞机事故对居民生命的威胁、军事设备噪音对居民生活的干扰、军事工程建设对自然环境的破坏，而且由美国驻军引起的车祸、杀害、殴打、强奸、偷盗等犯罪案件也时有发生。因此，走投无路的冲绳人在看到日本本土受到“和平宪法”浸润并取得了巨大经济成功后，曾幻想通过复归日本来摆脱自身的厄运。然而，复归日本后的冲绳，得到的仅仅是更大的失望。日本再次设置冲绳县后，同样将这片群岛作为了守卫本土的地缘“工具”。伴随着日美军事一体化进程的发展以及日本“西南防御”战略的逐步实施，冲绳并没有摆脱被作为军事堡垒的命运。近年来，日本在冲绳部署反导系统的举动，更是提升了冲绳最先遭受攻击的风险。

现如今，冲绳县占据着日本国土面积的0.6%，而驻日美军专用设施的74%却聚集在这里；而且，军事基地已经占据了冲绳县内18%的土地，其已经成为了一个不折不扣的军事要塞。[①] 可以说，冲绳由于其自身的地缘特点，时时刻刻都被日美两国置于战争的最前沿。

---

① 共同网：《冲绳知事会晤官房副长官表示反对普天间县内搬迁》，2015年1月14日。http：//china.kyodonews.jp/news/2015/01/90034.html。

三、对普天间基地搬迁方案说“不”

面对日美两国施加给冲绳的不公正待遇，当地居民或者选择了默默承受，或者选择了抗议示威。直到1995年9月4日，三名美军士兵从街上诱拐了一名12岁的女学生，他们把她推进了租来的车里，并开到一片荒芜的海滩实施了轮奸。这一事件终于点燃了冲绳民众压抑已久的愤怒火焰，冲绳爆发了反对美军基地并要求归还普天间基地的大规模抗议运动。针对于此，美军太平洋司令理查德上将却粗鲁地评论道“士兵租车花的钱，都能找个姑娘了（指妓女）”。这一蔑视冲绳民众的言论更加激化了当地的反抗。自此，普天间基地搬迁问题成为了冲绳民众向日美同盟表达愤怒与抗争的主要着力点。

普天间基地位于冲绳县宜野湾市，占据该市面积的25%左右，是驻日美军最大的直升机机场。在基地周围，民居与学校等民用设施密集，由于噪音与安全等问题，当地一直存在着要求美军返还基地的呼声。1996年12月，作为对美军轮奸冲绳少女事件的回应，日美安全保障委员会商议决定：设立“普天间机场转移实施委员会”，在5至7年内建成替代设施，并在可以投入使用后归还普天间机场。随后，替换普天间基地的备选地点很快被锁定在了冲绳县名护市的边野古地区。该方案遭到了名护市居民及部分冲绳民众的强烈抗议。持反对意见的民众认为：冲绳县已经承担了大量军事基地的负担，如果再在县内建造一所新的基地，将是一件极其不公平、不正义的事情。反对的民众要求将普天间基地搬迁至冲绳县以外的地方。当然，担心对边野古地区的自然环境造成破坏也是反对该方案的一个因素。自1996年“将普天间基地搬迁至边野古”的方案公布之后，冲绳县内便一直存在着进行抗议的运动，并在一定程度上冲击了日美同盟的发展进程。有学者甚至认为，对普天间基地搬迁方案的抗议标志了冲绳历史新篇章的开始。

2013年12月25日，久拖未决的基地搬迁方案似乎有了着落，时任冲绳县知事仲井真弘多在与日本首相安倍晋三会谈之后，决定批准中央政府为推进普天间机场搬迁而申请的边野古填海造地计划。2014 年 11 月 16 日，对“普天间基地搬迁至边野古”持否定态度的翁长雄志当选为冲绳县知事。上任后，翁长采取各种措施呼吁将普天间基地搬迁至冲绳县外，并于 2015 年 10 月 13 日正式宣布撤销前知事曾作出的边野古填海造地许可。对此，防卫省冲绳防卫局作为对抗措施于 14 日向国土交通省提出了基于《行政不服审查法》的审查请求，要求停止翁长撤销许可的效力。[①] 据分析，倘若国土交通大臣对冲绳防卫局的请求进行批准的话，冲绳方面将加大反对普天间基地搬迁方案的行动力度，而日美两国政府似乎执意执行原定搬迁方案。

从日美两国对待冲绳民意的态度可以发现，今天的冲绳仍然被视为保卫日本本土以及增进美日双方利益的重要地缘工具。“琉球”民众从他们的历史中了解到“军队并不会捍卫和平，更不会保卫普通百姓”。可以说，冲绳民众在今天极其憎恨战争，极其不信任美国与日本的军队，并拒绝接受日美同盟相关军事安排，一切根源都来自于冲绳战役、美军统制、冲绳返还等历史的经验与记忆。

第五节　评论日澳“2 +2”会谈

2015 年 11 月 22 日，日本与澳大利亚在悉尼举行了防长外长磋商会议，即“2 +2”会谈。日本防卫大臣中谷元、外务大臣岸田文雄与澳大利亚国防部长佩恩、外交部长毕晓普就南海问题、潜艇开发问题等进行了商谈。日澳“2 +2”会谈发端于 2007 年 6 月，此次为第六届。自美国军舰于 10 月 27 日非法闯入我国南海相关岛礁邻

① 東京新聞．『辺野古取り消し 翁長氏「裁判通じ主張」政府、きょうにも不服審査請求』．2015 年 10 月 14 日。http：//www. tokyo – np. co. jp/article/politics/list/201510/CK2015101402000125. html。

近水域以来，日澳两国便在多种场合纷纷表态支持美国所谓的“自由航行”作战。美国及其同盟国的强硬行为对我国的主权和安全利益造成了严重威胁，并对南海地区的安全与稳定造成了严重侵害。日澳两国同为太平洋国家，对海洋安全有着类似的战略取向；并且同为美国的盟友，对美国的亚太战略发挥着一定的支撑与辅助作用。近年来，日澳两国在分别强化与美国同盟关系的同时，还在美日澳三边安保合作的框架下，强力打造着日澳“准军事同盟”。

一、颇为相似的战略取向

近年来，日本将澳大利亚定位为“准同盟国”的关系，并与之进行着一系列的安保合作。日本防卫相中谷元在众议院和平安全法制特别委员会上曾指出“日本在受到武力攻击时，除美军之外，可能还将与澳大利亚军队进行共同应对”。而且，安倍晋三内阁在促使国会通过了“安保法案”之后，也将澳大利亚列入了支援对象的参考范围，预计自卫队今后将与澳军开展更加紧密的合作，并将在联合国维和、参与对美支援作战、应对海盗等活动中通过行使集体自卫权来对澳军进行支援。2015 年 6 月 3 日，日本首相安倍晋三、防相中谷元分别会见了到访的澳大利亚国防部长安德鲁斯，并就深化日澳安保合作达成了一致。[①] 日澳共同打造“准军事同盟”，源于其颇为相似的战略取向。

首先，日澳两国均渴望增强自身的国际影响力。冷战期间，日本跃升为世界第二大经济体，并提出了“战后政治总决算”的口号，决心成为与其经济实力相符合的政治大国。冷战结束后，日本积极参与联合国维和行动等国际事务，并采取各种手段争取成为联合国常任理事国。另一方面，澳大利亚于 20 世纪 80 年代末提出了“中等强国论”，将发展目标定位于仅次于超级大国美国，与德、法、日

---

① 每日新聞.『安部首相：豪国防相と防衛協力強化で一致』.2015 年 6 月 3 日。http://mainichi.jp/select/news/20150604k0000m010093000c.html。

等并列的政治强国。冷战结束后，澳大利亚更是积极参与国际维和等事务，不断提升着自己的发言权。在此背景下，日澳两国认为强化双边安保合作可以成为各自在追求政治强国过程中的便捷路径与重要依托。澳大利亚历届政府曾多次明确表示支持日本成为联合国常任理事国，并在日本海外派兵受到武器使用等因素的制约时，为日本自卫队提供了保护；与此同时，日本也积极响应澳大利亚在国际上发出的各种倡议，并通过联合军事演习、军事人才交流、情报共享等方式为澳大利亚的军事发展提供了支持。

其次，日澳两国均服从于美国亚太战略的调整。冷战时期，日澳两国曾是美国在亚太地区战略部署的南北锚，作为“防洪堤”的重要一环，在美国全球安全体系中发挥着重要作用。美国作为冷战时期亚太安全格局的主要缔造者，构建了美日、美澳、美韩、美菲太平洋防御体系，通过该体系发挥着主导亚太的实际作用。冷战结束后，伴随美国全球战略的调整，其在亚太地区的领导力和影响力有所下降，为了继续确保其主导地位，美国于1996年分别与日本、澳大利亚进行了同盟再定义，并分别签署了《日美安全保障联合宣言》《美澳安全联合声明》，从而再次确认了日澳在美国亚太战略中的身份和功能。美国认为，日澳分别与美国互为盟友，如果日澳之间不存在同盟关系的话，将有可能导致美国的亚太同盟体系失去平衡。[①] 因此，在美国的默许和主导下，在日澳双方的战略利益驱动下，两国开始不断深化安保合作。2007年2月，美国副总统切尼先后访问日澳，极力促成了日澳《安全合作共同宣言》的出台；同年3月，日美澳三国首次召开首脑峰会，深入讨论了进一步加强三国安保合作的方式。不断深化的日澳安保合作开始充当起美日同盟与美澳同盟的补充，在亚太地区乃至全球安全事务中发挥着愈加显著的作用。

再次，日澳两国拥有基本一致的价值观念。战后，日本在美国

---

① 屈彩云：《试析冷战后的日澳安全关系》，载《国际论坛》2011年第3期，第17页。

的占领下进行民主化改革，废除了军国主义法西斯统治，通过《日本国宪法》的颁布与实施，确立了象征天皇制和真正意义上的三权分立，在意识形态和价值观方面与以美国为首的西方阵营保持一致。澳大利亚为英联邦成员，其政治制度和价值观念完全复制于英国模式。日澳两国在人权、民主、法治、市场经济等方面，拥有基本一致的价值观念，这为其逐步深化的安保合作提供了重要的政治基础与合作前提。2006 年 11 月，时任外相的麻生太郎在日本国际问题研究所发表了题为《打造“自由与繁荣之弧”——开创日本外交新天地》的演讲，指出“日本要与拥有共同价值观及战略利益的美国、澳大利亚、印度、欧盟以及北约各国密切合作”。[①] 对此，澳大利亚给予了积极响应。显然，日澳安保合作是日本价值观外交的重要一环，同样也是一贯标榜价值观的澳大利亚外交实践的具体体现。

最后，日澳两国具有相似的地缘身份认同。日本是位于太平洋西岸紧邻亚洲大陆的岛国，澳大利亚是位于太平洋南端、亚洲大陆边缘的大国。两国均为亚洲大陆边缘地带的海洋国家，相近的地缘位置催生了两国相似的地缘心理。长久以来，两国在地缘上的特殊“岛国地位”，使来自陆权国的攻击因大海这一天然屏障而鞭长莫及，从而确保了日澳两国在历史上具有“进可攻、退可守”的自主性。然而，近代以来伴随着远洋技术的发展，尤其是二战结束后现代远程导弹的出现，致使日澳等海洋国家的优越性逐渐丧失，两国对自身受到他国攻击的危机感与日俱增。[②] 另一方面，日澳两国崇信海洋国家应与海洋国家结盟来对抗陆地国家，相继提出了“海洋国家”相关发展战略，并高度重视海洋运输线的安全。可以说，在一定程度上两国在防范目标上的一致性促使了其安保合作的顺利进行。

在上述颇为相似的战略取向下，日澳两国持续强化安保合作，共同打造“准军事同盟”关系，积极支持美国在亚太地区的战略

---

① 外務省．『外務大臣麻生太郎の講——自由と繁栄の弧をつくる 広がる日本外交の地平』。http://www.mofa.go.jp/mofaj/press/enzetsu/18/easo_1130.html。

② 李旭东：《冷战后的日澳政治安全关系》，载《日本学论坛》2007 年第 3 期，第 67 页。

行动。

二、精心谋划的“2+2”会谈

2015年11月22日，日澳举行了第六届“2+2”会谈，双方就南海问题、潜艇开发问题等进行了磋商。此次“2+2”会谈可谓精心谋划。在此之前，日澳双方首脑及外交防务高官在多种场合均进行了积极的互动。5月30日，日本防相中谷元、澳大利亚防长安德鲁斯、美国防长卡特在新加坡举行了三方会谈，并发表共同声明对中国在南海的合法行动进行了无端指责。随后，《澳大利亚人报》报道称“阿博特政府正积极考虑派遣军机在中国于南海争议地区修建的人工岛附近开展‘航行自由’行动”。[1] 6月8日，日澳印三国在印度首都新德里举行了副外长级磋商，就南海局势等问题交换了意见。7月11日，日本陆上自卫队首次参加了美澳“护身军刀”联合军事演习，就侦察艇登陆作战等“离岛夺还”项目进行了演练。对此，日本陆上自卫队官员指出“此次军演能够传递日美澳形成包围网紧盯中国这一强有力的信息。日澳两国通过合作可以展开多个正面作战，能够起到分散中国战力的作用，这对双方都有益。”9月28日，日美澳三国在纽约举行了副外长级磋商，指出“要针对中国的南海行动，在海洋安全领域开展密切的合作”。10月30日，日本防相与澳大利亚新任防长进行了电话会谈，并于11月初在吉隆坡举行的东盟防长扩大会议上就进一步深化安保合作进行了磋商。11月14日，日本首相安倍晋三与澳大利亚总理特恩布尔在土耳其举行了会谈，双方强调“中国在东海与南海的海洋活动是地区的重大关切事项”。[2] 日澳两国首脑及外交防务高官的上述会面都对此次“2+2”会谈进行了精心部署与筹划。

---

① 环球网：《澳大利亚称正考虑派军机赴南海展示“航行自由”》，2015年6月3日。http://world.huanqiu.com/exclusive/2015-06/6589873.html。

② 共同网：《安倍同澳总理会谈对南海问题表示关切》，2015年11月15日。http://china.kyodonews.jp/news/2015/11/109198.html。

日澳此次“2+2”会谈，正值日本国会于9月19日通过以“解禁集体自卫权”为主体内容的安保法案、澳大利亚新内阁于9月21日正式启动，是日澳两国在各自国内政治生态发生变化之后对继续深化安保合作的确认。会谈中，日本继续表达了希望能够参与澳大利亚新型潜艇联合开发项目的意图，并与澳方一道表示“强烈反对以恐吓、强制以及行使武力等手段提出领土和领海主张，支持美军开展的‘自由航行’作战”。①

日澳“2+2”会谈始于2007年，是两国推动安保合作的重要实现方式。2007年3月，日本首相安倍晋三与澳大利亚总理霍华德在东京发表了《安全合作共同宣言》。澳大利亚是继美国之后，日本与他国签订相关安全协议的第二个国家，该宣言为日澳两国进行联合军事演习、军事交流以及紧密的安保合作提供了更加广阔的空间。宣言签署后，日澳两国还就建立“防长外长定期会晤机制”（“2+2”会谈机制）达成一致。在此之前，日本仅与美国拥有类似对话机制。2007年6月，日澳举行首次“2+2”会谈，两国将双边关系定位为“本地区不可或缺的伙伴关系”；2008年12月，日澳举行第二次“2+2”会谈，就加强双方舰队支援、秘密情报保护等内容进行了协商；2010年5月，日澳双方在第三次“2+2”会谈中签署了《物资劳务相互提供协定》，为此，澳大利亚成为了继美国之后与日本签署类似协议的第二个国家；2012年9月，日澳以“共同的前景与目标”为主题，举行了第四次“2+2”会谈，双方对互派防卫人员赴对方防卫部门参观、工作等人才交流模式进行了探讨，并就建立武器技术合作机制、开展务实性会谈达成一致；2014年6月，日澳在东京举行了第五次“2+2”会谈，双方签署共同文件称“在缔结‘防卫装备’研发及技术转让协议问题上达成实质性一致，并且强烈反对在东海和南海动用武力及单方面胁迫的发生”。

可见，日澳两国历次举行的“2+2”会谈都积极推动了双方安

---

① 共同网：《日澳举行2+2磋商 对中国动向表示“强烈关切”》，2015年11月22日。http://china.kyodonews.jp/news/2015/11/109672.html。

保合作的进展，构成了两国共同打造“准军事同盟”的具体内涵与主体脉络。

三、动荡不安的南海局势

日澳两国在此次“2+2”会谈中着重就潜艇联合开发问题进行了磋商。为此，日本防相中谷元专门于2015年11月20日访问了澳大利亚军工产业基地阿德莱德市，并与南澳洲州长举行了会谈，表示“如果赢得合作订单，将会让澳当地企业参与新型潜艇的制造项目”。[①] 一直以来，美国也在积极研究参与日澳两国政府开始协商的澳大利亚新型潜艇联合开发工作。分析称，如果日美澳三个太平洋国家联合开发潜艇，三国军事合作关系将进入更加紧密的新阶段。目前为止，澳大利亚拥有的“科林斯”级潜艇使用了美国雷神公司的战斗系统。澳大利亚计划2030年左右依次更换6艘“科林斯”级潜艇，以扩大澳军的活动范围。与此同时，澳大利亚有意引进日本海上自卫队最新型的“苍龙”级潜艇，但为了在战斗系统方面保持与美军的互通性，打算继续像以前那样采用美国的系统和通信设备。如此一来，美日澳三国军事一体化的发展趋势则会进一步向前推进，三方在太平洋海域的联合作战能力也会有所提升。有分析指出，日美澳三国之所以能够就澳大利亚新型潜艇联合开发项目进行洽谈，主要还是为了针对中国在太平洋和印度洋日益频繁开展的海洋活动。

另一方面，日澳两国在此次“2+2”会谈中还对中国在南海的动向表示了“强烈关切”，蛮横要求中国停止相关岛屿的军事用途。2015年10月27日，美国“拉森”号导弹驱逐舰非法闯入我国南海相关岛礁12海里水域范围，对我国主权和安全利益造成了严重威胁，对该地区的和平稳定造成了严重侵害。在这一事件前后，日澳两国均对美国的行动表达了支持，并利用多种场合极力渲染南海地

---

① 共同网：《日本防相访问阿德莱德 亲自向澳方推介潜艇》，2015年11月20日。http://china.kyodonews.jp/news/2015/11/109588.html。

区的紧张氛围。

10 月 7 日，澳大利亚新任国防部长佩恩在悉尼召开的各国海军相关人士集会上致辞称“澳大利亚是海洋贸易国家，确保南海航行自由是直接的国家利益，我们强烈反对单方面改变现状”，对中国在南海的合理行动进行了蛮横指责。[①] 可见，澳大利亚 9 月份成立的新政府基本维持了与前阿博特政府相同的主张。此外，佩恩还对美国在亚太地区的军事存在与军事行动表达了支持，指出“过去 70 年间，美国的存在支撑起了印度洋和亚太地区的和平与安全，澳大利亚与美国的同盟关系是国家安全的基础”。

另一方面，日本也利用各种场合对南海问题妄加评判。10 月 28 日，日本官房长官菅义伟在例行记者会上指出“美国向南海进行‘自由航行’作战的行动是国际社会统一行动的一环，我国对此予以支持”。11 月 6 日，日本防相与越南防长举行会谈，双方就日本海上自卫队舰船停靠南海重要通道金兰湾越南海军基地达成了共识，并对开展首次海上训练进行了磋商。11 月 12 日，安倍在会见到访的印尼国会议长诺凡托时，就南海问题表示要与东盟携手应对，并就向印尼出口海上自卫队救援飞艇“US－2”进行了探讨。11 月 15 日至 21 日，安倍利用各种国际场合分别会见了英国首相、德国总理、加拿大总理、菲律宾总统、美国总统、印度总理等，均表达了日本对南海问题的“关切”。

与此同时，美国继续保持了在南海地区的高压态势。11 月 7 日，美国防长卡特在防务官员会议上发表演讲指出“美国将继续在国际法允许的所有场所进行飞行、航行与活动，我们还将继续向南海派遣军舰来展示拥有的‘航行自由’”。[②] 11 月 17 日，美国政府宣布将拨款 2. 59 亿美元用于帮助东南亚各国加强海洋安全，援助对象为菲

---

① 共同网：《澳大利亚防长反对中国在南海填海造岛》，2015 年 10 月 8 日。http：//china. kyodonews. jp/news/2015/10/106708. html。

② 共同网：《美国防部长称将继续派军舰赴南海航行》，2015 年 11 月 8 日。http：//china. kyodonews. jp/news/2015/11/108740. html。

律宾、越南等与中国在南海存在主权争端的国家。可见，美国及其盟友在南海问题上强势蛮狠，对我国的主权与安全利益造成了严重威胁，对南海地区的和平与稳定造成了严重危害，并使得南海局势变得波谲云诡、动荡不安。

第六节　评论日美“温馨预算”谈判

2015 年 12 月 16 日，日本政府宣布已与美国政府就 2016 年度至 2020 年度五年间日方承担的驻日美军经费（又称“温馨预算”或“体贴预算”）达成协议，预算总额将为 9465 亿日元，较上一个五年增加了 133 亿日元。[①] 所谓“温馨预算”，是指日本政府为驻日美军承担的一部分经费开支，自 1978 年开始持续至今，作为日美同盟巩固与发展的重要维系。据悉，关于 2011 年度至 2015 年度“温馨预算”的协定将于 2016 年 3 月到期，为此，日本在 2015 年 7 月就向美国提出了大幅削减预算数额的要求。然而，在经过激烈的讨价还价之后，日本政府却同意略微增加“温馨预算”。日美“温馨预算”最初是日本为了体现对驻日美军的“温馨关怀”而设置的，发展至今，其数额已经翻了数十倍。虽然日本国内关于取消或削减“温馨预算”的呼声越来越大，但日本政府最终还是选择了向美国屈服。如今的“温馨预算”已不再温馨，日本政府被迫支付，感觉不到温馨；美国政府强行抢夺，也感觉不到温馨；亚太国家因为日美军事一体化的持续强化更感觉不到温馨。

一、日本花钱养着美国军队

二战结束后，美军作为胜利者陆续登陆日本本土，在接管日本各处军事基地的同时，也开始对日本实行“间接统治”。随后，日本

---

① 共同网：《日美商定“温馨预算”日方未如愿减少金额》，2015 年 12 月 16 日。http://china.kyodonews.jp/news/2015/12/111206.html。

首相吉田茂制定了“重经济、轻军备”的战略方针，并主动迎合美国意图，表示“在媾和之后，美军有必要继续驻留日本”。1951 年 9 月 8 日，日本与以美国为首的 48 个国家签署《旧金山和约》，并于同日与美国签署了《日美安保条约》。该条约规定：（1）由日本授予、并由美利坚合众国接受在日本国内及周围驻扎美国陆、空、海军之权利；（2）驻日美军根据日本政府的要求，可用于镇压在日本引起的大规模暴动和骚乱；（3）未经美国事先同意，日本不得将任何基地和陆海空军驻防、演习、过境的权利给予第三国。这样一来，美国便实现了对日媾和后继续驻军日本的合法化。1960 年 1 月，日美签署“新安保条约”，规定“美军将继续驻留日本，日本将继续为驻日美军提供区域和设施”；此外，两国还依据新条约签署了《日美地位协定》，其中详细规定了驻日美军的权利与义务。由此，美军依据上述条约与协定，至今仍然驻扎在日本各地。截至目前，美军共在日本设有 131 处基地，占地面积约为 1024 平方公里；陆海空军及海军陆战队总计约 5 万人。①

1978 年 6 月，时任防卫厅长官金丸信决定由日本来承担在驻日美军基地中工作的日本人的部分福利费。原本，日美“新安保条约”与《日美地位协定》并没有规定有关上述支出的内容。因此，金丸信的决定遭到了部分国会议员的反对。面对质疑，金丸信指出“由于日元对美元升值，美国在驻日美军开支方面的负担会有所增加，因此我们是本着出于温馨关怀的立场才做此决定的。”“温馨预算”一说便由此而来。20 世纪 70 年代正是日本经济高速增长的最鼎盛时期，财大气粗的日本为了进一步强化与美国的同盟关系，便尝试花些“小钱”来讨得美国的欢心。然而，“温馨预算”在开启之后，便一发不可收拾。当时决定仅仅用 62 亿日元去讨好美国的金丸信，不会想到若干年后日本的这笔开支会翻上 30 多倍。时至今日，“温馨预算”的内涵与数额都有了翻天覆地的变化。

---

① 防衛省．『防衛白書 2015』。http：//www. mod. go. jp/j/publication/wp/wp2015/w2015_00. html。

一方面，“温馨预算”的内涵不断扩充。1979 年，日本政府在承担驻日美军基地日本工作人员部分福利费的基础上，又承担了相关人员的部分工资，而且还担负起了美军基地设备维修的部分费用。自 1987 年开始，日美两国政府为了确保“温馨预算”的长期稳定，缔结了《驻日美军经费负担特别协定》，并将驻日美军基地日本工作人员的津贴也列入到“温馨预算”的内涵之中。随后，日美两国又相继商议在“温馨预算”中加入美军基地水电费、美军基地训练转移费等内容。当前，“温馨预算”主要包括了“美军基地日本工作人员的基本工资”“美军基地住宅、设备的维修与改善经费”“美军基地内医院、娱乐设施的水电燃气费”“美军基地日本工作人员的津贴与福利费”“美军基地训练转移费”等五大项内容。另一方面，“温馨预算”的数额飞速高涨。据统计，1978 年度至 2015 年度“温馨预算”的数额（单位为日元）分别为 62 亿、280 亿、374 亿、435 亿、516 亿、608 亿、693 亿、807 亿、817 亿、1096 亿、1203 亿、1423 亿、1680 亿、1776 亿、1982 亿、2286 亿、2503 亿、2714 亿、2735 亿、2737 亿、2538 亿、2756 亿、2755 亿、2573 亿、2500 亿、2460 亿、2441 亿、2378 亿、2326 亿、2173 亿、2083 亿、1928 亿、1881 亿、1858 亿、1867 亿、1860 亿、1848 亿、1899 亿。① 可见，“温馨预算”在 1999 年度曾达到最高峰 2756 亿日元，是最初 62 亿日元的 44 倍之多。近年来，“温馨预算”虽比顶峰时期有所下降，但仍然保持在了 2000 亿日元左右的高额水平。

二、日美为“钱”大动干戈

实际上，除了“温馨预算”之外，日本政府在每年的预算中还要支付大量驻日美军相关的其他经费。以日本 2015 年度财政预算为例，日本政府支付的驻日美军相关经费总额为 5197 亿日元。其中，

① 東京新聞.『米軍駐留費の日本負担増　来年度から5 年間合意』.2015 年 12 月 17 日。http：//www. tokyo－np. co. jp/article/politics/list/201512/CK2015121702000121. html。

“温馨预算”为1899亿日元；“驻日美军渔业补偿与周边对策等支出”为1826亿日元；“驻日美军用于减轻冲绳县民负担的土地返还与噪音消除等事业费”为34亿日元；“冲绳美军移至关岛、冲绳美军编制改革、美军航空母舰移动等驻日美军再编经费”为1374亿日元。因此，在日本经济长期低迷、国家财政赤字居高不下、国会积极商讨提高消费税、政府强行抑制国民福利的背景下，日本每年为驻日美军花费大笔金额的行为遭到了日本国民及部分政党的强烈反对。

自2015年7月开始，日美两国政府便就2016年度至2020年度五年“温馨预算”进行了频繁交涉。日方认为其不应该再承担驻日美军基地中电影院等娱乐设施的相关费用，并要求降低其承担的驻日美军基地水电燃气费的比例，提出了“大幅减少‘温馨预算’”的要求；美方则针锋相对地指出“美国国防预算正在削减，并正在大力推进亚太再平衡战略”，因此有必要“大幅增加‘温馨预算’”。[①] 在交涉过程中，日美双方为“钱”大动干戈。日方人员声称“鉴于‘安保法案’在国会获得通过，预计日本自卫队将在今后支援美军作战中做出更大贡献，因此应该削减‘温馨预算’。”对此，美方一口回绝，声称“驻日美军在横须贺基地增配了宙斯盾军舰，日本应该增加‘温馨预算’以承担部分经费。”最终，在经过将近半年之久的讨价还价之后，日本向美国妥协，同意略微增加“温馨预算”。据日本政府宣布，未来五年“温馨预算”的总额为9465亿日元，年均负担额为1893亿日元，基本维持现有水平。日本外相岸田文雄指出“这将有利于进一步巩固日美同盟”；防卫相中谷元也肯定道“这一数额是日美双方都认为合适的水平”。

其实，在日美两国于7月份开始就“温馨预算”进行协商之际，双方工作人员便早已预知到了最终结果。长期以来，在日美相关事务中，日本只有进行协商的权利，却没有进行决定的权利。日美双

---

① 共同网：《日本要求大幅减少所负担的驻日美军经费》，2015年10月23日。http://china.kyodonews.jp/news/2015/10/107740.html。

方的“讨价还价”不过是演给日本国民的一场戏而已。为了演好这场戏，日本政府甚至不惜又将“中国威胁论”向其国民大肆宣扬了一番。安倍政府深知得罪美国的下场，曾经做出主张“日美平等”、声称“要将普天间基地搬迁至冲绳县外”等处处违背美国意愿的行为而最终被迫下台的鸠山由纪夫首相便是最明显的例证。可以说，日美关系从来就没有平等过，作为二战战胜国的美国也绝不会允许日本追求平等。日本此次在“温馨预算”相关协商中的失败，早已在1945年美军进驻日本时便注定了。

三、日本暗藏心思向美国屈服

据日本媒体披露，德国、韩国等国家也会向驻当地美军支付“温馨预算”，不过日本支付的相关数额却比其他国家多出数倍。因此，有媒体讽刺日本为“世界上最慷慨大方的同盟国”。日美“温馨预算”长期居高不下，除了因为日本不敢违背美国的意愿外，其中还潜藏着日本企图借助美国支持来发展自身军事力量、最终打破战后束缚的野心。

近年来，日美军事一体化趋势日益明显，尤其是安倍晋三自2012年底上台以来，日本的国家安全战略与军事政策发生了根本性的转变。2015年4月，日美签订了新的防卫合作指针，其中取消了“日本周边”这一地理限制，突出了日美安保合作的“全球性质”；打破了原有“三种事态”的划分方法，强调了日美安保合作的“无缝”体制；此外还增加了太空与网络空间等领域的合作内容。随后，日本国会于2015年9月审议通过了以解禁集体自卫权为核心内容的“安保法案”，日本自卫队支援美军作战的可能性大大提高。11月3日，日美两国政府成立了由安保、外交等中枢部门构成的“同盟协调小组”，目的则是为了让自卫队与美军从平时到战时全方位实现一体化运作。另据报道，2016年1月，日美两国进行了首次运用“同盟协调小组”的联合综合指挥所演习。演习的假想内容为朝鲜发射弹道导弹以及中日军舰在东海发生激烈对抗。[①] 可见，日本企图通过肆意渲染中国海洋威胁来推动日美军事一体化建设，并妄想趁机发展军事力量，以最终达到突破“和平宪法”束缚的狂妄目的。

另一方面，日本为了加速推进日美军事一体化进程，还不顾一切地准备向美国大量购买 F－35 战斗机、SH60K 反潜直升机、“鱼鹰”运输机、空中加油机、水陆两栖战车等防卫装备。日美“温馨预算”长期居高不下，充分说明日本向美国屈服的直接目的在于推动日美军事一体化的快速发展。可以说，日本对驻日美军“温馨关怀”的背后是对亚太安全秩序的破坏，更是对中国周边安全利益的重大威胁。

第七节　评论日本防卫费首破 5 万亿日元

2016 年 3 月 29 日，日本参议院全体会议表决通过了 2016 年度（2016 年 4 月 1 日至 2017 年 3 月 31 日）预算案，由于众议院已于 3 月 1 日表决通过了此案，所以预算案获得最终通过。日本 2016 年度财政预算支出总额为 967218 亿日元。其中，防卫费继安倍晋三于 2012 年底第二次执政后连续四年增加，首次突破 5 万亿日元，数额高达 50541 亿日元，较上年增长 1.5%。[②] 近年来，安倍内阁强力推动军事转型，摒弃日本自战后长期坚持的和平主义理念，废除武器出口限制、解禁集体自卫权、动摇文官治军原则、强化西南诸岛及其周边海域作战力量、染指南海问题等举动，已然对中国安全利益造成重大侵害。可以说，日本一年一度的防卫预算，既是其推动军事转型的支撑基础，也是其谋划军事转型的具体表现。此次，日本防卫费突破 5 万亿日元，便充分暴露了其军事转型的嚣张气焰。

---

① 共同网：《日美开展首次“同盟协调机制”演习》，2016 年 1 月 24 日。http：//china. kyodonews. jp/news/2016/01/113360. html。

② 共同网：《日本国会通过 2016 年度预算案 防卫费首超 5 万亿日元》，2016 年 3 月 29 日。http：//china. kyodonews. jp/news/2016/03/117365. html。

一、防卫费再创历史新高

自安倍晋三于2012年12月第二次执政以来，日本强势推动军事转型，2013年度至2016年度防卫预算连续四年增加。2015年4月9日，日本国会通过2015年度防卫预算，总额为49801亿日元，首次超过历史最高峰的2002年度防卫预算。此次，日本2016年度防卫预算高达50541亿日元，继2015年度防卫预算之后，再创历史新高。

根据日本防卫省公布的资料显示，日本2016年度防卫预算的制定宗旨主要为以下三点：第一，基于2013年版《防卫计划大纲》与《中期防卫力量整备计划（2014年度至2018年度）》，以构筑联合机动防卫力量为目标牵引，继续切实推进防卫力量的建设；第二，为了有效遏制并应对各种事态、确保亚太地区稳定及改善全球安全保障环境，注重建设自卫队无缝且灵活机动的能力，尤其要强化警戒监视能力、情报通信能力、岛屿作战能力、反导能力、太空与网络空间领域的应对能力、国际维和与灾害救助能力等；第三，充分考虑国家整体财政情况，与其他领域预算相协调，在确保维持长期合同的基础上，提高防卫预算的效率性与合理性。①

日本防卫预算主要由人员开支和物件开支两大类构成。2016年度防卫预算中，人员开支为21473亿日元，较上年度增长1.7%；物件开支为29068亿日元，较上年度增长1.4%。人员开支主要包括自卫队员的工资、退休金、伙食费等，按照日本防卫省公布的数据显示，日本2016年度内的自卫官（包括应急预备役）人数将控制在255229人；物件开支主要包括装备与部件购置费、舰船建造费、设备维修管理费、基地对策费、研究开发费、教育训练费等。2016年度防卫预算是日本根据新版《防卫计划大纲》与《中期防卫力量整备计划》所做的第三年度规划，是其推进军事转型、构筑联合机动

① 防衛省．『平成28年度予算の概要』。http：//www.mod.go.jp/j/yosan/2016/yosan.pdf。

防卫力量的阶段性体现。日本《中期防卫力量整备计划（2014 年度至 2018 年度）》曾确定 5 年内的防卫预算总额为 24.67 万亿日元，并明确指出要在 5 年内新增 17 架“鱼鹰”运输机、3 架无人侦察机、52 辆水陆两栖战车、99 辆可空运型机动战车、28 架 F－35A 战斗机、2 艘“宙斯盾”驱逐舰、5 艘潜艇等数量众多的新型武器装备。[①] 2016 年度预算严格按照上述《中期防卫力量整备计划》的部署，对各类武器装备的增添数量及升级进程进行了具体规划。因此，通过分析日本防卫预算的具体内涵，可以窥探出日本在未来一年内军事行动的战略方向与重点领域。

二、持续强化海空域作战与岛屿作战的能力

近年来，日本在推动军事转型的过程中，强军备战的色彩异常浓厚，尤其是十分注重对其海空域作战与岛屿作战等方面能力的强化。从日本公布的 2016 年度防卫预算来看，其武器装备的更新换代与升级改造便主要用于海空域作战与岛屿作战方面的能力建设。

首先，在强化海空域作战能力方面，日本 2016 年度防卫预算指出：花费 12 亿日元，用于升级 P－3C 反潜巡逻机的雷达性能，以提升对海空域的探知识别与警戒监视能力；花费 11 亿日元，用于延长 3 架 P－3C 反潜巡逻机的寿命，以确保大规模、高强度的空中巡逻态势；花费 1026 亿日元，用于购买 17 架 SH－60K 反潜直升机，以提升对敌国潜艇的探知和攻击能力；花费 10 亿日元，用于延长 2 架 SH－60J 反潜直升机的寿命，以强化反潜直升机的体制与规模；花费 244 亿日元，用于新型反潜直升机的研究开发，以确保反潜作战中的优势地位；花费 260 亿日元，用于购买 1 架 E－2D 新型预警机，以强化西南区域的空中预警能力；花费 61 亿日元，用于升级 E－767 预警机的计算装置与电子战支援装置，以提升空中预警能力；花费

① 防衛省.『中期防衛力整備計画（平成 26 年度－平成 30 年度）について』。http：//www.mod.go.jp/j/approach/agenda/guideline/2014/pdf/chuki_ seibi26－30.pdf。

146亿日元，用于继续购买3架“全球鹰”无人机的零部件，以确保在2018年度完成组装并最终确保广域监视的常态化；花费1734亿日元，用于建造1艘“宙斯盾”驱逐舰，以提升反导作战能力；花费16亿日元，用于延长5艘驱逐舰的寿命，以强化驱逐舰的体制与规模；花费636亿日元，用于建造1艘“苍龙”级潜艇，以确保最终实现潜艇体制由16艘向22艘的转变；花费30亿日元，用于延长4艘潜艇的寿命，以强化潜艇体制与规模。[①]

另外，在强化岛屿作战能力方面，日本2016年度防卫预算共细分了五个层面进行调配与规划。第一，强化常态监视体制，包括：花费55亿日元，用于进一步建设与那国岛沿岸监视部队，以强化岛屿沿岸警戒监视能力；花费3亿日元，用于在西南地区建设移动式警戒管制雷达，以确保以奄美大岛为核心的无缝警戒态势；花费6亿日元，用于升级FPS－7固定式警戒管制雷达，以增加应对导弹攻击的功能；花费0.5亿日元，用于调查研究太平洋一侧岛屿的防空态势，以强化岛屿作战中的防空能力。第二，维持并获得空中战斗优势，包括：花费1084亿日元，用于购买6架F－35A战斗机，以强化空中战斗能力；花费31亿日元，用于升级13架F－2战斗机，以确保强势的空中战斗机能；花费231亿日元，用于购买1架KC－46A新型空中加油机，以确保战斗机部队的空中作战时间；花费350亿日元，用于购买8架UH－60J救援直升机，以强化空中救援态势；花费40亿日元，用于购买1套11式短距离地对空导弹，以强化地面对空中的打击能力。第三，维持并获得海上战斗优势，包括：花费120亿日元，用于购买1套12式地对舰导弹，以强化地面对舰艇的攻击能力；花费189亿日元，用于在横须贺船越地区建设海上作战中心，以提升海上自卫队与陆上自卫队、空中自卫队、美军以及相关省厅间的协调能力；花费85亿日元，用于开发可变深度声呐系统，以提升对敌国潜艇的探知能力。第四，提升快速反应能力，包

① 防衛省.『平成28年度予算の概要』。http：//www.mod.go.jp/j/yosan/2016/yosan.pdf。

括：花费447亿日元，用于购买4架V－22“鱼鹰”运输机，以强化对水陆两栖作战部队的支援能力；花费87亿日元，用于购买C－2运输机，以确保大规模作战部队的快速展开能力；花费252亿日元，用于购买36辆机动战车，以强化作战部队的机动展开能力；花费78亿日元，用于购买11辆AAV7水陆两用战车，以强化渡海登岛作战能力；花费106亿日元，用于建设水陆两栖作战部队，以提升水陆两栖作战能力；花费195亿日元，用于配置西南警备部队，以强化西南诸岛的警备能力；花费92亿日元，用于建设陆上总队，以强化陆上自卫队在全国范围内的协调指挥态势；花费12亿日元，用于升级“大隅”级运输舰，以强化对水陆两栖战车的输送能力。第五，建设自卫队协调统一的情报通信体制，包括：花费7.8亿日元，用于导入云技术，以构筑协调统一的指挥通信系统；花费5亿日元，用于陆上自卫队引入战术数据联结机能，以构筑与海空自卫队及美军间的协同对舰战斗体制；花费2亿日元，用于建设陆上自卫队网络管理系统，以实现未来陆上总队一元化的监视指挥体制。①

三、为执行“安保法”新任务做准备

3月29日，日本开始正式实施以“解禁集体自卫权”为核心内容的新安保法。新安保法包括《和平安全法制整备法》及《国际和平支援法》，其中，《和平安全法制整备法》由《自卫队法》《联合国维和行动合作法》《周边事态法》等十部法律的修正案综合而成；《国际和平支援法》则是为了确保自卫队能够随时参与类似伊拉克战争等以美国为首的多国部队作战而新制定的一部永久性法律。新安保法正式实施后，自卫队将在参与联合国维和、打击海盗、协同美军作战等海外派兵活动中涉足更多的领域，并执行更多新的任务。

3月21日，日本首相安倍晋三在出席防卫大学毕业典礼时，向将要成为日本自卫队军官的毕业生训话道“为了给子孙后代留下一

① 防衛省.『平成28年度予算の概要』。http：//www.mod.go.jp/j/yosan/2016/yosan.pdf。

个和平的日本，我们必须构筑起牢固的基础，对此进行通盘考虑后的结论便是即将施行的安保法。在未来新的任务中，自卫队员要做好周全的准备。”[①] 虽然安倍极力蛊惑毕业学员相信安保法会给日本带来和平，但本届毕业生419人中，有47人选择不加入自卫队，数量几乎是去年（25人）的两倍，其中一个重要原因便是安保法通过后自卫队员的危险系数将大大提高。此外，3月28日，日本防卫省召开了安保法制建设讨论委员会会议，防卫相中谷元向自卫队干部指示称“今后自卫队将执行比以往更多的任务，希望大家提起干劲，在做好各种准备工作的基础上开展必要的教育训练。”[②]

在日本2016年度防卫预算中，防卫省着重强调了对“安保法”新任务的应对。首先，防卫预算明确提出要更加积极地参与国际维和以及打击海盗等活动，包括：花费9亿日元购买4辆运输防护车；大力实施海外日侨的输送训练；积极参加“金色眼镜蛇”等多国军演；向非洲国家的PKO中心派遣自卫队培训师；继续派遣军舰及飞机在索马里海域实施打击海盗等活动。另外，防卫预算还强调要加快日美军事一体化进程，包括：花费24亿日元，用于冲绳驻日美军基地特别行动委员会（SACO）的经费开支；花费140亿日元，用于支援美国海军陆战队由冲绳向关岛转移的事业；花费2631亿日元，用于驻日美军的基地建设；花费1933亿日元，用于驻日美军特别经费负担项目（所谓的“温馨预算”）。[③]

四、搅乱中国周边安全形势

从日本防卫省公布的2016年度防卫预算可以看出，日本持续强化海空域作战与岛屿作战方面的能力，在很大程度上都形成了

① 共同网：《安倍在防卫大学毕业式训话 要求为安保法做足准备》，2016年3月21日。http：//china. kyodonews. jp/news/2016/03/116868. html。

② 共同网：《日本防卫相要求自卫队为执行新任务做准备》，2016年3月29日。http：//china. kyodonews. jp/news/2016/03/117336. html。

③ 防衛省．『平成28年度予算の概要』。http：//www. mod. go. jp/j/yosan/2016/yosan. pdf。

对我国维护领土主权、拓展海洋权益的威胁与钳制。此外，日本借助朝鲜射星之机，大肆强化反导力量，并积极融入美国主导的美日韩反导网络体系；蛮横插手南海事务，支持美国开展“自由航行”活动，并对越菲等国进行军事援助。日本上述行为均在2016年度防卫预算中有所体现，对我国的周边安全形势造成了严重干扰与破坏。

首先，在反导能力建设方面，日本2016年度防卫预算指出：花费77亿日元，用于升级2艘“爱宕”级驱逐舰的导弹防御系统；花费15亿日元，用于同美国一起开发SM－3BlockⅡA新一代反导拦截弹；花费65亿日元，用于“爱国者”PAC－3反导系统的升级与检修；花费9亿日元，用于在市谷基地部署PAC－3部队；花费0.3亿日元，用于调查研究自卫队未来“防空·反导统合体系”的建立。其次，在插手南海问题方面，日本2016年度防卫预算指出：以东南亚各国为中心，对其军事力量建设予以支援；积极推进日澳、日韩、日印、日美澳、日美韩等双边及多边防卫交流与合作；充分利用东盟防长扩大会议等地区安全机制，在亚太地区安全事务中发挥更大的作用；参加“太平洋伙伴关系2016”人道主义救援演习，提升自卫队执行相关任务的能力。最后，日本2016年度防卫预算还明确指出要强化对中国军事及安全保障进行研究的体制，并在防卫研究所下设的地域研究部成立中国研究室。据悉，中国研究室将是日本防卫研究所首次就某个特定国家建立的研究室，今后将主要负责鼓吹中国威胁、为防卫省制定对华遏制战略建言献策等业务。

除此之外，日本2016年度防卫预算还明确指出：花费264亿日元，用于自卫队对太空的军事利用及开发；花费175亿日元，用于自卫队对网络空间的军事利用及开发。[①] 总之，伴随着日本愈加嚣张的军事转型，其防卫预算已然连续四年大幅增加，并于2016年度首

---

① 防衛省.『平成28年度予算の概要』。http://www.mod.go.jp/j/yosan/2016/yosan.pdf。

次突破 5 万亿日元。与此同时，日本首相安倍晋三也多次表露了其试图修改“和平宪法”的狂妄野心。日本的军事转型已然对地区和平与稳定造成了极大的破坏与冲击，世界各国都应当对此加以关注与警惕。

第四章　战略分析篇

第一节　分析日本“解禁集体自卫权”相关内阁决议

2014 年 7 月 1 日，日本内阁不顾经过长期历史讨论而达成的“禁止行使集体自卫权”的共识，正式作出了“解禁集体自卫权”的决议。此举获得了美国政府的强烈支持，但却遭到了日本国内部分民众的反对，并引发了日本周边国家的担忧。可以说，“解禁集体自卫权”是日本政府蓄谋已久的企图，是日本致力于摆脱战后国际秩序的助推性事件。日本内阁在决议中采取了模糊不清的表述来蒙混日本国民并骗取其对解禁集体自卫权的支持；日本解禁集体自卫权之后，其自卫队职能将会得到扩充；同时将对中国、韩国乃至整个东亚地区造成一定的消极影响。

一、解释改宪，冲击民主宪政体制

“集体自卫权”这一概念源于《联合国宪章》第 7 章第 51 条，其中规定：“联合国任何会员国受武力攻击时，在安全理事会采取必要办法，以维持国际和平及安全以前，本宪章不得认为禁止行使单独或集体自卫之自然权利”。所谓“集体自卫权”是指：即使本国未遭受武力攻击，但当与本国关系密切的其他国家遭受武力攻击时，即认为是对本国的攻击并加以反击的权利。[①] 根据这一规定，美国和

① 吴怀中：《日本“集体自卫权”问题的演变和影响》，载《日本学刊》2007 年第 5 期，第 43 页。

苏联分别组建了北约和华约。日本国内关于集体自卫权的正式讨论始于1954年自卫队成立之际。

1947年5月开始实施的《日本国宪法》第九条规定："日本国民衷心谋求基于正义与秩序的国际和平，永远放弃以国权发动的战争、武力威胁或武力行使作为解决国际争端的手段。为达到前项目的，不保持陆海空军及其他战争力量，不承认国家的交战权。"然而，伴随着国际局势的发展，朝鲜战争后，日本在美国的促使下，开始重新走上了构筑武装力量的道路。1954年7月，日本正式组建了陆海空自卫队。日本国会在讨论自卫队合法性以及自卫队是否与《日本国宪法》中"禁止对外行使武力"这一条款存有矛盾等问题中，日本内阁法制局长官代表日本政府最终对日本自卫队行使武力做出了三项限制性条件，即：第一，日本国面临现实侵害；第二，除了行使武力之外，没有其他手段可以排除侵害；第三，武力行使必须控制在必要最小限度之内。由此可见，上述三项限制性条件从逻辑上否认了日本对集体自卫权的行使。同时，为了进一步明确自卫队的自卫机能，日本参议院还于1954年6月通过了"关于禁止自卫队向海外出动"的决议。

20世纪50年代和60年代，日本国会内部曾有数次讨论了集体自卫权的问题，其中，武力行使的三项基本条件都作为基本原则被广泛认可。1972年10月，在参议院预算委员会上，日本政府在重申了三项基本条件的基础上，对集体自卫权与宪法的关系发表了正式明确的见解："我国作为主权国家，当然拥有国际法规定的集体自卫权。但是，以和平主义为基本原则的宪法不能解释为无限制地承认自卫措施。宪法所能允许的武力行使，仅限于应对针对我国的紧急、不正当侵害，所以，以阻止施加于他国的武力攻击为内容的集体自卫权，在宪法上是不允许的。"①

1981年5月，日本政府在对众议院议员稻叶诚一的质询答辩书

① 西川吉光.『集团的自衛権解釈の再考と日本国憲法』.『国際地域学研究』2008年3月。

中再次明确表示："我国在国际法上拥有集体自卫权，作为主权国家是理所当然的。但是，在宪法第九条下所许可的自卫权行使，应限制在以防卫我国为目的的必要最小限度范围内，行使集体自卫权则超出了该范围，为宪法所禁止。"[①] 由此可见，日本政府对集体自卫权与《日本国宪法》的关系做出的解释，是自1954年自卫队成立以来长期讨论的结果，其背后蕴含了法理逻辑的延续与继承，即：按照宪法的规定，日本放弃了以武力行使作为解决国际争端的手段，然而，日本出于自身防卫的需要，在自身安全受到威胁、并且没有其他解决办法的情况下，才能在必要最小限度内使用武力；因此，只要日本没有受到直接侵害，就不能对外行使武力。可以说，这一法理逻辑得到了广大日本国民的认可。也正因如此，日本才得以在二战后将近70年的时间里维持了和平与安定。

然而，安倍内阁不顾法理历史沿革与日本国民的反对，将个人政治夙愿凌驾于宪政体制之上，在未经过充分讨论并且没有得到广大民众支持的情况下，放言单届内阁有权对作为宪政基础的宪法进行随意解读，从本质上违背以往"专守防卫"的法理逻辑，积极推动"解禁集体自卫权"。2014年5月15日，日本首相私人咨询机构"重建安全保障法制基础恳谈会"提交报告，建议"通过修改宪法解释，有限度地解禁集体自卫权"。当日晚，安倍晋三首相召开新闻发布会，极力宣扬"目前安保法制下的自卫队已不能应对其应有职能"，为"解禁集体自卫权"鼓吹造势。7月1日，在没有经过国会充分讨论的情况下，安倍政权以内阁决议的方式，通过对宪法进行重新解读，解禁了集体自卫权。决议将原有的武力行使的三项限制性条件改为：第一，日本遭到武力攻击或与日本关系密切的国家遭到武力攻击时，威胁到日本的存亡并从根本上对日本国民的生命、幸福以及追求自由的权利构成明确的危险；第二，没有其他适当手段可以排除上述攻击；第三，在必要最小限度内行使武力。虽然，

---

① 鈴木尊紘．『憲法第9条と集団的自衛権——国会答弁から集団的自衛権解釈の変遷を見る』．『レファレンス』2011年11月。

决议中没有明确提出行使集体自卫权，但通过对武力行使限制条件的放宽，允许日本自卫队在他国受到攻击时行使武力，从而对集体自卫权进行了实质性的解禁。①

安倍此举引发了宪政学者及广大日本国民的反对，其通过随意解读宪法来实现个人政治夙愿等冲击民主宪政体制的做法不得不让人想起日本政府在二战期间对其国民实行的军国主义法西斯独裁统治。

二、行使武力，架空和平宪法内容

在推动解禁集体自卫权的过程中，安倍深知会面对来自自民党内部、联合执政的公明党、部分在野党、国内民众等各界人士的反对，为了蒙蔽反对势力，安倍借口称“要限制性解禁集体自卫权，不会让自卫队在别国领土参与作战”。为了“确保”行使集体自卫权的限制性，安倍授意相关人员拟出今后自卫队武力行使的拓展范围及具体事例。

2014 年 5 月 27 日，在“关于安全保障法制整备的执政党协议会”上，日本政府提出了自卫队今后拓展武力行使范围的 15 项事例，其中包括：“加强应对介于军事冲突与和平状态之间的‘灰色地带’事态”相关 3 项事例、“参与联合国维和行动与集体安全保障”相关 4 项事例、“行使集体自卫权”相关 8 项事例。由此可见，安倍近来一系列行动的目的在于：在修改宪法难度较大的情况下，通过国内安保法制建设，赋予自卫队更加广泛的武力行使范畴。安倍政权以 15 项事例为幌子，声称限制性“解禁集体自卫权”，并于 7 月 1 日通过了“解禁集体自卫权”的内阁决议。该内阁决议并不具备法律效力，其作用在于对宪法进行重新解读，为自卫队今后扩大武力行使的范畴提供法理依据。由此一来，即便没有修改宪法，自卫队

① 内閣決定.『国の存立を全うし、国民を守るための切れ目のない安全保障法制の整備について』. 2014 年 7 月 1 日。www. cas. go. jp/jp/gaiyou/jimu/pdf/anpohosei. pdf。

也能行使原本宪法所禁止的职能，从而导致和平宪法被彻底架空。7月6日，安倍宣布在接下来进行的内阁改造中，新设“安全保障法制担当大臣”一职，以便在7月1日内阁决议的基础上，推动扩充自卫队武力行使职能的立法和改法工作。

未来一段时间，日本将通过一系列安保法制建设，赋予自卫队在上述15项事例中行使武力的法律依据。具体包括：（1）他国武装力量伪装后乘坐民间船只接近我国离岛，并在离岛登陆。目前相关法律规定日本警察和海上保安厅人员负责应对这一情况，自卫队如果应对的话，需要复杂的审批手续。今后将修正相关法律以提高自卫队对该种事态的应对能力。（2）自卫队在公海上进行军事训练时，日本民间船只遭受他国武装力量的攻击。目前相关法律规定日本警察和海上保安厅人员负责应对这一情况，自卫队如果应对的话，需要复杂的审批手续。今后将修正相关法律以提高自卫队对该种事态的应对能力。（3）在周边地区，美国军舰遭受弹道导弹攻击。目前相关法律禁止自卫队对美舰提供防护。今后将修正相关法律以确保自卫队防护美国军舰。（4）目前，自卫队对联合国部队的作战支援被限制在“非战斗区域”，今后将修正相关法律以确保自卫队能够更加积极地支援联合国维和部队。（5）目前，日本的非政府组织人员在联合国救援行动中遭受攻击时，被派遣至同一地区的自卫队不能对其进行防护。今后将修正相关法律以确保自卫队在联合国维和人员受到攻击时使用武力进行反击。（6）自卫队在执行联合国维和任务时，虽然没有受到攻击，但却遭到了武装力量的封路阻碍。按照目前的法律规定，自卫队不能使用武力进行反击。今后将修正相关法律确保自卫队在执行联合国维和任务时的通畅性。（7）在某一遭受恐怖袭击的国家或地区内，自卫队被别国政府请求保护或救出该国国民。按照目前的法律规定，自卫队不能对其进行救援。今后将修正相关法律确保自卫队能够保护或救助处于危险状况下的外国人。（8）防护运送日本人的美国军舰。（9）日本周边发生战争，在判断日本也可能遭受攻击后，防卫正在遭受武力攻击的美国军舰。（10）

日本周边发生战争时，强制可疑船只停船并对其进行搜查。（11）拦截朝向美国、路过日本上空的弹道导弹。（12）在预测到美国军舰将遭受弹道导弹攻击时，日本对美国军舰进行防护。（13）美国本土遭受武力攻击时，对在日本附近进行作战的美国军舰进行防护。（14）参与国际扫雷行动。（15）与其他国家武装力量或国际组织一起在全球防护民间船只。①

通过细致分析可以发现，上述 15 项事例都是随意杜撰的情况，欠缺现实性。其目的只不过是为了“解禁集体自卫权”而寻找借口。自卫队在上述 15 项事例中的职能拓展并不是安倍政权的最终目的，其不过是安倍所谓的“限制性解禁集体自卫权”的权宜之计。“解禁集体自卫权”是日本在追求摆脱战后秩序中的关键一步，伴随着形势的发展与舆论监督的放松，日本必将继续打破一系列限制其对外行使武力的束缚。到时，日本将再次成为一个名符其实的战争国家。

三、强化同盟，打破东亚安全均势

通过对日本“解禁集体自卫权”后自卫队职能的拓展进行分析，可以发现日本所列举的事例大部分与防护美国军舰、对美国进行战争支援有关。日本政府还放言要在 2014 年年底即将举行的“修正日美防卫合作指针协商会”中加入对美支援的相关内容。在一系列意在打消美国疑虑的舆论宣传及实际操作中，美国多次表态积极支持日本“解禁集体自卫权”。

2014 年 4 月 5 日，美国防长哈格尔访日，表达了对日本推动“解禁集体自卫权”这一举措的欢迎；4 月 21 日，美国总统奥巴马访日期间，在表态《日美安保条约》适用于钓鱼岛的同时，也表达了对日本“解禁集体自卫权”的支持；7 月 1 日，日本通过“解禁

---

① 每日新聞.『安保法制：与党協議　提示された15 事例　集団的自衛権が過半数』.2014 年 5 月 28 日。http：//mainichi. jp/graph/2014/05/28/20140528ddm010010039000c/001. html。

集体自卫权”的内阁决议后，美国政府再次对这一举动表达了赞赏。可以发现，伴随着美国“再平衡”战略的持续推动，其愈加需要借助日本的力量来增强对亚太地区的控制能力；日本则企图借助美国对其的依赖，努力引导美国在其摆脱战后武力行使束缚的行动中给予容忍与支持。由此，日美同盟在军事合作上的强化已成为必然趋势。

日本推动集体自卫权的解禁，是其在追求被和平宪法禁止的、以国权发动战争的权利这一过程中的关键一步。这一过程中，其必然离不开美国的默许与支持。因此，以支援美国作战、强化日美同盟为权宜之计是其能够选择的最简便道路。日美同盟在军事合作中强化，必将打破东亚地区脆弱的安全均势，由此引发周边国家的担忧。

日本自卫队拓展武力行使职能方向的15项事例，虽然没有指明其应对对象是哪个国家，但可以发现，日本假想的15项事例均是以“中国军队伪装成渔民夺取钓鱼岛”“朝鲜与韩国或美国发生战争”“美国参与台海两岸发生的军事冲突”等为假想依据的。可以想见，日本今后在应对上述事件中，警备态势必将更加完善，作战机制必将更加畅通，作战能力必将更加强大。

日本在积极推动安保法制建设为其对外行使武力进行松绑的同时，也在自卫队体制编制调整及外交战略转型等方面做出了相应的配套动作。一方面，日本不断强化其在西南诸岛的军事力量，以确保能够高效、快速地对该地区可能发生的事态进行应对。为了强化对中国军机在钓鱼岛海域的警戒监视，日本于2014年4月20日将驻扎在青森县三泽基地的预警机E－2C部队的一部分调往冲绳那霸基地，并组建新的预警机飞行队。可以发现，日本将驻扎在其东北地区、原本用来监视俄罗斯军机的预警机部队调往其西南诸岛，目的就是为了强化西南防御态势，增强其与中国在钓鱼岛争端及东海争端方面的军事对抗能力。5月18日，日本决定在奄美大岛、宫古岛、石垣岛分别新设350人规模的警戒部队。宫古岛和石垣岛分别距离钓鱼岛 210 公里和 170 公里，其在该地区不断强化军事力量的目的同样是为了应对中日间的钓鱼岛争端。另一方面，安倍内阁还开展了所谓的“积极和平主义”外交，不断怂恿越南、菲律宾等南海声索国对中国发难。2014 年 6 月 24 日，菲律宾总统阿基诺三世访问日本，与安倍商谈了提升菲日战略伙伴关系等相关事宜。[①] 日本上述军事、外交行动与“解禁集体自卫权”紧密相应，对中国构成了严重威胁。

可以说，日本“解禁集体自卫权”的一系列举动打破了东亚安全均势，强化了该地区的紧张态势，增加了战争发生的几率。日本的举动构成了对东亚地区和平稳定的严重威胁，其必须对未来可能发生的战争负全面责任。

第二节　分析日本情报体制改革

2014 年 10 月 14 日，日本内阁会议正式通过了《特定秘密保护法》的运用标准和相关政令，并确认该法将于同年 12 月 10 日正式实施。如此一来，日本政府在其情报体制改革的道路上又取得了新的“成果”，其国民对政府和自卫队相关信息的知情权也将受到严重侵害。二战结束后，日本政府和军队相关部门为了满足情报需求，相继成立了一系列情报机构，其情报体制也伴随着国际局势和国内形势的发展不断进行着调整和改革。尤其是近年来，为了更好地迎合国内右倾思潮的发展，日本政府及自卫队在情报机构、情报编制、情报制度等三个方面进行了大幅改革。

一、杂而不乱的情报机构正逐步走向统合

日本政府和自卫队各有一套自己的情报机构体系，其设置堪称

① 新浪新闻：《阿基诺三世访日搗鼓啥?》，2014 年 6 月 25 日。http://news.sina.com.cn/o/2014-06-25/085930419053.shtml。

庞杂。其中，日本政府的情报机构主要包括：内阁情报调查室、外务省国际情报统括官组织、法务省公安调查厅、警察厅警备局等；自卫队的情报机构主要包括：情报本部、自卫队情报保全队、陆上自卫队情报系统、海上自卫队业务情报群、航空自卫队作战情报队等。

虽然上述机构设置冗杂，但相互间职能分工明确，情报服务指向性强，没有造成杂乱无章的局面。首先，日本政府的情报机构主要分布在负责内阁秘书事务的内阁官房、负责外事活动的外务省、负责法制事务的法务省以及负责警察事务的警察厅等四个部厅级机构。（1）内阁情报调查室直接隶属于内阁官房，受官房长官指挥和监督，其负责人被称为“内阁情报官”，现为北村滋。内阁情报调查室成立于 1952 年 4 月，其目的在于为内阁决策提供国内外政治、经济、文化、治安等方面的情报，其下设总务部、国内部、国际部、经济部、内阁情报汇集中心、内阁卫星情报中心等部门。（2）外务省国际情报统括官组织是日本外务省用于搜集国外政治、经济、军事、外交情报的责任机构。该组织成立于 2005 年，但其历史可以追溯到 1945 年成立的外务省调查局。国际情报统括官组织现任长官为冈浩，其机构下设四个国际情报官办公室，分别负责“情报卫星运用”“国际反恐、大规模杀伤性武器扩散”“东亚、东南亚、大洋洲、南亚”“欧洲、中亚、美洲、中东、非洲”相关的情报搜集工作，并主要依靠日本派驻世界的 180 个大使馆、总领事馆的外交官和各种国际机构的政府代表进行情报活动。（3）法务省公安调查厅成立于 1952 年，其主要目的在于调查、制约从事暴力主义破坏活动的团体，此外其情报业务也涉及对中国、朝鲜、俄罗斯的动态进行关注。现任公安调查厅长官为寺胁一峰，机构下设总务部、调查一部、调查二部和训练研究所。（4）警察厅警备局成立于 1948 年，其主要目的在于为政府要人提供警卫与情报支持、对国内部分政治团体进行侦防监视工作、侦破监视日本境内的间谍活动等。警备局下设警备企划课、公安课、警备课和外事情报部，现任局长为高桥清孝。

与此同时，自卫队也运行着一套属于自己的完整情报机构。（1）情报本部成立于1997年1月，作为日本编制最大的情报机关，其情报来源与路径主要包括：独立侦查电波情报和图像情报、汇总自卫队其他情报机构情报、汇总外务省和公安调查厅等政府情报部门情报、共享同盟国情报部门情报、从公开出版物中获取情报。现任情报本部长为宫川正，机构下设总务部、计划部、分析部、统合情报部、图像/地理部、电波部以及6个通信所。（2）自卫队情报保全队成立于2009年，主要负责监视自卫队员的思想动态和在自卫队内部进行反间防谍工作。保全队现任司令为渡边金三，其机构主要由调查第一部和调查第二部构成。（3）陆上自卫队情报系统主要包括陆上自卫队情报科、中央情报队、沿岸监视队、第一电子队等，负责收集各种情报、整编翻译情报素材、监视沿岸舰船行动、截取电子信号进行情报分析等工作。（4）海上自卫队业务情报群下设作战情报支援队、基础情报支援队、电子情报支援队，现任司令为镰形义宪。（5）航空自卫队作战情报队下设作战情报处理群、电波情报收集群、情报资料队，现任司令为关谷智幸。

由此可见，日本情报机构设置十分冗杂。但其相互间分工还算明确，因此也并没有造成混乱不堪的局面。然而，由于日本诸多情报机构相对比较封闭，情报共享不够充分，这就造成了日本最高决策者对情报掌控的不足。按照日本情报机构设置的最初设想，内阁情报调查室隶属于内阁官房，担负着统合日本所有情报机构的情报并为首相决策提供情报支撑的职责。然而在实际运作中，内阁情报调查室并没有能够发挥统合各情报部门情报并为首相提供完整信息的机能。内阁情报调查室为内阁官房下属情报部门，而内阁官房的行政级别和外务省、法务省、防卫省等部门同级，相互之间不存在隶属关系，因此虽然内阁情报调查室名义上可以利用上述其他部门的情报，但各省厅考虑到各自利益，均不会把重要情报共享给内阁情报调查室。为了改革这一弊端、强化首相的情报知悉度和统筹能力，第二次安倍内阁启动以来，日本积极推动了国家安全保障会议的筹建工作。2013 年 12 月 4 日，由首相、外务大臣、防卫大臣、官房长官为核心的国家安全保障会议正式启动，该会议每月召开两次左右，其职能相当于美国的国家安全事务委员会。① 2014 年 1 月 7 日，国家安全保障局作为为国家安全保障会议服务的事务局正式成立，局长为安倍外交智囊、前外务省事务次官谷内正太郎。该局下设宏观、战略、情报、同盟及友好国家、中国和朝鲜、中东及其他等六大部门，其中的情报部门则发挥着为首相全面统合相关情报的机能。②

二、少而高效的情报编制正得到针对性扩充

日本情报编制向来以“少”著称，经常与美国中央情报局相提并论的内阁情报调查室的编制仅为 170 人左右，而美国中央情报局编制约 15000 人。而且外务省国际情报统括官组织的编制也仅仅为 80 人左右。日本情报编制虽然少，但其高效的情报能力却得到了世界的认可。美国《时代》杂志曾对世界各国情报能力进行了一颗星到四颗星的星级评价。其中，美国、俄罗斯、以色列、英国被评定为四颗星；德国、法国、日本、中国、波兰被评定为三颗星；韩国为一颗星。③ 日本情报组织通过各种手段截取的世界各国经济、科技情报为日本的经济发展提供了重要的情报支撑，其组织编写的《中共综合便览》《中华人民共和国各机构人名录》等文件也为日本的决策者提供了重要的战略支撑。此外，近年来，日本情报部门对中国执法船在钓鱼岛海域活动进行监视的及时性、准确性、系统性也值得引起注意。日本情报组织在编制极少的情况下做出了如此高效

---

① 国家安全保障会議．『設置根拠・構成員』。https：//www. kantei. go. jp/jp/singi/anzenhosyoukaigi/konkyo. html。

② 内閣官房．『国家安全保障局の設置』。http：//www. cas. go. jp/jp/gaiyou/jimu/anzenhosyou. html。

③ 梁陶著：《日本情报组织揭秘》，时事出版社，2012 年版。

的成绩，与其委托调查的情报搜集方式、尖端科技的技术支撑、情报人员的专业素养紧密相关。

另一方面，伴随着世界局势的发展以及情报重要性的日益显现，日本当前的情报编制已经不能满足其军事大国的战略需求。于是，在原有情报编制的基础上，日本开始针对性扩充编制，并主要表现在以下三个方面。

第一，强化卫星侦察能力。为了建成全球情报处理系统、实现每天至少能观测地球任意地点一次以上的目标，近年来，日本凭借其强大的科技力量逐步强化了卫星侦察能力。尤其是为了监测朝鲜导弹发射情况、中国和俄罗斯最新军事动态，日本组建了专门的卫星情报监测机构。2001 年 4 月，日本在内阁情报调查室下新设内阁卫星情报中心，并在北海道和鹿儿岛分别设置了苫小牧卫星情报中心和阿久根卫星情报中心，增设编制共计约 320 人。随后，日本相继发射了一系列情报搜集卫星，构筑了其独立的情报网络。2003 年 3 月，日本发射了“光学 1 号”卫星和“雷达 1 号”卫星，2006 年 11 月发射了“光学 2 号”卫星，2007 年 9 月发射了“雷达 2 号”卫星，2009 年 4 月发射了“光学 3 号”卫星，2011 年 9 月发射了“光学 4 号”卫星，2011 年 12 月发射了“雷达 3 号”卫星。光学卫星的侦察效果非常好，分辨率极高，可以识别微小物体；雷达卫星可以在夜间和恶劣气象条件下进行侦察，还能穿透浅层的隐蔽遮盖物。两者配合使用可以实现对目标的全天候侦察。[①]

第二，新设网络侦察部队。伴随着网络应用的广泛推进，通过网络来获取情报的方式在情报生产中占据越来越大的比重。日本根据 2004 年版《防卫计划大纲》和《中期防卫力量整备计划》于 2008 年 3 月在自卫队统合幕僚监部下设置了由陆海空自卫队员共同构成的指挥通信系统队，现任司令为 2014 年 8 月 1 日刚刚上任的菅野俊夫。该系统队下设互联网运用队、网络防护队、中央指挥所运

① 黄晋一：《日本情报卫星：实时监视中国》，载《预测与信息》2014 年第 6 期，第 44 页。

营队。网络防护队于2014年3月26日刚刚组建，编制在90人左右，其任务在于全天24小时监视防卫省和自卫队的网络，应对网络攻击。同时，网络防护队还担负着收集、分析、调研网络攻击和威胁的相关情报。由于《日本国宪法》第九条的限制，该防护队如若对他国网络进行攻击并攫取情报的话，将属于违宪行为，所以日本防卫省对外宣称其不具备网络攻击能力。但可以推想，日本在强化网络防御能力的同时，其网络攻击能力必然会得到相应提升，指挥通信系统队通过网络攻击手段搜集情报的活动也必然在隐蔽地进行着。

第三，扩充沿岸监视部队。近年来，日本对中国战略认知的敌对性愈加强烈，其对中国的监视和防范力度也在不断加强。从2008年开始，日本逐年将最新型的FPS－XX雷达部署在其重点雷达站，其中就包括主要用于监视中国军事动向的鹿儿岛县下甑岛和冲绳县与座岳两个雷达站。FPS－XX雷达作为日本最新研发的雷达，其性能可弥补FPS－3雷达只能跟踪飞机的不足，具备了捕捉高速弹道导弹的能力，监测距离也得到大大提升。[①] 另一方面，继301、302沿岸监视部队以及中部方面移动监视部队之后，日本打算在其最西端的与那国岛新设303沿岸监视部队。2012年和2013年，日本政府相继制定了总计72亿日元的防卫预算，用于该部队的建设。2014年5月，日本防卫大臣小野寺五典出席了与那国岛沿岸监视部队的开工仪式，该监视部队编制约为100人，其主要目的在于监视中国在钓鱼岛海域的活动情况。

总之，日本情报编制扩充的目的，在于为其军事大国战略服务。尤其是伴随着日本将中国视为威胁这一战略认知的逐步深化，其逐步加大了对中国相关情况的侦察和监视力度。

三、密而不严的情报制度正积极强化其约束力

近年来，日本泄密事件层出不穷，暴露出了其情报制度中纪律

① 张光新：《日本军事大国目标与情报搜集“太空化”》，载《南昌航空大学学报》2011年第1期，第47页。

不明等弊端，对其情报工作造成了重大影响和损失。日本防卫研究所自卫队官员荻崎繁博于1999年1月份在防卫研究所举办的“安全保障国际论坛”上结识了俄罗斯驻日武官鲍卡滕克夫海军大校，随后便数次向其出卖自卫队相关涉密情报，2000年9月7日，荻崎繁博在东京都港区的一家餐馆内再次出卖情报时，被警视厅公安部人员逮捕。随后，日本警方对荻崎家进行了搜查，结果搜出了800多份重要涉密资料。据日本相关机构公布，通过荻崎泄露给俄罗斯的资料包括：海上自卫队干校“秘”级教科书《战术概说》，海上自卫队内部委员会“秘”级材料《海上自卫队未来的发展方向》，关于中国、俄罗斯海上战力分析的“极秘”级文件42份、关于日本潜艇、部队行动时间的“秘”级文件130份。2001年3月，东京地方裁判所正式作出判决，由于没有严格的法律法规，如此严重的泄密案件仅按照自卫队法判处了荻崎10个月的有期徒刑。

另据报道，2005年，自卫队情报本部的一名空军上校将美国与之共享的“极秘”级信息泄露给了《读卖新闻》；2007年，海上自卫队的一名二级士官泄露了宙斯盾军舰的结构图。日本政府和自卫队的上述失泄密事件充分暴露了日本情报系统管理体制松散的弱点。为此，日本近年来强化了其情报制度的纪律性和约束力。

2006年7月，日本在情报保密对策推进会议上制定了“情报保护指导方针”，之后防卫厅也于当年制定了保密政策。防卫厅、自卫队为了建立更加综合的、系统的保密体制，制定了非必要人员严禁携带、接触秘密等一系列安全保密措施。外务省也明确规定了“每年对主要人员办公室及驻外使领馆进行窃听器检查”以及“禁止将手机带入核心机要部门”等内容。与此同时，日本也加强了同美国的保密协作机制。2007年5月，日本外相麻生太郎、防卫相久间章生同美国国务卿赖斯、国防部长盖茨在华盛顿召开了“2+2”安全保障会议，双方就缔结《军事情报保密协定》达成了一致。该协定规定，在作战情报、训练情报、两国共同开发研究的技术情报等方面，日本负有与美国相同的保密义务。为培养情报保密相关人才，日本要派遣人员前往美国保密教育机构进修。另外，2007 年 8 月，日本还制定了《关于强化反间谍机能的基本方针》。2008 年 4 月，作为政府的最高情报保护机构，内阁情报调查室成立了“反间谍中心”，负责涉及国家安全及外交事务方面重要情报的保护。另一方面，日本内阁于 2009 年 7 月通过了“自卫队法实行令”修正案，并于该年 8 月成立了情报保全队。自卫队情报保全队的成立是日本在情报保护方面具有划时代意义的事件。保全队作为专门的防谍保密机构，目标在于强化自卫队的情报保护工作，其业务范围涵盖了陆海空自卫队的所有保密工作。由此，日本防卫省的情报保全机能得到巨大提升，有效防止了海上自卫队“宙斯盾”战舰核心机密外泄等类似事件的再次发生。①

然而，日本的管制措施并没有带来明显效果。2010 年 10 月，日本警视厅 114 份国际反恐内部资料被泄露在互联网上；2010 年 11 月，日本海上保安厅录制的关于中日钓鱼岛撞船事件的画面也被泄露在互联网上。此外，日本还多次披露有多名自卫队军官将涉密文件拷贝到私人移动载体并接入互联网而导致失泄密事件的发生；另外还有防卫省和外务省官员被外国女间谍迷惑而引发的多起泄密事件。

第二次安倍内阁正式成立后，日本再次积极推动了情报安全方面的法制建设。2013 年 12 月 6 日，日本国会正式通过了《特定秘密保护法》。该法案的目的在于严惩泄露外交、防卫等领域国家机密的行为。2014 年 10 月 1 日，日本政府向自民党项目小组传达了将该法案的施行日定为 2014 年 12 月 10 日的计划。10 月 14 日，日本内阁决议通过了《特定秘密保护法》的运用标准和相关政令，并再次确认该法将于今年 12 月 10 日正式实施。该法案的颁布与实施将对日本国民的信息知情权造成巨大冲击。

① 肖传国：《冷战后日本情报体制改革探析》，载《日本学刊》2012 年第 4 期，第 100 页。

第三节 分析日本“安保法案”相关内阁决议

2015 年 5 月 14 日，日本政府继 4 月 27 日与美国修订《防卫合作指针》之后，又通过了“安保法案”相关内阁决议。15 日，以“扩充海外派兵任务、强化对美支援”为目的的“安保法案”被送交国会审议。对此，美国政府表示了欢迎，日本民众与在野党则进行了强烈抗议。按照执政党的预想，“安保法案”将于 7 月底在国会获得通过，届时，日本将彻底架空二战后制定的“和平宪法”，自卫队也将冲破“禁锢”，以“行使集体自卫权”的名义在全球各个角落活跃起来。

一、“安保法案”让日本走向战争

2014 年 7 月 1 日，日本内阁通过了“解禁集体自卫权”的相关决议。安倍政权不顾法理历史沿革与日本国民的反对，在没有得到广大民众支持的情况下，以内阁决议的方式重新对《日本国宪法》进行了解读，将原有的武力行使的三项限制性条件改为：第一，日本遭到武力攻击或与日本关系密切的国家遭到武力攻击时，威胁到日本的存亡并从根本上对日本国民的生命、幸福以及追求自由的权利构成明确的危险；第二，没有其他适当手段可以排除上述攻击；第三，在必要最小限度内行使武力。可见，7 月 1 日的内阁决议允许了日本在他国受到攻击时也可以行使武力，从而修改了自二战结束后历届日本政府一直贯彻的“禁止行使集体自卫权”的共识。

由于内阁决议并不具备法律效力，所以，安倍政府要想真正“解禁集体自卫权”，还需促使国会成立新的法律或者对原有安全保障相关法律进行修改。2015 年 5 月 14 日，在经过了十个半月的准备工作之后，安倍内阁最终通过了让日本走向战争的“安保法案”相关决议。决议确立了《和平安全法制整备法案》与《国际和平支援法案》的具体内容。虽然两部法案都以“和平”冠名，但其实质却会让日本走向战争。《和平安全法制整备法案》由《自卫队法》《联合国维和行动合作法》《周边事态法》《船舶检查活动法》《武力攻击事态法》《美军行动关联措施法》《特定公共设施利用法》《外国军用品等海上输送规制法》《俘虏处置法》《国家安全保障会议设置法》等十部法律的修正案综合而成；《国际和平支援法案》则是为了确保自卫队能够随时参与类似伊拉克战争等以美国为首的多国部队作战而新制定的一部永久性法案。

安倍内阁通过的“安保法案”相关决议主要体现出以下五点变化：第一，《自卫队法》《武力攻击事态法》《美军行动关联措施法》《海上输送规制法》《俘虏处置法》《国家安全保障会议设置法》等六部法案增加了“存立危机事态”的应对内容，《武力攻击事态法》更名为《武力攻击・存立危机事态法》。所谓“存立危机事态”是指，由于其他国家遭受武力攻击而导致日本面临生死存亡危机的情况。如此一来，日本即便没有遭受攻击，也可以对其他国家行使武力，这将严重违背《日本国宪法》的“和平主义”原则。第二，《周边事态法》更名为《重要影响事态安全确保法》，《船舶检查活动法》《国家安全保障会议设置法》相应增加了“重要影响事态”的应对内容。所谓“重要影响事态”，是指会对日本的和平与安全产生重大影响的事态。如此一来，法案取消了“日本周边”的地理限制，在全球范围内，只要日本认为会对其安全产生重大影响，便可以出动自卫队加以应对。第三，《联合国维和行动合作法》增加了三项涉及到“集体自卫权”的海外派兵业务，《自卫队法》《船舶检查活动法》《国家安全保障会议设置法》相应增加了海外派兵新型业务的应对内容。如此一来，自卫队将能够更深层次地参与联合国维和行动，并可能与当地武装发生直接冲突，甚至是卷入当地战争之中。第四，《自卫队法》《联合国维和行动合作法》《周边事态法》《船舶检查活动法》《特定公共设施利用法》等法案放宽了自卫队使用武器的限制。如此一来，自卫队将能够对美军人员及装备设施、美军之外的他国部队进行作战防护，从而彻底践行“集体自卫权”。

第五，制定《国际和平支援法案》，以确保自卫队能够随时参与以美国为首的多国部队作战。2001 年，日本为了能够对美国的反恐作战进行支援，制定了《反恐特别措施法》；2003 年，日本为了能够支援美国的伊拉克战争，制定了《支援伊拉克重建特别措施法》。[①] 上述两部法律为限时性法律，至今均已过期。《国际和平支援法案》为永久性法案，并且没有具体支援任务的限制。如此一来，今后如果美国再次发动对他国的战争，日本便不再需要经过繁冗的立法过程就能迅速派出自卫队对以美国为首的多国部队进行支援。

二、日美“携手”搅乱亚太局势

对于日本通过“安保法案”相关内阁决议一事，2015 年 5 月 14 日美国国务院发言人杰夫·拉特克在记者会上表示“对日本加强日美同盟的举措表示欢迎”。此外，拉特克还指出，日本政府正致力于为维护地区与国际社会的安全发挥积极作用，此次内阁决议符合日美首脑会谈及新《防卫合作指针》的内容。[②] 5 月 16 日，美国众议院通过了《国防授权法案》，其中宣称“支持包括解禁集体自卫权在内的日本防卫政策的变动”。[③]

由此可见，日本解禁集体自卫权、冲破战后“和平宪法”禁锢的行动一直得到了美国的默许与支持。同时，美国还多次表示“中日间存有争端的钓鱼岛属于《日美安保条约》的承诺范畴”，并积极通过升级武器装备、强化军事演习等方式来协助日本提升“离岛防御”的作战能力。5 月 12 日，日美两国政府正式宣布，美国空军将在驻日美军横田基地（东京都）部署 10 架新型 CV－22“鱼鹰”

---

① 栗硕：《论日本自卫队海外派遣与相关法律体系建设》，载《国际论坛》2012 年第 1 期，第 75 页。

② 共同网：《美国对日本政府通过新安保法制表示欢迎》，2015 年 5 月 15 日。http：//china. kyodonews. jp/news/2015/05/97534. html。

③ 時事通信．『米下院、国防権限法案を可決　日本の安保政策転換「支持」』．2015 年 5 月 16 日。http：//www. jiji. com/jc/c？ g = pol_ date3&k = 2015051600016。

运输机。与此同时，日本自卫队也计划从2019年度开始部署17架“鱼鹰”运输机。在此之前，美国海军陆战队已在冲绳普天间机场部署了24架与空军型号不同的MV－22“鱼鹰”运输机。“鱼鹰”运输机为倾转旋翼机，具备直升机能垂直升降、空中悬停以及固定翼螺旋桨飞机航速较高、航程较远、耗油量较低的优点，是直升机技术发展的必然趋势。“鱼鹰”运输机的问世改变了美国海军陆战队两栖作战的法则，极大地提高了美军“离岛防御”的作战能力。据美国军方称，“鱼鹰”运输机可满足32种军事任务的需求，并能赋予战场指挥官更大的灵活性和更多的选择。该机型因具备上述特点，所以能够确保日美两国在进行“离岛防御”作战时进行快速反应，并执行军事打击、战斗搜救、特种作战、后勤支援、反潜等任务。日美两国政府共同推进“鱼鹰”运输机在日本的部署，将在一定程度上对中国的海洋行动形成遏制。日本防卫大臣中谷元也于5月12日在记者会上指出“部署行动是完善钓鱼岛应对措施的一部分”。[①]

此外，为了简化自卫队出动的手续，5月14日的内阁决议还进行了如下调整，即在“外国军舰进入日本领海”“钓鱼岛等离岛被武装渔民登陆占领”“民间船只在公海遭受攻击”等三种“灰色事态”（介于“平时”与“遭受武力攻击”之间的事态）下，为了确保自卫队快速执行海上警备行动，可以以电话的形式作出内阁决议，并命令自卫队采取应对措施。同时，决议还指出，在上述“灰色事态”下，自卫队也可以对美国军舰进行防护。这样一来，即便日美两国军舰都没有遭受武力攻击，自卫队也能发动攻击。此举极大地扩大了自卫队的行动权限，并提升了日美两国在亚太地区的军事遏制能力。

5月15日，安倍晋三在众议院全体会议上指出“日美两国将继

---

① 每日新聞.『オスプレイ：中谷防衛相、横田基地受け入れ「抑止力向上」』.2015年5月12日。http：//mainichi. jp/select/news/20150512k0000e010158000c. html。

续努力携手主导亚太地区的发展，并力争把中国带入这一国际秩序中”。[①] 可见，安倍企图与美国一起在亚太地区建立军事霸权并极力压制中国的野心已昭然若揭。日美两国试图在亚太地区建立霸权性质的“国际秩序”的行为，已成为了该地区和平与稳定的巨大威胁。

三、安倍“暴走”引发日本政治地震

对于将日本引向战争的“安保法案”相关内阁决议，日本在野党及民众均以不同形式表达了抗议和愤慨。共产党委员长志位和夫表示“要通过彻底审议，让战争法案成为废案”；该党国会对策委员长谷田惠二也指出“安倍内阁的作法简直是下流无耻，这是欺骗国民的恶劣行径”。民主党代表冈田克也在国会议事堂向记者表示担忧称“安保法案能否保护国民生命让人质疑”；该党参议院议员郡司彰则指责以安倍为首的自民党行径“和欺诈罪毫无二致”。此外，维新党党首江田宪司、社民党党首吉田忠智、生活党代表小泽一郎等均对安倍内阁的作法提出了批评意见。[②]

另一方面，“安保法案”相关内阁决议成立当日，日本民众及部分社会团体也通过游行、示威等方式表达了对安倍政权的不满。在东京都永田町的首相官邸前，“反对参加战争、禁止破坏宪法第9条”行动委员会组织了抗议集会，强烈呼吁安倍政权“不要践踏宪法第9条的内容”；在银座，女性团体举行了抗议“安保法案”的游行；在北海道札幌市，当地市民举办了“撤回安保法案”的抗议集会与游行；在山形县山形市的政府大楼前，部分市议员及市民以静坐的方式进行了抗议；在冲绳县那霸市，市民团体通过集会表达了对“安保法案”的愤怒。

除此之外，安倍政府近期以来“推动普天间基地搬迁”“修订

---

① 共同网：《安倍称欲把中国带入日美主导的亚太地区秩序》，2015年5月15日。http://china.kyodonews.jp/news/2015/05/97581.html。

② 産経新聞.『民主・岡田代表　安保法制で雇う共闘に前向き　「いろいろな党が協力」』.2015年5月13日。http://www.sankei.com/politics/news/150513/plt1505130039-n1.html。

《日美防卫合作指针》”“宣布美国空军在横田基地部署‘鱼鹰’运输机”等行径均遭到了在野党的严厉指责以及日本国民的强烈抗议。一向对政治漠不关心的日本国民纷纷走向街头，表达了对《日本国宪法》中“和平主义”原则的拥护与支持。此时，日本执政党（自民党与公明党）在众议院占据475席中的326席，在参议院占据242席中的134席，均已过半数。因此，“安保法案”按照执政党的预想分别在众议院和参议院获得了通过。然而，由于安倍政权破坏“和平宪法”、践踏民众意愿的作法引起了在野党的强烈指责，在“安保法案”审议过程中，在野党与执政党针锋相对、激烈争执，日本国民也将会继续在全国各地举行抗议示威活动，日本政坛在2015年的夏季异常躁动。

第四节 分析日本的南海政策与中日关系

2015年5月底，日本防卫相中谷元在香格里拉会议上点名对中国在南海的岛礁建设行动进行了指责。随后，日本各路人马对中国展开了连续“炮轰”。与此同时，日本政府采取远交近攻的外交手段，协同美国、澳大利亚、东南亚等国家强化了对华遏制态势。日本在南海问题上针对中国实施的种种举动都隐藏着险恶的战略意图，并严重阻碍了亚太地区的和平进程。

一、日本穷形极相，强硬表态指责中国

5月30日，日本防卫相中谷元在香格里拉会议上同美国国防部长卡特举行了会谈，双方对中国在南海的岛礁建设进行了点名指责，妄称“中国在南海推进的填海造岛行动引发了地区紧张”，无端要求中国“立即停止相关行动”。[①] 5月31日，中谷在新加坡向媒体表示

① 時事通信.『東・南シナ海「現状変更に反対」 日米防衛相が会談』.2015年5月30日。http://www.jiji.com/jc/c?g=pol_date2&k=2015053000051。

“强烈要求中方保持克制，反对凭借实力改变现状”。可以说，在各国代表云集的国际会议上，点名批评另一与会国的做法较为罕见也有违常规。日本协同美国“狺狺狂吠”，暴露了其歇斯底里的心态、军事暴走的野心以及穷形极相的狂躁。众所周知，中日两国在东海划界以及钓鱼岛主权归属问题上存有争端，并一度处于异常紧张的局面。然而，日本作为南海问题的非当事国，却对中国在南海的岛礁建设行动指手画脚、说三道四，明显表露了其霸道的逻辑思维和蛮横的外交战略。

近日来，日本各路人马展开了对中国岛礁建设行动的连续“炮轰”。5 月 28 日，日本首相安倍晋三在国会答辩中指出“南海问题属于‘存亡危机事态’的应对范畴”，透露了日本强力参与南海事务的企图。5 月 29 日，日本东洋学园大学教授樱田淳撰文指出“南海是西北太平洋的缘海，日本作为西北太平洋的岛国，理应积极参与南海事务”，并对中国的合理主张进行了无理批驳。6 月 1 日，安倍针对孙建国副总参谋长主张“南海行动合法”的发言，指出“日本绝不允许以实力改变现状的举动，国际社会应共同发声、一致反对中国的行为”。[①] 6 月 2 日，日本三大报纸之一的《产经新闻》发表了“在南海问题上强化对华遏制态势”的社论，其中毫无根据地指责称“中国无视国际规则的行为是一种以实力改变现状的举动”。6 月 4 日，日本自卫队统合幕僚长河野克俊在记者见面会上指出“中国的南海行动是一种潜在的威胁，不可能不会影响该地区的航行自由”。6 月 5 日，中谷在众议院和平安全法制特别委员会上暗示“在中国推进填海造岛的南海，自卫队可能会开展守护美军等舰船的‘装备品防护’与警戒监视活动”。6 月 10 日，自民党外交部会通过了“强烈谴责中国南海行动、敦促政府积极参与南海事务”的决议。6 月 17 日，日本官房长官菅义伟在记者见面会上指出，“中国应基

① 産経新聞．『安倍首相、中国南シナ海埋め立てに強い懸念　菅官房長官は、G7サミットの議題の可能性示唆』．2015 年 6 月 1 日。http：//www. sankei. com/politics/news/150601/plt1506010045 – n1. html。

于国际法规开展行动，坚决不允许中国的填海造岛行动成为既成事实，强烈反对中国带有军事目的的相关设施建设”。[①]

日本大频度、大范围对中国进行无端指责的行为，明显暴露了其强军备战的狂躁与蛮横。当前，日本国内政治的右倾趋势已然显现在其对外战略中。日本强硬的南海政策是其试图冲破二战后“和平宪法”束缚、企图积极参与国际安全事务并妄想攫取亚太地区军事霸权的具体体现。

二、日本居心不良，企图搅乱南海从中获益

在南海问题上，日本强硬指责中国、联合美澳等国强化在该地区的军事存在、大力扶持东南亚国家进行军事建设等行动，深刻暴露了其狂妄的战略野心。

首先，日本不断加大对南海的军事关切，企图强化对海上运输线的控制能力。日本本土资源匮乏，现代工业生产所需的主要原料与燃料均依赖于进口。据统计，日本石油、天然气、铁矿石、铝矾土、煤的对外依赖度分别为 99.7%、94.5%、99.6%、100%、85.1%。上述能源与物资的进口主要依赖海上运输渠道，因此，日本总是企图对海上各运输要道拥有一定的管控权。南海航道是日本重要的物资运输航线，日本虽然在南海海域不存在任何主权，但其仍然霸道地想要参与对南海的管控。日本不断加大对南海的军事关切，肆意阻挠、干扰、指责中国在该区域的合法举动，其主要目的则是为了强化对南海管控的参与度。

其次，日本积极扶持东南亚国家发展海上军事力量，企图借力牵制中国在东海区域的军事行动。日本多次表态鼓励东南亚国家强化南海军事力量，并为越南、菲律宾等国家提供了巡视船等设备。近年来，由于日本上演“购岛”闹剧、不承认钓鱼岛存有主权争议

---

① 每日新聞.『菅官房長官：南シナ海の施設建設、改めて反対』.2015年6月17日。http://mainichi.jp/select/news/20150617k0000e010201000c.html。

等非法行为，中国强化了对钓鱼岛主权的宣示，并加大了在东海海域巡航的力度。与此同时，日本不断强化“西南防御”，通过增设部队、更新武器、强化夺岛演练、提高快反能力等手段蛮横对抗中国在东海的合法行动。伴随着南海问题的升级，日本趁机挑唆东南亚国家整备海上军事力量，并以经济援助、海外投资等诱惑来引导东南亚国家强化与中国的对抗。日本妄想通过此举来分散中国在东海的军事力量，并最终在钓鱼岛军事斗争准备中形成对华优势。

最后，日本频繁表达参与美军南海侦察活动的意愿，企图为自卫队扩充海外任务、强化作战能力创造条件。4 月 27 日，日美两国正式公布了新版《防卫合作指针》，取消了“日本周边”这一地理限制，强调双方将在全球范围内开展军事合作。其中，南海问题便作为了“新指针”的想定背景。“新指针”公布后，安倍内阁为确保自卫队顺利行使“集体自卫权”，于 2015 年 5 月 14 日通过了“安保法案”相关决议。次日，以“扩充海外派兵任务、强化对美支援”为目的的“安保法案”被送交国会审议。日本频繁表达参与美军南海侦察活动的意愿，企图以此为契机，在更广范围内彻底践行“集体自卫权”，从而进一步拓宽自卫队的活动范围，并强化相应的作战能力。

三、日本诡计多端，远交近攻围堵中国

在南海问题上，日本可谓是“费尽心思”，采取了远交近攻的外交手段，极力围堵中国。近来，日本利用各种外交场合，不顾事实地宣扬“中国威胁论”、肆意诋毁中国在南海的合法行动，相继同美国、澳大利亚、东南亚国家等强化了对华遏制态势。

首先，在日美关系方面，双方频繁互动，积极探讨在南海开展联合巡逻事宜。6 月 8 日，“日美军人政治家论坛”在华盛顿召开，日本自卫队与美军官员代表就亚洲安全局势交换了意见，其中着重讨论了如何应对中国南海岛礁建设的问题。6 月 12 日，美国太平洋舰队司令哈里斯访问日本，在分别与中谷和安倍会谈后，面对

记者表示“南海是公海，不是领海，欢迎并强烈期待日本参与巡逻行动”。同时，哈里斯对中国在东海划定的防空识别区表示“完全无视”，强调“即使中国在南海划设防空识别区也不会妨碍美军的行动”。[①]

其次，在日澳关系方面，两国确立“准同盟”体制，意在联手制衡中国的南海行动。6月3日，日本防卫相中谷元同到访的澳大利亚国防部长安德鲁斯举行会谈，双方一致同意继续强化安保合作，并针对中国的南海行动再次强调“要维持具有规范性的国际秩序”。另据《澳大利亚人报》报道，澳政府正考虑在中国于南海修建的人工岛附近，开展所谓的“航行自由”行动。6月8日，日、澳、印三国在新德里举行了首届副外长级磋商会议。据悉，三方认为中国在南海及印度洋地区正不断提升影响力，就海洋安全问题交换了意见。另外，日本防卫相中谷元于6月12日在众议院表示“日本在受到武力攻击时，可能与澳大利亚军队共同应对；同时，日本今后也可能对澳军提供支援与防护”。可见，日澳两国已确立了“准同盟”体制，并对中国的周边安全环境造成了巨大威胁。

最后，在与东南亚国家关系方面，日本极力扶持相关国家发展海上军事力量。6月4日，日本首相安倍与菲律宾总统阿基诺举行了会谈，双方就共同构筑海空域警戒监视态势达成了一致。6月8日，日本官房长官菅义伟在记者会上就应对中国南海行动表示“将与东盟合作，并继续强调遵守法治以符合全球共同利益”。[②] 同日，日本陆上幕僚长与菲律宾陆军司令举行了会谈，双方就加强防卫合作达成一致，并表达了共同应对南海问题的意愿。6月10日，“东盟地区论坛”高级别磋商会议在马来西亚举行。会上，日本外务省南亚部长田泷雄对中国的南海行动表示了极大关切，同时呼吁相关国家

---

① 共同网：《美军太平洋司令欢迎日本自卫队赴南海巡逻》，2015年6月12日。http：//china. kyodonews. jp/news/2015/06/99452. html。

② 共同网：《日官房长官称将在中国填海造岛问题上继续与东盟合作》，2015年6月8日。http：//china. kyodonews. jp/news/2015/06/99125. html。

强化对南海的警戒监视能力。[①] 此外，日本还借此机会在南海开展了军事演练。6月23日、24日，日本海上自卫队与菲律宾军队在南海实施了联合演练。日本出动了P－3C预警机，菲军则出动了舰艇与飞机。据分析，此次演练虽然没有涉及警戒监视活动，但其主要目的却是为了牵制中国的岛礁建设行动。

另一方面，日本还利用G7首脑会议召开的契机，极力向欧洲国家宣扬“中国的填海造岛行动增加了南海区域的紧张”，并在一定程度上得到了部分国家的苟合。

四、日本蠢蠢欲动，严重阻碍亚太地区和平进程

当前，日本在安倍晋三内阁的带领下，正一步步朝着“强军备战”“冲破二战后体制”“疯狂攫取亚太地区军事霸权”的方向迈进。在国内政治层面，日本政府积极推动着“集体自卫权”相关法案在国会的成立；在军事建设层面，日本蠢蠢欲动，不断通过升级武器、增设部队、强化演练等手段，对周边国家尤其是对中国进行武力恐吓与威慑。日本以其西南诸岛为军事力量建设重点，大力强化了东海区域的警戒监视、快速反应能力，同时又支持东南亚国家在南海强军备战，并积极参加南海海域的军事演习。

5月10日，日本防卫省正式在宫古岛选定了新设警备部队的部署位置，并开始了对石垣岛选址的考察。据悉，日本为了应对中国在钓鱼岛周边海域的巡视活动，将于2018年前在石垣岛、宫古岛分别部署600人规模的警备部队，并重点部署地对舰导弹和地对空导弹，从而将对中国在东海海域的舰船和飞机产生巨大威胁。[②] 此外，日本海上保安厅于2016年3月前完成钓鱼岛周边区域的“领海警备专事体制”建设。其主要内容为：在石垣岛等地配备10艘1500吨

① 共同网：《ARF磋商与会国纷纷对中国填海造岛表示关切》，2015年6月10日。http：//china. kyodonews. jp/news/2015/06/99296. html。

② 産経新聞．『陸自警備部隊、宮古島２ヶ所に配備 ゴルフ場と牧場、市長に伝達へ』．2015年5月11日。http：//www. sankei. com/politics/news/150511/plt1505110005－n1. html。

级的巡视船与 2 艘 3000 吨级的直升机搭载巡视船。据报道，10 艘 1500 吨级的巡视船均为新建舰船，装备有 20 毫米口径机关枪、远距离监视采证摄像机、远程喷水枪、停船命令显示仪等最新设备。届时，日本的“领海警备专事体制”将对中国在钓鱼岛海域的合法巡航造成极大阻碍。另一方面，日本还强化了“离岛夺还”相关的实战演习。5 月 22 日，日本陆海空自卫队首次在日本国内的离岛开展了登陆实战演习。据报道：演习以“中国军队占领日本离岛”为想定背景，目的在于强化对中国的遏制态势，提高应对“灰色事态”的能力。

在南海区域，日本同样采取了近似疯狂的举动。由于日本海上自卫队 P－3C 反潜巡逻机的标准续航时间为 10 小时，且该机由那霸基地飞往南海巡航地点的单程耗时约为 4 小时，所以日本在目前情况下派遣军机赴南海巡逻不仅略显困难，而且会影响其在东海的警戒任务。为此，日本决定于 2018 年前向美国购买 4 架 E－2D“先进鹰眼”预警机，同时还决定向菲律宾、越南等国出口 P－3C 反潜巡逻机和雷达等军事设备，并致力于协助培养东南亚国家的相关军事人才。另有分析认为，日本可能会征用菲律宾领土作为其海外新型军事基地，用来更加便利地针对中国开展南海巡航行动。

如此一来，日本在东海区域通过强化自身军事力量建设来阻碍中国的合法巡航；在南海区域通过联合美澳、扶持东南亚国家发展军备来限制中国的合法岛礁建设。可见，日本惯有的霸道逻辑思维与蛮横外交战略已然对中国形成了封锁、紧逼之势，并对亚太地区的和平进程造成了严重阻碍。

第五节 分析日本军事装备政策的调整

2015 年 10 月 1 日，日本防卫省成立了新机构——防卫装备厅。

此举旨在对防卫装备的开发、购置、废弃及出口等进行统一管理。[①] 同时，该机构的成立将在一定程度上促进日本安倍内阁对“防卫装备转移三原则”的推行。自安倍晋三于2012年底第二次就任首相以来，日本政府强力推动了军事装备领域相关政策的转型。安倍内阁摒弃“武器出口三原则”，出台“防卫装备转移三原则”，促进了武器装备与技术的出口；成立防卫省机构防卫装备厅，推动了军事装备机构的建设与整合；拉拢民间机构参与军事科研项目，强化了民用技术对军事装备科研的支撑。安倍内阁的军事装备政策在出口转让、机构设置、研究开发等方面发生了巨大转变，是日本国家安全战略转型的重要体现，对亚太安全格局和中国周边安全环境造成了一定的消极影响。

一、打破军事装备出口禁令

2014年4月1日，安倍内阁举行会议，决定通过“防卫装备转移三原则”，正式终结了延续40余年的“武器出口三原则”。新“三原则”的出台，标志着日本向武器出口“正常化”迈出了具有实质性意义的一步，也标志着日本军事装备政策的重大调整。

“武器出口三原则”出台于1967年，对日本战后社会稳定与经济发展发挥过重要作用。旧“三原则”初期是为了配合美国的遏制战略，主要针对共产主义国家，内容包括“不向共产主义阵营出售武器；不向联合国实施武器禁运的国家出售武器；不向正在发生或者可能发生国际争端的当事国出售武器。”[②] 提出“三原则”的佐藤内阁，最初是为了在美苏冷战框架下为日本当时既有的武器出口政策寻求合法解释，然而却在社会上引发了是否可以向“原则”外国家出口武器的争论。1976年，三木武夫内阁发布了《关于武器出口

① 共同网：《日本成立防卫装备厅 开展装备统一管理》，2015年10月1日。http：//china.kyodonews.jp/news/2015/10/106292.html。

② 冨田圭一郎．『武器輸出三原則—その現況と見直し論議』．国立国会図書館外交防衛課調査と情報726号（ISSUE BRIEF NUMBER 726）．2011年11月1日。

的政府统一见解》。该“见解”不但严格定义了可出口武器的种类，还表示对“原则”外国家出口也要保持谨慎态度。随后，日本政府对“三原则”解释的模糊性仍然遭到和平主义力量的批判。在此背景下，日本国会于 1981 年通过了《关于武器出口问题的决议》，在“武器出口三原则”精神的基础上，全面禁止武器出口，这标志着日本社会对“和平宪法”理念的认可已达到顶峰。

随着冷战进入尾声，美欧军工产业迅速重组，不断扩大生产效率与技术水平方面的优势。然而，在“武器出口三原则”制约下的日本军工企业，无法参与国际分工，只能依靠本国政府采购所提供的市场份额，生产能力与技术水平受到一定程度的制约，研发生产的部分军事装备技术换代滞后，采购价格高昂。例如，三菱重工与美国洛克希德·马丁公司合作的 F－2 战机，单价达到了 F－16 的 2 至 3 倍。因而，自 20 世纪 80 年代起，日本政府就开始使用“例外事项”等解释方法，逐步突破“武器出口三原则”的限制。截至 2013 年的 30 年间，日本以内阁官房长官讲话形式批准了约 20 件例外事项。[①] 进入 21 世纪，我国经济快速增长，政治影响力显著提高，而日本则经历了两个“失去的十年”，发展停滞，社会稳定面临着民众心理“落差感”的冲击。在此背景下，日本政坛中关于打破武器出口禁令、释放军事工业产业潜力的呼声不断高涨。从 2009 年开始，各类政府恳谈会就不断探讨修改“三原则”的可能性，2012 年安倍晋三第二次组阁后，日本军事装备政策配合国家战略迅速转型，新“三原则”应运而生。2014 年 3 月 11 日，安倍政府举行国家安全保障会议，审议通过了“防卫装备转移三原则”草案；4 月 1 日，日本内阁会议决定新“三原则”正式生效。

“防卫装备转移三原则”规定：“防卫装备的出口和转移不得违反日本缔结的条约、联合国安理会决议，不得向冲突当事国出口防卫装备；仅限有利于贡献和平、国际合作及有助于日本安全的情况

① 王宇翔：《日本武器出口政策的演变及前景》，载《国际研究参考》2015 年第 3 期，第 39 页。

下允许出口，在确保透明度的同时进行严格审查；仅在能够确保妥善管理的情况下，允许出口的防卫装备被用于其他目的或转至第三国。”①

新“三原则”的出台，对日本军事装备政策的发展态势产生了重要的影响。第一，日本军事装备出口更加灵活、广泛。措辞上由三个“禁止”变为一个“禁止”、两个“允许”，说明日本军事装备出口从原则上的禁止转为原则上的允许。对比过去只有“例外事项”才能够出口，未来只要认定能够“促进和平”或有利于日本的“安全保障”，经过严格审查就允许出口，这在事实上大大拓展了日本装备出口的操作空间。第二，新“三原则”没有经过议会程序就以内阁决议的形式出台，说明行政权力在该领域已占据优势，武器出口审查、管理的最终裁决权已经牢牢控制在内阁会议手中，庞杂的武器出口管理体系由原本程序化的制度约束转变为完全受制于行政首脑的主观决策。② 第三，从短期来看，新“三原则”的经济影响有限，但政治影响不可小觑。新“三原则”的出台将推动日本军事装备出口对象的多元化、出口产品的多样化，然而面对着美欧军工产业的强大竞争力，短期内日本国产的坦克、飞机、舰船等成品装备并不能占据世界市场的很大份额，借助武器出口挽救日本低迷的经济很难有好的成效。然而，日本以提供零部件或高技术武器联合开发的形式开拓国际市场，不但能提高军事科技水平，还能推动自卫队在全球更广范围内产生影响，并最终突破“和平宪法”的束缚；另外，日本还能够通过向东南亚等第三世界国家提供退役军舰等方式，“借力”制造地区不稳定，在中美博弈的大格局中“搅局”，赚取战略实惠。

新“三原则”出台后，日本军工产业的海外扩张立即迈开了步

---

① 新华网：《日本修改武器出口三原则诀别“和平国家”》，2014 年 4 月 8 日。http: //news. xinhuanet. com/world/2014 - 04/08/c_ 1110132744. htm。

② 张景全：《日本放宽武器出口禁令及其对日美同盟的影响》，载《日本学刊》2014 年第 6 期，第 52 页。

伐，其军事装备方面的国际合作以美国为基石、以美国的盟国为主要对象全面展开。2014—2015 年，日本力推军事装备的国际合作，军事装备的转移与共同开发项目个数不断跃升。根据日本经济产业省发布的年度报告，2014 年度获批出口的军事装备达到 1841 件。[①]

一方面，日本加强了高技术武器和进攻性武器的出口与联合研发。日本通过与美国及美国西方盟国的军事装备合作，强化高精尖武器装备的研发，试图跻身于国际军工产业链的顶端。日美两国正进行着关于混合电力驱动与高速多仓船的两项研究项目及关于弹道导弹防御的一项开发项目；此外还就爱国者导弹零部件生产专利转让进行了洽谈，日本个别企业还参与了美国 F-35A 战机及“鱼鹰”运输机在部署过程中的建设项目。日美共同开发的海基型拦截导弹（SM-3 Block 2A）于 2015 年 6 月 6 日首次发射试验成功，2016 年内将完成开发，并在海上自卫队进行实战部署。[②] 在加强与美国的武器装备联合研发的同时，日英于 2013 年 7 月签署了《防卫装备及其相关物品共同研发协定》；并于 2014 年 11 月开始了对新型空对空导弹的共同研究。日本还同法国于 2015 年 3 月签署了《防卫装备品与防卫技术转移协定》，计划共同开发水下无人机，以及用于遭辐射污染地点的作业与处理简易恐怖爆炸装置的机器人等。

另一发面，作为谋求地区地缘政治优势的重要手段，日本重点加强了对亚太地区国家的军事装备出口。2014 年 4 月，新“三原则”出台仅 6 天，日澳就签署了“有关流体力学的共同研究”的协议。根据协议，日本将向澳大利亚提供静音性能和连续潜航能力先进的潜艇技术。日本随后参加了澳大利亚新型潜艇共同开发的项目招标，向澳推销“苍龙”级 AIP（不依赖空气的推进装置）潜艇。与此同时，日本重点加强了对东盟国家的军事技术推销。2014 年 8

① 共同网：《日本经产省防卫出口报告出炉 2014 年度转移装备 1841 件》，2015 年 10 月 16 日。http：//china. kyodonews. jp/news/2015/10/107203. html。

② 日经新闻网：《日本将通过共同开发加快导入最新防卫装备》，2015 年 10 月 10 日。http：//cn. nikkei. com/politicsaeconomy/economic-policy/16427-20151010. html。

月，日本与越南签署协议，承诺向越南提供6艘先进的海上巡逻船，以增强越南的海上执法能力；2014年9月25日，日本防卫省面向到访的东盟成员国外交和防卫部门负责人，举办了旨在促进军备出口的防卫装备用品展览会，来自除文莱以外九个东盟成员国的24名官员参观了展览，而日本国内的川崎重工、三菱重工、富士通等7家军工企业参与了产品展出；2015年3月23日，日本与印尼签署了谅解备忘录，进一步扩大了两国的国防装备与技术合作；3月30日，日本与印度达成协议，决定向印度出售12架US－2i两栖搜救飞机；5月26日，日本与马来西亚启动了防卫装备转移谈判，深化了两国在安保领域的合作；6月4日，日菲就签订武器及技术出口协定启动谈判打成了共识。① 日本在亚太地区加强了军事装备出口，并且已经收获了良好的成效。

二、推动军事装备机构建设

安倍自2012年底第二次组阁伊始，就不断强化了日本政府对防卫力量的规制，并强调了武器装备在科研、采购、调度、出口等方面的系统化组织管理。2013年12月，安倍政府出台《防卫计划大纲》，其中指出“要重视防卫生产、技术基础的维持与强化，并且加强军事装备项目的统一管理”。② 2014年6月，日本公布了《防卫生产・技术基础战略》，强调要“在政府主导下积极地、战略性地推进装备与技术合作”，筹划在政府框架内组建新的装备管理机构。③ 在此背景下，2015年10月1日，根据日本国会6月份通过的《防卫省设置法修正案》，防卫装备厅作为防卫省的新机构正式成立。防卫装

---

① 解放网：《日菲就签订武器及技术出口协定启动谈判达成共识》，2015年6月5日。http：//m. jfdaily. com/0605－1571104. html。

② 防衛省．『平成26年度以降に係る防衛計画の大綱について』．2013年12月17日。http：//www. mod. go. jp/j/approach/agenda/guideline/2014/pdf/20131217. pdf。

③ 防衛省．『防衛生産・技術基礎戦略』．2014年6月。http：//www. mod. go. jp/j/approach/others/equipment/pdf/2606_ honbun. pdf。

备厅的成立，是日本政府强化对军事装备科研、生产、调度等方面进行管理的重要步骤，是安倍内阁军事装备政策的重要一环。

首先，防卫装备厅的行政级别高、组织规模大。防卫装备厅整合了防卫省会计装备局中与装备有关的科室、技术研究总部、装备设施总部以及陆海空自卫队各自的装备采购与调度部门等，其行政长官相当于事务次官等级，属于日本行政官僚体系中的最高级别，是“防卫会议”成员之一。该厅的编制员额约为1800人，其中自卫队文职约为1400人、自卫官约为400人。① 防卫装备厅下属有六个内部部局，包括长官官房、装备政策部、项目管理部、技术战略部、调度管理部、调度事业部；下辖航空装备研究所、陆上装备研究所、舰艇装备研究所、电子装备研究所、先进技术推进中心、札幌试验场、下北试验场、岐阜试验场等八家科研机构；设置有“防卫调度审议会”等审议组织。可见，防卫装备厅的成立，将在一定程度上推动自卫队内部部门架构的合理化，削减自卫队军事装备体系中的行政成本。

其次，防卫装备厅职能广泛，涉猎全面。根据日本相关政策文件及防卫装备厅网站公布的信息可以得知，防卫装备厅具有以下六方面重要职能，并将在一定程度上解决自卫队装备采购面临的现有问题，从而推进装备政策的优化。

第一，防卫装备厅将推进自卫队装备的有效采购与科学调度。在防卫装备厅成立前，负责装备采购的部门较为分散，存在各自为政的现象。此前，军备采购由陆、海、空自卫队分别制定计划与预算，缺乏沟通与协调，出于部门利益的诱导，这样的采购范式不能从协同角度考虑自卫队全局的装备需求，难以满足现代化联合作战的要求。防卫装备厅的成立，将在一定程度上缓解上述问题。作为一元化地负责三军装备采购的独立机构，防卫装备厅将使自卫队装备采购更统筹高效，杜绝重复采购等弊端，加强军种间装备协同。

---

① 読売新聞．『防衛装備庁が発足…装備品のコスト削減など狙う』．2015年10月1日。http：//headlines. yahoo. co. jp/hl? a = 20151001 - 00050079 - yom - pol。

第二，防卫装备厅将能完善成本削减机制。自卫队的防卫装备以防卫厅指定军工企业生产为主，即便有一些项目公开向社会竞标，也难以杜绝国内军工集团与政府官员联合操纵投标的行为。军事装备采购的流程缺少市场化的竞争机制，也导致主要军工企业闭门造车、生产能力弱化，造成部分自卫队装备的采购成本过于昂贵。[①] 相应的，新成立的防卫装备厅的职能之一，就是推动军备采购的市场化，该机构将通过改善相关合同制度、提升武器调度效率等手段进一步削减成本，完善成本削减机制。

第三，防卫装备厅将强化与海外诸国进行防卫装备、防卫技术的合作。防卫装备厅的成立紧密配合“防卫装备转移三原则”的出台，从组织结构层面推动日本军事装备技术的出口与共同开发。当前，日本正与美国在 F－35 战机方面、与澳大利亚在流体力学领域、与印度在 US－2i 水上飞机方面、与英国在化学防护衣方面、与东盟国家在海上安全保障方面等开展了紧密的装备与技术合作项目。

第四，防卫装备厅将提升自卫队的科技能力，并灵活、迅速地反映部队运用需求。为了提升科技能力这一武器装备领域的重要内涵，防卫装备厅将全面、系统、高效地推进日本国内研发机构的能力水平，同时积极开展同国外科研机构及国内民间科研院所间的合作，推进军事技术方面的人才培养；此外还将大力发展军民两用技术，并及时反映自卫队在武器装备方面的紧迫需求。

第五，防卫装备厅将持续强化防卫生产与防卫技术的基础体制。防卫装备厅的成立则为防卫装备品从构思、设计、研究、开发到生产、采购、运用、调度、维修、废弃等整个生态循环过程的高效运行提供了一体化平台。防卫装备厅将按照《防卫计划大纲》等战略性文件的要求，进一步强化日本防卫生产与防卫技术的基础体制，以便更加高效、顺畅地维持防卫装备在整备、改造、维修、技术转化、经济效益拓展等方面的工作。

---

① 赵强、赵英杰：《柔性生产下的日本装备采购体制研究》，载《中国军转民》2014 年第 7 期，第 80 页。

第六，防卫装备厅将完善监察与监督机能。防卫装备厅将通过构筑内外双层监督检查机制来有效遏制军事装备采购与研发过程中贪污腐败问题的出现。另外，该机构本身也将受到严格监管。由于防卫装备厅统一负责自卫队武器装备的开发与采购，承担民间企业出口武器的窗口作用，且掌握着防卫省约40%的预算金额，因此该机构的创立引起了日本国内对其可能发生贪污腐败问题的担忧与警觉。[①] 曾经与防卫装备厅具有类似机能的防卫设施厅就是由于被曝出贪污事件及工程招标暗箱操作事件等丑闻而于2007年被撤销。为此，防卫装备厅内部专门设置了约20位“监察监督评价官”，同时接受“防卫监察总部”的监管与评价。

防卫装备厅的成立，将在一定程度上促进日本军事装备采购与管理政策的合理化，扩大装备的研发出口与国际合作，从而提升自卫队装备的技术水平。可见，推进军事装备机构的建设，是安倍内阁军事装备政策中不可或缺的重要环节。

三、解除军事装备科研限制

2014年12月，日本内阁决议通过了《国家安全保障战略》，摒弃了战后以来一直坚持的“避免大学参与军事科研”等相关理念，明确指出要“鼓励并充分利用大学进行军事研究”。至此，安倍政府正式解除了大学参与军事装备科研的限制，深刻改变了日本军事装备科研的既有格局。

出于对二战时期“军学共同”助力侵略战争的反思，战后的日本大学对军事装备研究普遍较为抵触。作为日本现代化重要标志的东京大学，1959年提出了全面禁止军事研究的方针。该方针也成为了日本学界的重要共识。在相当长的一段时间内，学界的反军事研究姿态成为了日本和平主义力量的标杆，对右翼力量的复兴起到了

---

① 東京新聞.『防衛装備庁が発足「平和」名目に武器輸出促進』.2015年10月1日。http：//www.tokyo－np.co.jp/article/politics/news/CK2015100102100017.html。

重要的遏制作用。然而，学界对军事研究的抵制也造成日本的军事装备科研只能依靠防卫厅的下辖部局与军工产业，这严重制约了日本军事技术的研究能力。2006 年，防卫省技术科学本部设立了“先进技术推进中心”，希望通过与大学等民间机构的合作来推进军事装备科研。然而，由于大学的抵触，许多研究只能由防卫省自己调度力量或交由三菱重工等民间企业开展研究。由于军工技术的应用研究高度依赖基础理论研究，没有大学的协助，防卫省的研发能力将始终受到制造工艺与企业垄断链条的制约。2011 年日本福岛核电站事故时，政府计划向现场投放防卫省以及大学分别研制的原子炉侦查机器人，最终只使用了大学制造的机器人，防卫省的机器人由于质量不可靠而未投入。① 可见，防卫省的装备科研能力受到了很大制约。

为了打破日本军事装备科研所面临的上述弊端，安倍第二次上台执政后，就将推动学界参与军事科研作为其“国家安全战略”的一部分，并对此给予了高度重视。安倍政府在 2013 年 12 月出台的《防卫计划大纲》中，明确表示要加强和充实与大学及其他民间机构的合作，积极、充分地利用“有可能转用到军事领域的民生技术”。② 2014 年 12 月，安倍内阁出台的的《国家安全保障战略》，将“鼓励大学等民间机构参与军事科研”等内容作为国家外交与安全政策综合方针的一部分确立下来。

在安倍政府的大力推动下，随着上述政策限制的破除，战后形成的学界抵制军事科研的共识也迅速松动。2014 年底，防卫省为了加强与大学合作，设立了“技术管理班”，并与一些大学和研究机关缔结了新型军事技术的共同研究协定。2015 年 1 月 15 日，东京大学将推进“军民两用”研究写入了信息理工学系的《学科指南》，从而正式解禁了对军事研究的限制。③ 2015 年 6 月，东京大学和大阪

---

① 林子敬：《日本东京大学“解禁”军事研究》，载《军工文化》2015 年第 5 期，第 85 页。

② 唐奇芳：《日本“军学共同”制度死灰复燃》，载《世界知识》2015 年第 4 期，第 29 页。

③ 林子敬：《日本东京大学“解禁”军事研究》，载《军工文化》2015 年第 5 期，第 84 页。

大学等四所大学在日本政府的委托下，参加了由美国国防部高级研究项目局（DARPA）主办的机器人大赛。2015 年，多家大学与民间科研机构中标日本政府的军事科研项目。可见，在政府的政策推动与项目资金的诱导下，学界参与军事装备科研的态度已从暧昧转为全面接受，日本军事装备政策已发生了重大转型。

2015 年 7 月 8 日至 8 月 12 日，为了进一步推动“鼓励民间机构从事军事科研”等政策的贯彻落实，防卫省以“安全保障技术研究推进制度”的名义向日本国内的大学、研究开发法人等科研院所与企业进行了军事科研资助项目的招标。防卫省共列举了涉及降低红外线放射率的原料、新型超高速有线传输路径、昆虫大小的小型飞行体设计、空中冲击波的可视化、提升航空器引擎效率的基础技术、安全保障领域中的大数据技术运用、水陆两用周边环境认知技术、合成孔径雷达的高性能化、微生物与化学物质的隔离检测手段、应对网络攻击的创新型手法、移动物体间的无线通信与互联网技术等领域的 28 个研究项目招标，上述研究内容不仅包含了军事装备技术，还囊括了适用于未来战争的最尖端技术。在此期间，共有大学、国立研究机构、企业等投标 109 个项目，其中有 58 项来自大学，超过半数。最终，入选防卫省技术研究本部首批军事研究资助项目的有 9 家机构，包括神奈川工科大学、东京电机大学、丰桥技术科学大学、东京工业大学等 4 所大学，理化学研究所、海洋研究开发机构、宇宙航空开发研究机构等 3 所国立科研机构，以及潘那索尼克株式会社、富士通株式会社 2 所企业。①

可见，随着安倍内阁军事装备科研政策的转型，日本政府将有力整合全社会的科研力量，将日本学界的科研格局逐步从“民用主导、军用适从”向“军民并重”转变。作为一个经济实力雄厚的发达国家，日本社会有着强大的技术研发与创新潜力，而大学等民间机构作为日本社会中的科研重镇，其强大的科研力量若被整合入军

① 防衛省.『安全保障技術研究推進制度の平成 27 年度採択研究課題』.2015 年 9 月 25 日。http：//www. mod. go. jp/j/press/news/2015/09/25b. html。

事装备研究的轨道，无疑将能推动日本军事技术的跃升。另外，学界对军事研究参与热情的逐渐高涨，也体现了日本社会和平主义共识的松动。

安倍内阁军事装备政策的调整，配合着解禁集体自卫权、修订《日美防卫合作指针》、取消文官统制优势、通过“安保法案”等一系列举动，其传导式效应直指“修宪”。短期内，这些政策能拓展日本的装备出口市场，提升军事技术水平，长期则能释放日本军事工业的巨大潜能，为其走向政治军事大国铺平道路。在美国“亚太再平衡”战略框架下，日本军事能力的提升将扩大日本地缘政治的影响力，增强日美同盟的威慑力，并威胁到我国的国家安全利益与战略发展空间。长远来看，安倍内阁的军事装备政策将催生出一个更加追求军事自主性的日本，并将不断侵蚀战后“和平宪法”的理念和价值。当下，一个试图颠覆“和平宪法”精神并极力掩饰侵略历史的日本，已然对亚太安全格局及中国周边安全造成了消极影响。因此，我国应高度关注安倍内阁在军事装备政策方面的动向，并强化在安全战略调整与军事力量建设等方面的应对措施。

第六节　分析日韩“慰安妇问题”和解

2015 年 12 月 28 日，日本外务大臣岸田文雄与韩国外交部长尹炳世在首尔市举行会谈，就两国久拖未决的慰安妇问题达成共识。对此，美国迅速发表声明表示欢迎，并称“该共识拥有堪比跨太平洋伙伴关系协定（TPP）的战略重要性”，“日韩首脑的勇气使困难问题得到了解决，希望国际社会能支持这一共识”。与此同时，日韩两国政府都将该共识作为外交成果进行了大肆宣扬。然而，韩国原慰安妇并不认可日韩两国政府未征求其意见便达成的共识，表示“问题没有解决，安倍应直接谢罪”。一直以来，日韩间“慰安妇问题”长久阻碍了双边《军事情报保护协定》及《物资劳务相互提供协定》的签署，并对美国在亚太地区的战略部署与实践造成了一定干扰。近年来，美国极力敦促日韩尽早解决慰安妇问题，日韩两国也于2014年4月开启了外交部门的局长级会谈。如今，日韩两国就“慰安妇问题”达成和解，并强调“最终且不可逆地解决”。然而，日韩政府间达成的共识并非可以一劳永逸地解决“慰安妇问题”。

一、政府和解不能抹杀历史事实

日韩两国政府于2015年12月28日在首尔举行了外长会谈，就最终解决慰安妇问题达成了共识。在当天下午举行的联合记者会上，日本外相岸田文雄指出：（1）“慰安妇问题”是在当时旧日本军队的参与下，对多数女性的名誉和尊严造成深刻伤害的问题，日本政府对此痛感责任。安倍晋三作为日本国首相，将再次向经历了众多痛苦且身心遭受巨大伤害的原慰安妇表示衷心的道歉与反省。（2）日本政府将出资采取治愈原慰安妇心灵创伤的措施。具体来讲，韩国政府设立以支援原慰安妇为目的的新基金，日本政府向该基金注资约10亿日元，共同致力于恢复原慰安妇名誉和尊严并治愈其心灵创伤的事业。（3）日本政府将以履行上述承诺为前提，确认慰安妇问题最终且不可逆地解决。日本政府与韩国政府今后在联合国等国际场合将控制因慰安妇问题而相互指责与批评。随后，韩国外长尹炳世陈述了韩国政府的立场，指出：（1）韩国政府高度评价日本政府此次表态及之前所做的努力，并以日本政府履行相关承诺为前提，确认慰安妇问题最终且不可逆地解决。（2）韩国政府认识到日本政府因其驻韩大使馆前的慰安妇少女雕像而对公馆的安宁与威严感到担忧，将与韩国相关团体进行协商，以适当的方式努力解决该问题。（3）韩国政府将以日本政府履行相关承诺为前提，与日本政府一道确认今后在联合国等国际场合控制因慰安妇问题而相互指责与批评。[①]

---

① 産経新聞．『日韓外相会談 共同記者発表全文』．2015年12月28日。http：//headlines. yahoo. co. jp/hl? a =20151228 －00000547 － san － pol。

围绕上述共识内容，日韩两国政府煞费苦心，在经历了十余次局长级磋商的基础上，双方各自退让一步，对部分表述采取了模糊处理的方式。首先，关于索赔权的问题，日本认定根据1965年《日韩请求权协定》已彻底且最终解决，日本此次出资的行为仅仅为人道主义援助；韩国则认为慰安妇问题不在该协定适用对象之列，并要求日本政府明确其国家责任并进行赔偿。关于慰安妇问题，日本历届内阁均表示“痛感道义上的责任”，此次共识中删除了“道义上”的字眼，表述为“日本政府痛感责任”。对此，韩国政府将其理解为“法律责任”，而日本政府则将其理解为“人道主义责任”。共识发表后，日本首相安倍晋三与外相岸田文雄均强调“日本关于索赔权的法律立场没有改变，慰安妇赔偿相关的法律问题已于1965年彻底解决”；韩国政府则强调“日本政府决定向基金注资10亿日元的行为表明日本正式承认了政府的责任”。其次，关于移除日本驻韩大使馆前慰安妇雕像的问题，日本主张以撤除雕像作为解决问题的条件，并表态称“10亿日元的拨款将以撤除雕像为前提”；对此，韩国强调“雕像为民间团体所设，问题最终解决后自然会撤除”。另外，关于慰安妇资料申遗的问题，日本政府向媒体透露称“韩国不会参与慰安妇相关资料申报世界记忆遗产的行动”；韩国政府则对日本的相关说法进行了否认。总之，日韩两国政府均围绕共识中模糊的表述进行了对己方有利的宣传。其实，日韩两国政府在共识中采取模糊表述本来就是为了方便向各自国民进行宣传，因此双方宣传内容出现矛盾之处也是预想之中的事情。可以说，日韩两国政府更在乎的是通过此次共识将慰安妇问题“最终且不可逆地解决”。

据悉，在日本外相岸田出访韩国之前，安倍于2015年12月24日在首相官邸对岸田指示道“如果达成共识，绝对条件便是要加入‘最终且不可逆地解决’这一表述”。[①] 可以说，安倍一直以来都想抹杀并美化日本侵略亚洲各国的历史，同时还以毫无诚意的态度要

---

① 共同网：《安倍希望趁热打铁谈妥慰安妇问题》，2015年12月25日。http://china.kyodonews.jp/news/2015/12/111694.html。

求中韩等曾经遭受侵略的国家也遗忘那段历史。此次日韩就慰安妇问题达成和解，安倍便是幼稚得幻想通过在共识中强调“最终且不可逆地解决”来彻底抹杀那段历史。更直白地讲，安倍希望用10亿日元的“封口费”永远堵住韩国人的嘴，企图以此方式让韩国人永远不再提慰安妇的事情。然而，历史从来不会因一份政府和解文件而被抹杀或遗忘。安倍内阁此种愚蠢幼稚且堪称无赖的历史态度终将被正义与道德的力量所唾弃。共识达成后，韩国法院决定以日本政府为对象启动前慰安妇的索赔诉讼；韩国市民团体也宣布将在国内外增设慰安妇雕像。可以断言，日韩共识只能约束韩国政府在慰安妇问题上对日本的谴责行为，却不能阻碍广大社会民众对日本“企图美化并抹杀侵略历史”这一恶劣行径的抗议与监督。

二、美日韩政府各有所图

近年来，韩国朴槿惠政府以坚定的历史态度，强烈要求日本安倍内阁正视侵略历史及慰安妇问题，并以此作为双边首脑会谈的条件。然而，由于安倍政府面对历史问题闪烁其词、欠缺诚意，日韩两国间的政治交往与安保合作长期处于较为冷淡的状态。与此同时，一直保持“不介入日韩历史问题”这一基本立场的美国奥巴马政府也因其亚洲战略停滞而转变态度，开始敦促日韩两国政府尽早解决慰安妇问题。2015 年 5 月，韩国总统朴槿惠在青瓦台高官会议上表示，即使与日本在历史问题上没有进展，日韩关系也将在其他层面带着明确的目标与方向向前推进。由此，韩国政府开始采取“将慰安妇问题与其他问题分开对待”的“双轨”对日政策。[①] 2015 年 11 月，日韩两国时隔三年半重启首脑会谈，就解决慰安妇问题进行了磋商。随后，日韩两国外交部门加快了解决慰安妇问题的步伐，并于 12 月 28 日达成最终协议。可以说，日韩两国政府在离年底仅剩 3

① 共同网：《韩国副防长称日韩扩大防卫合作尚未具备条件》，2015 年 8 月 30 日。http：//china. kyodonews. jp/news/2015/08/104345. html。

天的时间点就慰安妇问题达成和解，表明了安倍晋三与朴槿惠强烈希望借助日韩邦交正常化50周年这一关键契机改善双边关系的紧迫心情，更反映出美国企图尽快深化美日韩合作框架的战略决心。

首先，美国政府极力敦促日韩和解。美国由于中东地区的相关问题而无暇顾及东亚，为避免更大的外交负担，强烈要求同为其盟友的日韩尽早修复关系。2015 年 4 月 27 日，美国国家安全委员会亚洲事务高级主任麦艾文表示“美国将积极推动日韩两国切实构筑建设性的关系，并敦促相关国家做出着眼于未来的努力”。6 月 3 日，美国国务院负责东亚与太平洋事务的助理国务卿拉塞尔也对因慰安妇问题而导致关系恶化的日韩表示“目前并不是闹不和的时候，两国应力争早日改善双边关系以抗衡推进核与导弹研发的朝鲜”。[①] 此外，美国总统奥巴马在分别于 4 月和 10 月会见安倍及朴槿惠时，也对日韩尽早解决慰安妇问题表示了极大的关切。据悉，美国担心“若日韩关系持续恶化，美日韩三国对朝鲜的包围网可能会破裂，还会在南海等地区留下容忍中国单方面行动的空间”。日韩就慰安妇问题达成共识后，美国国务卿克里迅速发表声明表示欢迎，称“这将有助于治愈创伤，改善美国最重要的两个盟国之间的关系”，并呼吁国际社会支持这一共识。

其次，日本政府渴望甩掉历史“包袱”。近年来，日韩两国因慰安妇问题推迟了诸多领域的合作，因此甩掉历史“包袱”、破解慰安妇问题便成为日本政府想要急于解决的事项。而且，面对 2016 年参议院选举，安倍执政党也想将日韩关系的改善作为参加选战的资本。2015 年 12 月 22 日，安倍私下安排亲信、国家安全保障局局长谷内正太郎到韩国协商慰安妇问题的解决方式；24 日，安倍在首相官邸对外相岸田进行了专门叮嘱。共识达成后，日本经济界随即表态称

---

① 共同网：《美高官敦促日韩克服“不和”、改善双边关系》，2015 年 6 月 4 日。http：//china. kyodonews. jp/news/2015/06/98876. html。

“期待共识有助于日韩双边经济关系，盼望贸易与投资活跃起来”[①]；日本政府也表示将以此为契机，全面推动日韩关系在安全保障、经济、文化等各领域的发展。另据日本共同社报道，日本朝野政党普遍对日韩共识表达了肯定与认可。

最后，韩国政府将日韩和解视为重大外交成果。韩国政府由于受到来自美国的压力，于2015年上半年开始采取对日“双轨”政策，从而为日韩关系的改善打开了缺口。12月17日，首尔中央地方法院判决被控损害朴槿惠名誉的日本《产经新闻》前首尔支局长无罪；23日，韩国宪法法院裁定对有关1965年《日韩请求权协定》违宪的诉讼不予受理。上述事件表明朴槿惠政府极力为日韩慰安妇问题的解决营造宽松氛围。此外，在经济持续低迷的韩国，要求与日本改善关系的舆论也日益高涨。而且，迫于2016年4月即将举行的韩国总统大选，执政党也想在日韩关系的改善方面取得一定进展。2016年1月1日，朴槿惠在与部长们的早餐会上，将日韩就慰安妇问题达成共识与扩大自由贸易协定（FTA）并举为“外交成果”，称“这些成果实际上将有助于搞活经济，让国民获得更多利益比什么都重要”。[②]

三、东亚安全格局或将受到消极影响

在日韩两国政府就慰安妇问题达成共识之前，美国认为日韩间冷淡的政治关系严重影响了美国“重返亚洲”战略的实施，因此，负责东亚事务的美国政府高官专门在2015年下半年离开华盛顿奔走于东京和首尔，对改善日韩关系进行了具体、详细的调整。有分析指出，美国担心日韩关系因慰安妇问题停滞会促使中国势力进一步增长。韩国成为亚投行创始成员国、派首脑参加中国举办的“抗日

① 共同网：《日本经济界就慰安妇问题共识期待助益双边经济关系》，2015年12月29日。http：//china. kyodonews. jp/news/2015/12/111891. html。

② 共同网：《朴槿惠期待日韩慰安妇问题共识带来经济效果》，2016年1月1日。http：//china. kyodonews. jp/news/2016/01/112010. html。

战争胜利70周年纪念活动”、不对中国的南海行动进行谴责等行为，都被美国视为韩国希望进一步接近中国的行动。美国认为，日韩关系的恶化将导致亚洲力量平衡发生变化，并最终损害美国的利益。[①]因此，美政府高官多次表态称“日韩关系的改善符合日韩两国的国家利益，也符合美国的国家利益”，并极力推动日韩就慰安妇问题达成和解。可以发现，日韩和解的背后隐藏着美国、日本企图牵制中国的战略野心。日韩就慰安妇问题达成和解后，美国将持续推动其在东亚地区的战略部署及相关军事力量的建设。

第一，美日韩三边安保合作将得到强化。日韩和解后，美国国防部高官表示“这是强有力的划时代的共识”，暗示美日韩三国将进一步加快深化安保合作的步伐。[②] 在此之前，白宫相关人士曾指出“朝鲜乘机离间日韩关系，中国也在拉拢韩国脱离美国”，敦促韩国尽早加入日美军事同盟的阵营，以共同应对东北亚安全局势。一直以来，美国都在通过美日韩三边防务会议、美韩及美日双边防务会议等多种场合，向日韩两国传达强化三边安保合作的意图，并要求日韩两国在东亚地区分担更多的安全“义务”。可以想见，长期阻碍日韩关系的慰安妇问题得到解决后，美日韩安保合作将切实得到强化，并将在一定程度上助长美国的霸权野心，从而对东亚地区的和平与稳定造成威胁。第二，日韩双边安保合作将取得突破性进展。1月4日，日本首相安倍晋三在众参两院全体会议上作外交报告时指出“日韩关系将进入面向未来的新时代”，对双方就慰安妇问题达成共识进行了充分肯定。[③] 早在2012年，日韩两国就因慰安妇问题等，未能如期签署《物资劳务相互提供协定》及《军事情报保护协定》；如今，双方将在解决慰安妇问题的基础上，进一步推动上述协定的

---

① 日经中文网：《日韩解决慰安妇问题背后是美国牵制中国》，2015年12月29日。http：//cn. nikkei. com/politicsaeconomy/politicsasociety/17590 – 20151229. html。

② 共同网：《美国呼吁国际社会支持日韩慰安妇问题共识》，2015年12月29日。http：//china. kyodonews. jp/news/2015/12/111903. html。

③ 共同网：《安倍作外交报告提日韩关系“新时代”》，2016年1月4日。http：//china. kyodonews. jp/news/2016/01/112118. html。

签署，并最终使得双边安保合作取得突破性进展。如此种种，都将在一定程度上放宽战后和平力量对日本军国主义的约束与限制，东亚地区的和平与稳定或许会再次受到来自日本的威胁与挑战。

可以说，日韩两国政府在没有征求原慰安妇意见的基础上便达成共识，更多地是出于双方政府及执政党的利益考量，同时也面临着来自美国的敦促。共识达成后，韩国学生及市民团体举行集会对其进行了抗议，韩国原慰安妇也表达了不接受上述共识的意见。而且，由于日韩共识中的模糊表述隐藏着两国政府的诸多分歧点，共识内容能够顺利落实还有待观察。然而，不管如何，美日韩三国政府的短期目的似乎已经达到。在美国的操纵下，美日韩三边及日韩双边安保合作将得到深化发展，并可能会对东亚安全格局造成消极影响。

第七节 分析日本海洋安全战略的特点

2016 年 3 月 15 日，日本海上幕僚监部发布消息称，海上自卫队“亲潮”号潜艇以及“有明”号与“濑雾”号护卫舰将到访菲律宾苏比克湾，并开展年度公海演练；随后两艘护卫舰还将访问越南金兰湾。据悉，此次出访演练将是日本潜艇时隔 15 年再度访问菲律宾港口，也将是日本军舰首次访问越南金兰湾。日本《产经新闻》分析称“菲律宾、越南两国都和中国在南海存在着领土争端问题，海上自卫队试图通过开展友好交流与共同训练来强化双边合作并增加在该地区的存在感。日本此举的目的在于牵制正逐步推进南海军事化的中国。”[①] 3 月 19 日上午，日本首相安倍晋三出席了海上保安学校的毕业典礼。这是日本在任首相首次出席该校毕业典礼，此举彰显了日本政府对其海上警备力量及其海洋安全战略的重视。安倍在

① 産経新聞.『海自潜水艦がフィリピン寄港へ、15 年ぶり　南シナ海で中国牽制』.2016 年 3 月 15 日。http：//www. sankei. com/politics/news/160315/plt1603150051 – n1. html。

讲话中强调“要守卫自由、和平的海域，深化国际合作不可或缺”，并对参与钓鱼岛“警戒活动”的相关人员进行了“鼓舞”。[①] 从日本近期的相关举动来看，其海洋安全战略正表现出愈加咄咄逼人之势。

一、目标明确，直指中国

近年来，日本在海洋安全战略方面的一大特点便是“公然叫嚣中国威胁”，明确指出日本一系列举措的目的在于遏制中国。在国际关系中，日本毫不收敛的挑衅性言行，已然具有了公开向中国宣战的意味。日本首脑及外交防务官员利用双边及多边会谈、国际会议、记者招待会等多种场合恶意将中国宣扬为“地区秩序的破坏者”，并明确指出要采取行动加以遏制；日本官方文件及研究报告也颇具攻击性地将中国描述为“地区和平的挑战者”，并宣称要联合美澳菲印等国加以反制。在此之前，日本习惯将其海洋军事行动的目的表述为“维护海上运输线的安全”；如今，日本早已毫不忌讳地将海洋军事行动目标直接锁定为中国。

一方面，日本首脑及政府高官在各种发言场合均将中国视为头号战略对手。2016 年 2 月 16 日，日本防卫相中谷元与澳大利亚外交部长毕晓普就中国的南海行动问题举行了磋商，中谷表示“日美澳在该地区的存在感十分重要”，表达了联合遏制中国海洋行动的意图。[②] 2 月 17 日，日本官房长官菅义伟在记者会上表示“对中国在南海大规模填海造岛及军事目的利用表示严重关切，不能认同中国将其既成事实化”，表露了日本试图压制中国获取正当海洋权益的蛮横野心。[③] 2 月 26 日，日澳印三国举行了第二轮副外长级磋商，三

---

① 産経新聞．『安倍首相、海保学校卒業式に初出席　尖閣見据え「海保の重要性、一層増す」』．2016 年 3 月 19 日。http：//www. sankei. com/politics/news/160319/plt1603190015 – n1. html。

② 共同网：《日防长与澳外长确认就南海问题合作》，2016 年 2 月 16 日。http：//china. kyodonews. jp/news/2016/02/114890. html。

③ 共同网：《日本就西沙导弹部署报道称“严重关切”中国动向》，2016 年 2 月 17 日。http：//china. kyodonews. jp/news/2016/02/114965. html。

方对中国的南海行动表达了“强烈关切”，并就强化海洋安全合作达成了一致。会谈结束后，日本外务省事务次官斋木昭隆指出“针对中国的南海行动，国际社会需要团结一致，迅速制定出确保航行自由的规则”；外相岸田文雄也在记者会上强调称“涵盖印度洋和太平洋的三国合作将有助于地区的和平与稳定”。[①] 日本防卫相中谷元在记者会上曾指出“中国应控制在南海地区采取单方面措施，强烈支持美军太平洋司令哈里斯关于强化开展‘航行自由作战’的发言”。日本国家安全保障局局长谷内正太郎与美国总统国家安全事务助理赖斯举行会谈时也强调要与美国联手遏制中国。[②] 此外，3 月 5 日，美国海军、日本海上自卫队、菲律宾海军军事指挥官在停靠于马尼拉的美军第 7 舰队“蓝岭”号指挥舰上举行了会谈，三方表达了对中国军事行动进行联合牵制的意图。[③] 3 月 7 日，日本防卫相在与美国国防部助理部长施大伟举行会谈时，再次表达了对美方派遣舰船赴南海展开“自由航行”行动的支持。

另一方面，日本近期公布的相关报告也毫不隐晦地将中国描述为“需要加以遏制的对象”。3 月 4 日，日本防卫省智库防卫研究所发布了《中国安全保障报告 2016》，指出“中国为确保海洋权益和领土问题上的优势，正试图提高海空军等在更广范围内的行动能力”，强调称“东亚现有安全秩序有可能被中国彻底改变”。[④] 报告毫无根据的指责已然暴露了日本企图对中国海洋行动进行遏制的霸权心态。另外，由日美两国外交与安全领域的著名人士组成的“日美安全保障研究会”于近日公布了《2030 年前的日美同盟》报告

---

① 共同网：《日澳印副外长级磋商对中国动向表示强烈关切》，2016 年 2 月 27 日。http：//china. kyodonews. jp/news/2016/02/115558. html。

② 共同网：《日本国家安保局长启程访美 将会晤美总统助理赖斯》，2016 年 2 月 29 日。http：//china. kyodonews. jp/news/2016/02/115662. html。

③ 産経新聞.『米比海軍と海自幹部が会談、中国の軍事拠点化に懸念表明』. 2016 年 3 月 9 日。http：//www. sankei. com/politics/news/160309/plt1603090012 – n1. html。

④ 共同网：《日本防卫省智库发布〈中国安保报告 2016〉》，2016 年 3 月 4 日。http：//china. kyodonews. jp/news/2016/03/115962. html。

书。该报告书同样将中国描述为“安全秩序的挑战者”，并强调了日美联合遏制中国海洋行动的“必要性”。[①]

二、系统布局，两海联动

日本海洋安全战略将遏制对手锁定为中国，系统布局，在东海和南海两个方向打起了“组合拳”。日本防卫省积极讨论在统合幕僚长的管制下设置“统合司令部”这一机构，以完善对陆海空自卫队的统一指挥。如此一来，陆海空自卫队的一体化运用程度将进一步提高，日本在“离岛夺还”、导弹防御等作战中的应对将更加机动、高效，从而使得日本在践行海洋安全战略时对东海问题与南海问题的处理将更加协调。另外，日本评论人士井上和彦也在其文章中叫嚣“日本应在东海和南海两个方面都积极参与”，还比喻称“日本的海上安全线就像东海道新干线一样，新大阪到京都段的新干线因故障停止的话，品川到东京段的新干线也会出现混乱；同理，南海海域发生问题的话，东海海域也会出现混乱”。[②] 可见，日本并没有因其距离南海较远而只是经营东海。相反，日本是将南海视为和东海同等重要的战略领域而加以经营的，并希望达到两海联动、互为支撑的战略目的。

在东海方面，日本主要以强化钓鱼岛守备力量为核心，大肆加强西南军力。1 月 31 日，航空自卫队正式在那霸基地组建了第 9 航空团，这是日本时隔约 50 年首次组建新的航空团。3 月 28 日，陆上自卫队在与那国岛派驻了 150 名沿岸监视部队人员，进一步强化了西南军事力量建设。而且，日本还将进一步推动石垣岛与宫古岛的常驻部队配备计划。此外，2 月 24 日，日本海上保安厅负责钓鱼岛

---

① 産経新聞.『日米安保研究会報告書「2030 年までの日米同盟」要旨』.2016 年 3 月 1 日。http://www. sankei. com/politics/news/160301/plt1603010034 – n1. html。

② 井上和彦.『東シナ海も南シナ海も必要とされる「積極的関与」　南西方面の対中抑止力を高めよ』.2016 年 3 月 1 日。http://www. sankei. com/politics/news/160301/plt1603010007 – n1. html。

海域的第11管区增设了两艘大型巡逻船，正式完成了“钓鱼岛专门巡逻部队”的组建。据悉，第11管区拥有1722名工作人员及19艘船只，是海上保安厅编制最大、船只最多且最先进的管区。[①] 在南海方面，日本主要采取了对南海声索国提供经济援助、向南海声索国租借军事装备、与南海声索国举行联合军事演练、将舰船停靠东南亚国家港湾等手段，来凸显其在南海地区的军事存在与政治影响力。

通过对比可以发现，日本在经营东海与南海方面运用了不同的手段。在东海海域，日本大肆发展军事力量，采取了强军备战、直面对抗的举措；而在南海海域，日本由于和中国并不存在领土争端的结构性矛盾，采取了小量投入、间接遏制的方式。总之，日本在遏制中国走向远海方面费尽心机，企图以最小的成本，达到其全面牵制中国的野心。

三、手段多样，软硬兼施

日本在推进海洋安全战略的过程中，既有更新武器装备、强化兵力部署等军事性举措，也有提供经济援助、开展舆论攻势、提交国际仲裁等外交性举措，可谓软硬兼施。

2016年3月7日，日本最新型苍龙级潜艇“仁龙”号正式下水服役。日本防卫副大臣若宫健嗣、海上幕僚长武居智久、防卫装备厅长官渡边秀明等防卫省官员出席仪式，首任潜艇舰长梅原淳2等海佐高声宣言“我们将在广袤的大海中静静潜行，即便是在某个不为人知的深处，也不会忘记祖国的各位”。“仁龙”号是海上自卫队最新型“苍龙”级潜艇的第7艘，建造费用约545亿日元，是世界上排水量最大的常规动力潜艇，搭载AIP（不依赖空气推进装置）系统，隐身性能优异。伴随着“仁龙”号的服役，日本海上自卫队

① 産経新聞.『「尖閣警備専従部隊」完成へ 海保11管区、24日に巡視船就役し14隻態勢で尖閣警備　全国最大に』. 2016年2月24日。http: //www. sankei. com/politics/news/160224/plt1602240003 - n1. html。

潜艇数量将达到17艘，是时隔22年的首次增加。按照防卫省公布的计划，日本到2021年底将拥有22艘潜艇，因此海上自卫队在未来5年内将增加5艘潜艇，增势十分迅猛。日本《产经新闻》就此分析指出，海上自卫队大量增建潜艇的目的在于应对持续在东海和南海强化海洋活动的中国海军。① 日本在推进海洋安全战略的过程中，在强势升级武器装备的同时，还废物利用，把濒临淘汰的二手装备转送或租借给越菲等南海声索国。当前，日本已向越南赠送了8艘“二手船只”，其中甚至还包括4艘渔船。2月29日，日菲两国签署了《防卫装备及技术转移协议》，并同意由日方将海上自卫队训练机“TC－90”借与菲方。《日本新华侨报》总编辑蒋丰曾将日本的此种做法风趣地称为“破船外交”，讽刺日本企图通过将二手武器装备转让给南海声索国来强化在南海的军事存在并扰乱中国海洋行动的妄想。②

日本除了在武器装备的更新换代、废物利用上“下功夫”外，还采取了一系列舆论战、外交战等手段来实施其海洋安全战略。2016年3月11日，日本外相岸田文雄在内阁会议上报告了2015年度《政府开发援助白皮书》，以中国的南海行动为背景，明确指出“力争在成为海上要冲的南海沿岸国家形成基于普世价值的秩序，为保障海上通道的安全，加大对南海沿岸东盟成员国的援助力度”。③ 可见，日本安倍内阁企图通过利用政府开发援助来强化与东盟国家的合作并最终达到对抗中国的目的。3月16日，日本执政党自民党召开了东海资源开发委员会等协作会，确定了向安倍内阁提议“就

① 産経新聞.『新鋭潜水艦「じんりゅう」が就役　AIP搭載の「機密の塊」は何処で「国家防衛の任務」を果たすのか』.2016年3月16日。http://www.sankei.com/politics/news/160316/plt1603160001－n1.html。

② 日本新华侨报：《日本大玩“破船外交”欲恶心中国》，2015年9月21日。http://www.jnocnews.jp/news/show.aspx?id＝83149。

③ 共同网：《日本ODA白皮书提出为南海安全加大对东盟的援助》，2016年3月11日。http://china.kyodonews.jp/news/2016/03/116369.html。

中国东海油气田开发问题提请国际仲裁”的方针。[①] 另外，有分析指出，日本首相安倍晋三试图主导将于5月底召开的伊势志摩G7峰会的议题，届时，中国的海洋行动预计将受到参会首脑的非议。由上述动向可以判断，日本今后将就海洋问题对中国展开大规模、高强度的舆论攻势。

四、合纵连横，奋力围堵

面对中国正当的海洋行动，日本别有用心地将其称之为“威胁”，并在积极强化日美同盟的同时，想方设法地拉拢区域内其他国家联手遏制中国。

一方面，日本首脑及政府高官多次表态支持美国在南海开展的“自由航行”活动，并殷勤协调驻日美军基地的搬迁与装备升级工作，同时还积极响应美国号召，强化日美韩军事合作。2016年3月7日，日本官房长官菅义伟强调“关于朝鲜针对美韩联合军演表达不惜发动先发制人攻击的想法一事，日本表示绝不能容许”，从而对美韩军演及日美韩军事合作表明了支持的态度。[②] 此外，3月17日，美国国防部长卡特在参议院军事委员会公听会上指出“为了维持亚太地区的安全稳定，日本希望与美国开展共同巡视、演习以及其他更多的活动”。[③] 可见，日本一直以来便对其盟国展现着“紧紧跟随”的姿态。当然，美国对日本强化日美同盟的意愿也有所回应，曾多次表态“钓鱼岛属于《日美安保条约》的防卫范畴”。1月27日，美军太平洋司令就曾在讲话中明确指出“钓鱼岛一旦受到中国攻击，美国会坚决反击”。为了得到美国的庇护，日本著名军事

---

① 每日新聞．『自民、中国のガス田開発問題を提言へ』．2016年3月16日。http：//headlines. yahoo. co. jp/hl？ a＝20160316－00000054－mai－pol。

② 共同网：《菅义伟称“不能容许”朝鲜针对美韩军演的声明》，2016年3月11日。http：//china. kyodonews. jp/news/2016/03/116083. html。

③ 時事通信．『日米で共同巡視活動も　中国の南シナ海軍事化警戒－米国防長官』．2016年3月18日。http：//www. jiji. com/jc/c？ g＝pol_ date3&k＝2016031800070。

评论家野口裕之甚至不顾日本国民的安危，大肆宣扬“不要怕被美国拉入战争，而是要积极卷入美国的战争，这样才能得到美国的保护”。[①]

另一方面，日本运用各种手段同澳菲越等亚太国家强化防卫合作与军事交流。2016 年 2 月 29 日，日本驻菲大使石川和秀与菲律宾国防部长加斯明在马尼拉签署了《防卫装备及技术转移协议》，并就日本防相中谷元于4 月 23 日出访菲律宾一事进行了最终调整。[②] 据悉，日本将向菲律宾出租海上自卫队训练机“TC－90”，其续航距离约为 1900 公里，是菲律宾海军飞机的 2 倍，从而使得菲军今后的警戒监视范围有所拓展。另据报道称，日本为了强化在南海地区的军事影响力，正积极争取同马来西亚、印尼等国也缔结防卫装备及技术转移方面的协议。而且，关于日本潜艇及军舰停靠菲律宾与越南港湾一事，日本海上幕僚长武居智久在 3 月 15 日的记者会上指出“为了确保西太平洋地区的安全，海上自卫队很有必要与各国海军强化合作关系”，暗指要进一步加强对中国海上力量的遏制。此外，日本还持续推动着与澳大利亚构筑“准军事同盟”的双边关系。3 月 9 日，日本海上幕僚监部发布消息称“3 月 13 日至 5 月 28 日，海上自卫队的潜艇与护卫舰将被派往澳大利亚，并与该国海空军在周边海域展开联合训练；4 月 15 日，日本潜艇将首次停靠澳大利亚港口”。[③] 在此之前的 2 月 26 日，澳大利亚前总理阿博特在东京发表演讲称“澳日关系不仅仅限于利害层面，还拥有共同的价值观”，并号召“澳大利亚和日本都应该积极参与美国实施的‘自由

---

① 野口裕之.『米国で勃興する日中武力衝突「無視」論を憂う「尖閣＝厄介モノ」に関わると戦争に巻き込まれかねないって』.2016 年 2 月 15 日。http：//www.sankei.com/politics/news/160215/plt1602150003－n1.html。

② 共同网：《日菲签署防卫装备协议 日防长拟 4 月下旬访菲》，2016 年 3 月 1 日。http：//china.kyodonews.jp/news/2016/03/115689.html。

③ 共同网：《日本海上自卫队潜艇将首次停靠澳大利亚港口》，2016 年 3 月 9 日。http：//china.kyodonews.jp/news/2016/03/116261.html。

航行作战'"。[1]

总之，伴随着日本国内右倾思潮及历史修正主义的逐渐泛滥，其海洋安全战略也愈加呈现出咄咄逼人之势。当前，在亚太国际秩序转型与调整时期，中国的合法海洋权益与正当海洋利益正遭受着持有霸权思维的美国及日本等国家的遏制。日本借助东亚形势变革、趁机强军备战的危险做法，已然对地区和平与稳定造成了重大威胁与侵害。

① 共同网：《阿博特称澳大利亚应参与"航行自由"行动》，2016年2月27日。http://china.kyodonews.jp/news/2016/02/115564.html。

参考文献

中文：

1. 肖伟著：《战后日本国家战略的历史原点》，新华出版社，2009 年版。

2. 吴寄南著：《新世纪日本对外战略研究》，时事出版社，2010 年版。

3. 张卫娣、肖传国著：《21 世纪日本对外战略研究》，军事科学出版社，2012 年版。

4. 冯梁编：《亚太主要国家海洋安全战略研究》，世界知识出版社，2012 年版。

5. 段廷志著：《日本结盟战略与实践研究》，军事科学出版社，2013 年版。

6. 华丹著：《日本自卫队》，陕西人民出版社，2014 年版。

7. 王志坚著：《战后日本军事战略研究》，时事出版社，2014 年版。

8. 石宏著：《日本军情》，中国财政经济出版社，2014 年版。

9. 徐万胜等著：《战后日本安全保障》，南开大学出版社，2015 年版。

日文：

1. 田中明彦著：『安全保障——五十年の模索』、読売新聞社 1997 年版。

2. 坂元一哉著：『日米同盟の絆』、有斐閣 2000 年版。

3. 土山實男著：『安全保障の国際政治学』、有斐閣 2004 年版。

4. 南山淳著：『国際安全保障の系譜学』、国際書院 2004 年版。

5. 前田鉄男著:『自衛隊 変容の行方』、岩波新書 2007 年版。

6. 桜林美佐著:『自衛隊の東日本大震災』、産経新聞出版社 2011 年版。

7. 久江雅彦著:『日本の国防——米軍化する自衛隊』、講談社 2012 年版。

8. 飯田耕司著:『国家安全保障の基本問題』、三恵社 2013 年版。

9. 谷内正太郎編:『日本の安全保障と防衛政策』、株式会社ウェッジ2013 年版。

后　　记

自2006年考入大学以来，至今恰好在洛阳度过了整整十个寒暑。十年青春已逝，虽未经历惊天动地之大事，却也在日常琐碎中尤感人类的渺小与无助以及人性的光辉与圣洁。如果说将此小书作为十年学习的总结，却也觉小题大做、以偏概全。唯以此作为与读者的一种思想交流，纰漏、妄言之处还望海涵。若允我谈谈此书写作的心理路程，虽然未敢将自己定位为做学问之人，但仍以求学之人自诩，慨叹此路甚艰。我想，求学之艰辛倒不在于身体劳累之苦，只是偶尔在遭到不理解与不认可的冷眼后略显心酸。遥想未来，只恨自己才疏学浅，唯感上不能效邦国、下不可兴门楣，方觉与其惶惶然不可终日，弗若淡淡然随心而安。深切感谢亲朋师友一直以来的关怀与支持，衷心祝愿祖国昌盛、世界安宁。最后，谨以此书献给自己在洛阳安心求学的十年光阴。

栗　硕

2016年7月1日